本书系湖南省哲学社科基金课题：湘西地区传统技艺体
系整理及文化产业发展研究，课题编号 18YBA348 结题成果
怀化学院设计学省级双一流应用特色学科建设成果

湘西地区传统技艺体系整理及文化产业发展研究

伍 欣 著

全国百佳图书出版单位
吉林出版集团股份有限公司

图书在版编目（CIP）数据

湘西地区传统技艺体系整理及文化产业发展研究 /
伍欣著 . -- 长春 : 吉林出版集团股份有限公司，
2020.12

ISBN 978-7-5581-9452-8

Ⅰ . ①湘… Ⅱ . ①伍… Ⅲ . ①民间工艺 – 文化产业 –
产业发展 – 研究 – 湘西地区 Ⅳ . ① G124

中国版本图书馆 CIP 数据核字 (2020) 第 240658 号

湘西地区传统技艺体系整理及文化产业发展研究

作　　者 / 伍欣著
出 版 人 / 吴文阁
责任编辑 / 朱子玉　杨　帆
责任校对 / 张洪亮
封面设计 / 优盛文化
开　　本 /710mm×1000mm　1/16
字　　数 /240 千字
印　　张 /13.75
版　　次 /2020 年 12 月第 1 版
印　　次 /2020 年 12 月第 1 次印刷

出　　版 / 吉林出版集团股份有限公司（长春市人民大街4646号）
发　　行 / 吉林音像出版社有限责任公司
地　　址 / 吉林省长春市净月区福祉大路 5788 号出版大厦 A 座 13 层
电　　话 / 0431–81629660
印　　刷 / 定州启航印刷有限公司

ISBN　978-7-5581-9452-8　　　定价 / 69.00 元

前言

自古以来，湘西地区就是当地文化、巴文化、楚文化和汉文化等多元文化的交汇地，是一座神秘的民族文化遗产宝库。湘西土家族苗族自治州地处西南云贵高原余脉的武陵山区，北起常德，南至怀化，东接湖湘腹地，西临黔、川、渝、鄂，沅水、澧水逶迤千里，武陵山脉雄踞全境，素为湘、鄂、渝、黔"咽喉"之地。因其是湖南省的"西北门户"，所以人们又习惯性地称之为"湘西"。湘西历史悠久。据考古资料证实，早在旧石器时代，湘西地区的先民就在这里繁衍生息和劳动。1987 年，考古队曾在湘西发现了两件打制石器，其地质年代距今约 5 万年。近年来，在澧水、沅水流域也发现了大量的原始村落遗址，村落遗址距今约 7000 年。

千百年来，由于湘西少数民族地区所处的特殊地理环境，许多原生态民族民间文化遗产还较为完整地保存着，勤劳、智慧的各民族先民在长期的生产生活实践中创造和提炼出的非物质文化遗产得以世代相传，质朴善良的土家族、苗族人民还在顽强地守护着自己的精神家园。湘西少数民族的非物质文化遗产种类繁多，特色鲜明。笔者在参考国际国内相关文献对非物质文化遗产的分类标准和学术界的各种分类方法的基础上，结合湘西少数民族非物质文化遗产的实际情况，将湘西非物质文化遗产分为口头文化遗产、表演艺术文化遗产、传统技艺文化遗产、民俗文化遗产、饮食文化遗产、医药文化遗产、传统体育竞技与民间绝技文化遗产七大类。这些种类繁多、形式多样、绚丽多彩的非物质文化遗产是湘西各民族人民宝贵的精神财富，也是我国少数民族非物质文化遗产不可分割的重要组成部分。

民族工艺文化是一个民族文化精神的表征，是民族的精神、思想和审美的共同结晶。它包含了一个民族在某一时代的造物思想，也反映出民众所追求的精神理想。将民间工艺美术作为一种文化现象进行研究，原因在于民间工艺美术品并非单一范畴意义上的造型艺术，一方面，它是一个多元文化构成体，它的形制、样式、用途、内涵等无一不是传统文化生活方式的遗存；另一方面，民间工艺美术的创造涉及民俗和工艺制作等，受到历史文化的影响与渗透。民间工艺美术具有原发性、民俗性、工艺性、功利性、文化性特征。任何一件民间工艺美术品的背后都蕴藏着一种深刻的意蕴，都与该民族或群体的历史发展、伦理、哲学、宗教信仰、思维方式、生活习俗休戚相关。

但是，近几十年来，随着我国改革开放和现代化进程的加快，主流文化、外来文化的强势冲击，以及作为湘西少数民族传统文化载体的土家族、苗族语言的日趋濒危，湘西少数民族地区的文化生态环境正在不断恶化，非物质文化遗产的保护与传承面临着严重的困境。笔者通过实地调查和研究，指出了湘西少数民族非物质文化遗产保护与传承工作中存在的各种问题，如地方政府的重申报轻保护、传承人断代、缺乏整体性保护等，提出了湘西少数民族非物质文化遗产保护需要坚持整体、活态、可持续、以人为本等重要原则，提出了文化空间的保护和传承人的保护、培养是湘西少数民族非物质文化遗产传承和保护的根本所在。

目录

第一章　湘西地区概况

第一节　湘西地区的地貌与气候

一、复杂的地貌和温和的气候

湘西土家族苗族自治州地处全国由西向东逐渐降低的第二阶梯，地势由西北向东南倾斜，云贵高原余脉武陵山蜿蜒于内，北部多山，有大小山峰 130 多座。湘西最高点为龙山县境内的大灵山，海拔 1 736.5 米；最低点为泸溪县上堡乡的大龙溪出口河床，海拔 97.1 米；平均海拔 800 ～ 1 200 米。1 000 余条溪河纵横其间，主要河流有沅水及其支流酉水、武水等。受酉水、猛洞河、武水、沅水、辰水等河流的影响，湘西地面被切割成众多盆地、台地，高峰、沟谷及陡坡相互交错，重峦叠嶂，千姿百态。湘西碳酸盐岩广布，岩溶地貌发育充分，多溶洞、伏流。湘西地貌大致分为三大区域：西北中山山原地貌区面积约占州域总面积的 22%，海拔800 ～ 1 736 米，地形切割较深，顶部岩溶发育，干旱少雨，光热偏低，土壤自然肥力较好，适宜发展林、粮、牧业生产；中部中低山山原地貌区面积约占州域总面积的 59%，标高 50 ～ 1 000 米，丘状起伏，岩溶发育；中部及东南部低山丘岗平原地貌区面积约占州域总面积的 19%，地势比较平坦开阔。

湘西属亚热带季风湿润气候，具有明显的大陆性气候特征：冬暖夏凉，四季分明，冬夏长，春秋短；降水充沛，光热总量偏少；光热、水基本同季；气候类型多样，立体特征明显。最冷月 1 月平均气温在 4.4 ℃以上，最热月 7 月平均气温在 27.3 ℃左右，最高气温大于 35 ℃的天数 8 ～ 15 天。年平均气温 15 ～ 16.9 ℃，最高气温 4 ℃，最低气温 –5.5 ℃。无霜期较长，在 250 ～ 294 天，年平均降雨量为 1290 ～ 1600 毫米，雨量集中在春、夏季，多见秋旱。由于海拔的悬殊和地形、坡向等的不同，湘西气候类型无论是在垂直方向上还是在水平方向上都存在较大差异，气温、降水、日照、无霜期等均有显著差别。

二、神奇的山水和丰富的物产

湘西山脉纵横，层峦叠嶂，南有雪峰山脉为屏，北有鄂西山地为障，西承云贵高原，东望洞庭湖平原。武陵山脉支脉绵延伸长，构成奇峰竞秀、气势磅礴的武陵山系。西部八面山与曾家界、洛塔界等大山相对峙，山上有山，山中套山，山峦重叠，地势险峻。西南腊尔山台地紧靠云贵高原。龙山的八面山、花垣的摩天岭海拔皆在1 000米以上。山峦之间，溪河纵横，河网密布，激流飞瀑，涓涓溪流，泉水叮咚。

湘西少数民族地区雨量充沛，气候温和，土地肥沃，适宜各种农作物生长，物产十分丰富。山上林木繁茂，翠竹葱葱，茫茫林海，随处可见，有数不清的经济林木和珍贵树种，四季花果飘香，森林资源极为丰富，山林之中，珍禽异兽成群结队，生息繁衍，山是"聚宝盆"，树是"摇钱树"，湘西郁郁葱葱的崇山峻岭都是"绿色宝库"。山川溪河纵横，水流湍急，落差巨大，蕴藏着丰富的水力资源。地下埋藏着无尽的宝藏，矿藏资源十分丰富。

湘西少数民族地区山川秀丽，风光如画，峰峦挺拔，绝壁如削，高耸云端，奇山异水，洞中世界，令人陶醉。大自然的鬼斧神工雕凿出了湘西瑰丽神奇的山水风光，赋予了其奇山异水之灵气。八面山上，自生天桥，燕子仙洞，飞檐绝壁；猛洞河水，险滩挂瀑，轻筏漂流，惊险刺激；永顺小溪自然保护区内古木参天，珍禽异兽出没其间；龙山火岩溶洞，"洞洞奇闻不可知"；花垣古苗河、泸溪檠瓠洞演绎着苗族先民古老的神话；龙山洛塔石林、古丈红石林，石笋密布，千姿百态，有如少女踏春，窈窕妩媚，有如千军铁阵，气势恢宏；吉首德夯苗寨，奇峰瀑布与苗家村寨浑然一体，错落有致。此外，湘西有许多历史文化遗迹。龙山里耶古城秦简牍的出土复原了大秦帝国的历史；在西水岸边耸立了千年的溪州铜柱是湘西土家族先民顽强抗争、维护民族利益的历史见证；蜿蜒群山中的南长城见证了湘西苗族人民的那段苦难岁月；凤凰古城，小桥流水，吊脚楼群，人杰地灵。湘西的民族文化旅游资源极为丰富，如今各民族人民正敞开山门，迎接四海宾客、八方游人，湘西已成为联系世界的窗口。

第二节 湘西少数民族的历史发展

一、湘西历史沿革

据史籍记载，"湘西"作为地名最初见于《晋书·地理志》："衡阳郡，吴置，故属长沙。统县九，户二万三千。湘乡、重安、湘南、湘西、烝阳、衡山、连道、新康、益阳。"其所辖九县中有"湘西"一县。但是此"湘西"因位于湘江之西而得名，在今衡阳市境内，并非指现今的湘西。南朝的宋、齐、梁、陈等朝皆设过湘州，但湘州最西仅至今湘西东部的边沿地区，亦非指今日的湘西。唐广德二年（764 年）设置"湖南观察使"衙属，"湖南"之名由此而得，但其辖区中仍不见有"湘西"之名。直至清康熙三年（1664 年）设置湖南省，湘西才正式属湖南，至今未变。

虽然"湘西"作为今日湘西的称谓较迟，但湘西的历史却十分悠久。早在远古时代，湘西就有古人类生息繁衍。中华人民共和国成立后，考古工作者在泸溪、花垣、保靖等地发掘了大量的属于旧石器时代的文化遗址；在龙山里耶溪口台地、泸溪浦市、吉首河溪等地发掘了属于新石器时代的文化遗址。湘西众多史前考古遗址的发现充分说明了早在人类的史前时期，湘西就有人类繁衍生息，他们为人类文明的发展做出了自己的贡献。

二、湘西土家族历史发展简述

在不同的历史时期，汉文史籍中对土家族先民有不同的称呼。在宋代的史书中出现了"土兵""土丁""土军""土民"的称呼。这些冠以"土"字的称谓是区别于当地的苗族、瑶族而出现的，应是专指土家族而言的。元明之际，湘西土家族建立了土司制度，以"土"命名的记载也随之大量出现。"土兵""土丁""土民"等称谓在史籍和方志中比比皆是，这时的土家族与其他族的区别较为明显。到了清代，特别是清雍正"改土归流"后，汉人大量迁入，于是出现了"土民""客民""苗民"

或"土籍""客籍"之分。为了区别不同于本族的外来人,"土家"一词开始出现,他们用汉语自称"土家",称外来迁入的汉人为"客家",称毗邻的苗族为"苗家"。

1956年10月,国家民委通过民族识别,确定土家族为单一民族。

关于湘西土家族的族源问题,众说纷纭,迄今仍无定论。但目前学术界大多认为湘西土家族的来源是以史前时期就居住在湘西一带的居民为主体,从商周至隋唐逐渐融合了先后迁入和定居于湘西山区的巴人、濮人、楚人等古代部族的一部分,在唐宋时期形成了一个稳定的土家族民族共同体。据考察,早在旧石器时代,在武陵山区酉水流域就有人类的祖先居住及活动。1973年在泸溪县发现的新石器时代的遗址、1978年在龙山里耶溪口发现的新石器时代的遗址都是人类祖先在这里活动的见证。更重要的是,土家族虽无本民族的文字,但是有本民族的语言,有独特的风俗习惯和文化艺术,至今龙山县尚有8万多土家族人以讲土家语为主,全县各地聚居的土家族人均保留着本民族的风俗和文化艺术,有不少村寨、山头、河流以土家语命名,发现新石器时代遗址的"里耶"及附近的"麦茶"地名即为土家语"耕土""好天"之意。

三、湘西苗族历史发展简述

湘西苗族自称"果雄"。至于"果雄"的本意,有人认为"果雄"即为"竹筒"(苗族巫师所用的一种法器)。另有学者认为"东部方言的苗族自称为'果雄'当与楚之先祖'梁雄''熊择'有关"。苗族的族源问题早已是古今中外学者研究的课题,但由于苗族是一个有语言而无文字的民族,加之汉文记载得零散和混乱,所以众说纷纭,主要有"三苗"后裔说、"髳人"后裔说、"苗汉同源"说等。

据有关史料记载,苗族是古代"三苗"的后裔,"三苗"又是"九黎之后","九黎"与黄帝、炎帝是同时期活动于黄河中下游及江淮流域的三大部落联盟集团。"九黎之君,号曰蚩尤","九黎"与黄帝、炎帝三大部落彼此影响,又相互争斗,后"蚩尤作乱,不用帝命,于是黄帝乃征师诸侯,与蚩尤战于涿鹿之野,遂擒杀蚩尤"。"三苗"战败后,便退居江淮、荆州一带。"三苗"曾与尧、舜、禹为首的部落联盟进行过长期的抗争，最终战败，一部分"窜三苗于三危，……分北三苗"（《尚书·舜典》），另一部分向南逃遁，"放欢兜于崇山"（《史记·五帝本纪》）。

魏晋南北朝时期，苗族先民已在包括湘西在内的五溪地区定居，分布范围北至湖北南部，南至广西北部。隋唐以后，苗族先民大部分仍居住在五溪地区。

清初的"改土归流"废除了在湘西推行了数百年的土司制度，也打破了土司时期封闭的局面，先进的生产技术、生产经验不断传入湘西，大大促进了当地社会、经济、文化的发展。但是，随着土地高度集中和贫富分化的加剧，湘西的各种社会矛盾日趋加剧。最后导致了 1795 年爆发了大规模的乾嘉苗民大起义。这次由湘西苗民发起的波及湘、黔、川三省交界地区的苗民大起义虽然最后被清政府残酷镇压下去，但动摇了清王朝的统治基础，迫使统治者不得不调整对湘西苗民的统治政策。

近代，湘西苗族人民也和其他各民族一样，遭受着帝国主义和封建主义的双重压迫和剥削，社会动荡不安，政治黑暗，经济严重衰退，苗族人民生活在水深火热之中。

1949 年 10—11 月，湘西各县先后解放。从此，湘西苗族人民和其他各民族人民一样获得了新生，当家作主，走上了社会主义的康庄大道。尤其是改革开放后，湘西的社会经济和民族文化事业蓬勃发展，湘西苗族人民为建设美丽富饶的新湘西而努力奋斗。

第三节　湘西地区非物质文化遗产概述

湘西地处"武陵民族走廊"的中心之地，多元文化在这里交汇。千百年来，楚巫文化、巴文化、百越文化、百濮文化与当地的土家族、苗族文化相互交融，文化积淀极为深厚。可以说，湘西就是一座文化宝库。湘西文化是湘西地区各民族文化的合称，包括湘西各民族人民的各种精神文化、物质文化、行为文化和制度文化，即其生产方式、生活方式及思维方式等，是以湘西土家族苗族自治州为主的区域文化。由于湘西的主体民族是土家族和苗族，所以湘西少数民族非物质文化遗产中土家族、苗族的非物质文化遗产最具特色。

一、湘西非物质文化遗产普查情况

中华人民共和国成立以来，湘西共进行了三次大规模的民族民间文化遗产调查：第一次是 1956 年的全国少数民族艺术发掘调查，全州共收集 102 类、1 000 多个项目；第二次是 1979 年开始的全国重点艺术科研项目"十大集成"的普查、收集，湘西州共完成了 908 个项目的收集和编纂工作；第三次就是 2004 年开始的大规模的民族民间文化遗产普查。2004 年在云南省召开的全国民族民间文化保护工程试点工作会议上，湘西土家族苗族自治州被列为全国第二批三个民族民间文化保护工程综合试点之一，成为全国唯一进入民族民间文化保护工程综合试点的少数民族自治州。随后，湘西州政府及文化局出台了《关于做好中国民族民间文化保护工程湘西综合试点工作的意见》《中国民族民间文化保护工作湘西综合试点实施方案》《湘西民族民间文化遗产普查方案》《关于开展全州民族民间文化资源普查的通知》等文件，从 2004 年下半年开始，在全州范围内开展了非物质文化遗产的大普查行动，到 2008 年 5 月，基本完成了普查。据统计，这次普查全州共出动普查工作人员 548 人，召开非物质文化遗产项目知情人会议 150 多次，收集实物 1 200 多件，撰写调查报告 172 份，项目录像 8 000 多小时，照片 200 多张。这次普查项目共有 941 项，若按照国家非物质文化遗产名录的十大类分类，941 个项目每一大类都有涉及。

二、湘西土家族非物质文化遗产概述

土家族是湘西土家族苗族自治州的两大主体少数民族之一。湘西州的土家族人主要分布在龙山、永顺、保靖、古丈、凤凰、泸溪、吉首等地。湘西土家族有本民族的语言，无文字，土家族语言属汉藏语系藏缅语族土家语支，分为南北两大方言，聚居在龙山、永顺、保靖、古丈等县的土家族人操北部方言，操南部方言的土家族人主要聚居在芦溪县潭溪乡的十几个村寨。

湘西土家族的民族特色保存得最为鲜明，湘西也是土家族文化保存最为完整的地区。千百年来，勤劳智慧的湘西土家族先民在长期的生产生活实践中创造了极为珍贵和丰富多彩的民间文化遗产。在国务院 2006 年公布的第一批国家级非物质文化遗产代表作名录中，湘西土家族的"打溜子""湘西土家族毛古斯舞""土家族摆手舞""土家族织锦技艺"四项非物质文化遗产代表作入选；在国务院 2008 年公布的第二批国家级非物质文化遗产代表作名录中，湘西土家族的"土家族梯玛歌""土家族咚咚喹"两项非物质文化遗产代表作榜上有名。文化部 2007 年公布的第一批国家级非物质文化遗产项目代表性传承人名单中，湘西土家族有叶水云、刘代娥（土家族织锦技艺传承人）入选；文化部 2008 年公布的第二批国家级非物质文化遗产项目代表性传承人名单中，湘西土家族有田隆信、罗仕碧（土家族打溜子传承人），田仁信、张明光（土家族摆手舞传承人），彭英威（湘西土家族毛古斯舞传承人）名列其中。

2006 年 6 月，湖南省文化厅公布了第一批省级非物质文化遗产代表作名录，湘西州土家族的"土家族梯玛神歌""土家族山歌""土家族哭嫁歌""土家族挖土锣鼓歌""土家族咚咚喹""土家族过赶年""土家族舍巴日"名列其中；2008 年 6 月，湖南省文化厅公布了第二批省级非物质文化遗产代表作名录，湘西土家族的"土家族摆手歌""湘西土家族民歌""湘西土家族铜铃舞""土家族转角楼建筑艺术""土家族竹雕"5 项非物质文化遗产入选。2008 年 12 月，湖南省文化厅公布了第一批省级非物质文化遗产项目代表性传承人名单，湘西州土家族有彭武庚（土家族挖土锣鼓歌传承人），彭祖秀、彭万姣（土家族哭嫁歌传承人），杨光万（土家族山歌传承人），向云森、彭继龙（土家族梯玛歌传承人），严三秀、田隆信（土家族咚咚喹传承人），彭南京（土家族毛古斯舞传承人）9 人名列其中。

2007 年 7 月，湘西州人民政府公布了第一批非物质文化遗产代表作名单，属于土家族非物质文化遗产的除了上述第一批国家级、省级非物质文化遗产外，还有"土家语""绷绷妥""七家竹雕""土家服饰""土家族跳马节""八部大王祭""上梁""七家族医药"等入选。同时，湘西州政府还命名了第一批民族民间文化艺术之乡。2006年8月，湘西州政府命名了湘西州第一批非物质文化遗产代表性传承人（25人），其中土家族非物质文化遗产州级传承人有田茂忠（土家族山歌传承人），彭祖秀（土家族哭嫁歌传承人），彭南京、彭英威（土家族毛古斯舞传承人），张明光、田仁信（土家族摆手舞传承人），刘代娥、叶水云（土家织锦传承人），彭继龙（土家族梯玛歌传承人）等10人。2008年7月，湘西州政府公布了第二批湘西自治州州级非物质文化遗产名录，其中属于土家族非物质文化遗产的有"湘西土家族民歌""土家族铜铃舞""湘西土家族梯玛绝技""湘西土家族转角楼""土家族过社""土家族告祖""土家族油茶汤"等。

三、湘西苗族非物质文化遗产概述

苗族也是土家族苗族湘西自治州两大主体民族之一。湘西的苗族人主要分布在花垣、古丈、凤凰、泸溪、吉首等地。

湘西苗族人民在长期的历史发展过程中创造了丰富的非物质文化遗产。在国务院2006年公布的第一批国家级非物质文化遗产代表作名录中，湘西苗族有"湘西苗族鼓舞""苗族银饰锻制技艺"2项非物质文化遗产代表作入选；在国务院2008年公布的第二批国家级非物质文化遗产代表作名录中，"湘西苗族民歌""苗族服饰"（第一批扩展项 S）2项非物质文化遗产代表作榜上有名。

2006年6月，湖南省文化厅公布了第一批省级非物质文化遗产代表作名录，湘西州苗族的"苗族古老话""苗族歌谣""湘西苗族民歌""苗戏""湘西苗族服饰""苗族武术""苗族椎牛祭""苗族赶秋"名列其中。2008年12月，湖南省文化厅公布了第一批省级非物质文化遗产项目代表性传承人名单，湘西州苗族有张艳（苗族歌谣传承人），吴腊保、陈千均（湘西苗族民歌传承人），石成业（苗戏传承人），石仕贞（苗族武术传承人），龙米谷、麻茂庭（苗族银饰锻造技艺传承人）7人名列其中。

2007年7月，湘西自治州人民政府公布了第一批非物质文化遗产代表作名录，属于苗族非物质文化遗产的除了上述第一批国家级、省级非物质文化遗产外，还有"盘瓠和辛女""苗画""苗族唢呐""苗族接龙舞""苗族章子鼓舞""花垣苗绣""泸溪苗族数纱""湘西苗锦技艺""苗族四月八节""清明歌会""苗族跳香""苗医苗药""苗族上刀梯、下火海"等入选。同时，湘西州政府还命名了第一批民族民间文化艺术之乡，属于苗族艺术之乡的有泸溪的"良家潭苗族数纱艺术之乡""白沙镇苗族跳香艺术之乡"、凤凰的"落潮井苗族鼓舞艺术之乡""山江苗族鼓舞艺术之乡"、吉首的"寨阳苗族鼓舞艺术之乡""矮寨苗族狮舞艺术之乡""社塘坡苗鼓文化艺术之乡"、古丈的"默戎苗族鼓舞艺术之乡"、花垣的"长乐苗族山歌艺术之乡""麻栗场苗戏艺术之乡""雅酉唢呐艺术之乡"、保靖的"葫芦苗族鼓舞艺术之乡"等。2006 年 8 月，湘西州政府命名了湘西自治州第一批非物质文化遗产代表性传承人（25 人），其中苗族非物质文化遗产州级传承人有龙炳文（苗族古老话传承人），吴腊宝（苗族民歌传承人），龙英棠、洪富强（苗族鼓舞传承人），石成业（苗戏传承人），麻茂庭（凤凰苗族银饰传承人），石寿贵（苗老司传承人），石仕贞（苗族武术传承人）等 9 人。2008 年 7 月，湘西州政府公布了第二批湘西自治州州级非物质文化遗产名录，其中属于苗族非物质文化遗产的有"苗族司刀绺巾舞""湘西苗族花带制作技艺"等。

当然，湘西州除了上述明确属于土家族、苗族的非物质文化遗产外，还有许多湘西各民族人民共同创造的独具湘西地方特色的非物质文化遗产。例如，湘西州入选国家级非物质文化遗产的"凤凰纸扎""泸溪踏虎凿花""凤凰蓝印花布印染技艺"等，入选省级非物质文化遗产名录的"凤凰文武茶灯""湘西自治州阳戏""乾州春会""湘西三棒鼓""湘西木雕""塔卧石雕""杨柳石雕""泸溪傩面具""湘西上陶制作技艺""竹编技艺""古丈毛尖茶制作技艺""泗鬼酒酿制技艺""保靖松花皮蛋制作技艺"等，入选州级非物质文化遗产名录的"地花灯""汉戏""傩愿戏""木偶戏""永顺渔鼓""水冲石砚""还傩愿""酉水船歌""湘西山地号子""解放岩花灯""湘西灯戏""河溪香醋酿制技艺""凤凰姜糖制作技艺""保靖酱油制作技艺""湘西榨油坊""湘西水碾坊""洗车河霉豆腐制作技艺""苗市腊肉制作技艺""湘西水磨制香制作技艺"等。这些珍贵的非物质文化遗产很难说就是湘西哪一个民族的文化遗产，而是各民族文化长期相互交融形成的独具湘西地域特色的非物质文化遗产，也是本书的研究对象。

第二章　湘西地区传统技艺之民间竹编

第一节　湘西民间竹编的发展概况

一、湘西民间竹编工艺的起源与历史发展

（一）清代湘西民间竹编工艺

湘西民间竹编工艺历史悠久。考古资料显示，早在新石器时期湘西就有了竹编，距今已有六七千年的历史。

湘西地处湖南西部，属于丘陵山区地貌，山高、坡陡、路窄，土壤肥沃，气候温和，雨量充足，这些为竹子的生长提供了良好的自然条件。湘西人对竹子有着特殊的感情，山林里、溪流边、村寨旁，随处可见一丛丛、一片片的翠竹。得天独厚的自然环境决定了湘西拥有丰富的竹资源，而博大精深的湘楚文化更是为湘西竹编输送了充足的文化养料。湘西人的日常生活和劳动用品都离不开竹子，如用竹编篮子择菜洗菜，用竹编斗笠避雨，用竹编背篓背人载物，编制畚箕装运泥土，编制凉席用于热天睡觉，编制箩筐用来挑东西，编制扇子用来扇凉，编制晒垫用来晒粮食，等等。湘西的每个村子里的成年男子一般都会简单的竹编手艺，以应生活和生产劳动中所需竹制品之急。如果家中有精细的竹编活计，就要叫手艺好的人来编。湘西人把竹编手艺好的叫篾匠师傅，哪家要编个背篓、箩筐、晒垫或打个凉席，就要将篾匠师傅请到家里。这样，篾匠就成为湘西人的一个重要职业。村寨中的后生一般会向篾匠师傅拜师学习竹编技艺，篾匠师傅带着徒弟走寨串户做竹编活计，湘西竹编技艺就自然形成了以村寨为单元的师徒传承体系，推动着湘西竹编工艺的发展。有些竹编工艺品在历史上很有名，如中方县编织的斗笠在清朝乾隆年间一度成为朝廷贡品，声名鹊起。

从我们在 2012 年收集的竹编作品来看，这些竹编制品体现了湘西人民的聪明才智，充分展现了竹编艺人的想象力和创造力。除普通竹编器具外，还有如下竹编作品。

1. 清代的官帽盒

清代做官的人上朝时头上都要戴一顶官帽，回到家中或晚上睡觉时就要取下来。为了使官帽不易损坏和不沾灰尘，他们就请当地篾匠用竹子做一个官帽盒，用来存放官帽。

2. 清代的针线篮

针线篮造型美观，工艺精细。针线篮都有一定的文化内涵，针线篮内都编织有福、禄、寿、喜四个大字。福、禄、寿、喜是中国人祈求的美好愿望。

针线篮是苗族大户人家嫁女的陪嫁品。清代大户人家的媳妇是不做农活的，待在家里做针线活，如绣花、做衣服、做鞋等。竹编针线篮是用来存放针线工具的。

3. 清代的竹编手提箱

清代，湘西的大户人家几乎家家都有竹编手提箱。竹编手提箱存放衣物不易生霉，又便于携带。它类似现代的皮箱，但比皮箱经久耐用。

4. 清代的竹编小书箱提盒

竹编小书箱提盒是湘西大户人家小孩上学用来装书本和文具的。当时没有那么多的布料做布书包，一般家庭的小孩上学就用手拿书和笔，而家庭富裕的小孩就用竹编小书箱提盒。竹编小书箱提盒全部采用竹子作为原材料，篾匠师傅根据书籍的长和宽用破好的篾片加工编织而成。

5. 清代的湘西竹编糖果盒

湘西人自古以来就有孝敬老人和热情待客的传统美德。晚辈到父母或长辈亲戚家中总要带些礼品，而糖果在当时是最好的礼品。同时，自己家中待客也需要一些糖果，于是就产生了竹编糖果盒。竹编糖果盒是以竹木为原材料，经篾匠师傅编织成后，在盒内写上寿字，盒盖表面绘上牵牛花图案，意思是祝长辈和贵宾健康长寿，充分体现了竹编糖果盒的文化内涵。

6. 清代的湘西竹编小书箱挑担

清代湘西大户人家的小孩出远门求学，生活的日用品、书籍需要带走，于是用竹子编织了小书箱挑担。

7. 清代的竹编储物盒

竹编储物盒造型美观，工艺精美，盒盖所绘花鸟图案别有特色，凸显出储物盒的高雅和珍贵，是存放小件物品的最佳竹编器具。

8. 清代苗族竹编睡席

可以说整个湘西每家每户都有竹编睡席。当时由于布料短缺，湘西人在床上铺上厚厚的一层干稻草，然后将睡席铺在稻草上即可盖被睡觉。改革开放后，物资丰富，布料生产充足，加上竹"麻将席"问世，睡竹篾席的人就少了。即使如此，现在湘西夏天睡竹席的人也不在少数。

（二）民国时期湘西民间的竹编工艺

民国时期，湘西竹编得到了较好的发展。此时的竹编工艺继承和发扬了清代的竹编工艺，并且在品种和花样上有所改进。其代表性作品有如下几种。

1. 湘西竹编圆提篮

湘西竹编圆提篮以当地优质水竹为原材料，经过篾匠师傅的破、刮、匀等多道工序编织而成。竹编圆提篮造型独特，既美观又大方，是盛装食物和小物件且使用十分方便的竹编器具。

2. 湘西民间竹编花瓶

民国时期怀化洪江的竹编花瓶以成年妇女上半身为创作设计元素，以本地优质楠竹为制作原材料，工艺讲究，具有艺术性，插上花卉，很有观赏价值。

3. 竹编扁饭盒

湘西山区山高坡陡、荆棘丛生，路面狭窄，村民早餐后出门干活，一直到下午五六点钟才能回家，中餐只能在山上吃饭。为了解决午餐的食物保存问题，篾匠师傅考虑携带方便，用水竹、金竹或楠竹编织出竹编扁形饭盒，再配上挎肩背带，村民早饭后上山放牛、砍柴、耕种时可用来盛装午餐饭菜。

4. 竹编方形饭盒

民国时期的湘西竹编方形饭盒主要用材为水竹、山竹和金竹。这种方形饭盒携带不够方便，要用手来提（自备绳子将饭盒捆扎成四方立体即可）。主要适用于居住在湘西地势比较平坦地区的村民盛装午餐。

5. 瓜胎竹编水壶

麻阳苗族村民用干葫芦瓜装水，在使用的过程中容易破损。为了使干葫芦瓜壳不易损坏，聪明的苗族村民和篾匠师傅就用竹篾在葫芦瓜干空壳外围进行编织，于是形成了瓜胎竹编水壶。

6. 竹编手提篓

竹编手提篓制作者很有创意，编制的手提篓造型别致，立体感强，与众不同。竹编手提篓全部以竹子为原材料制作而成，主要用材为楠竹、水竹，就连缠绕的绳索也是竹篾丝撮合而成的。

二、现代湘西民间竹编工艺

中华人民共和国成立前，竹编艺人都是以散户的形式做活，缺乏专门的店铺或大型作坊，制约了湘西民间竹编工艺的发展。中华人民共和国成立以后，各地竹编艺人在当地政府的组织下成立了竹器社，以生产农用产品和工艺用品为主，以集体生产和"外加工"的形式组织生产，湘西民间竹编工艺产品在产量、花样、品种上有了很大的突破，形成了竹编的三大类：立体竹编、平面竹编和瓷胎竹编。后来在竹器社的基础上各县或人民公社都相继成立了竹编厂，这进一步促进了湘西竹编工艺的发展。例如，会同的竹编工艺厂的产品曾于1977年、1980年两次被选送参加在法国、菲律宾举办的"中国民间工艺美术品展览"，之后在北京和广交会上展出，受到国内外专业人士的高度评价。这些竹编工艺厂不仅产品出国创汇，还培育了一批优秀的竹编人才。1998年，会同县肖氏家族竹编第七代传人李盛国作为"中国竹革编专家组"技师赴非洲传授竹编技艺。这一时期是湘西地区竹编工艺发展的鼎盛时期，竹编产品无论是工艺上还是产值上，都是历史上最好的和最多的。

20世纪90年代，随着工业化进程的加快、塑料制品的大量出现，以传统产品为主的湘西民间竹编工艺受到巨大的冲击。近几年来，在党和国家的高度重视下，湘西人逐渐领悟到了竹编产品的艺术魅力，湘西竹编生产又开始回暖，竹编作坊不断涌现。例如，湘西芙蓉镇就有八九家竹编作坊，已形成了旅游中的拳头产品。

器具类竹编品是湘西民间现代竹编中的一个种类，包括篮子、盘子、花瓶、花钵、竹箱、竹罐和竹包等，品种繁多，实用性强。这种竹编涉及设计、造型、胎模、编织、装配、油漆等多道工序，有些甚至要用到竹木雕刻镶嵌技术。

（一）竹编工艺篮

竹编工艺篮是一种在编织技巧和外观式样上都有装饰意趣的篮子。它编织精巧，色彩雅致，有一定的艺术性，是湘西竹编中的常见产品。

竹编工艺篮历史悠久。明清时期，湘西流行的传统民间工艺竹编篮大多出自湘西竹编艺人之手。这类竹篮编织精细，有方形的、圆形的，千姿百态，在编织技法上有挑压编、拉花编、实编、空编等，技法繁多。这类工艺竹编大多是层层相套，形如宝塔，因此又称"塔篮""提篮""元宝提篮""半边蛋形提篮"或"针线篮"等。竹编工艺篮按用途分则有套篮、食篮、香篮、花篮、考篮、鞋篮、提篮等，不仅可以放食品、花果，还可存衣、藏书。其有一定的欣赏价值。一般以2～3层为多，有时也有4～5层的。这类竹篮有的每1寸（约3.3厘米）长度内可排列120根篾丝。

竹篮的盖面往往用精选的薄杉木板加工，上层涂刷闪亮的黑漆或深棕色漆，并用金漆或银漆描绘山水、花鸟、人物或吉祥图案。竹篮的篮柄装饰也工整别致，常见的为一根主柄，左右两根支柄，柄中心的捏手部位略下凹。一些精细的竹篮篮柄上还刻有龙凤、博古、佛像、花鸟等图饰，有的甚至用黄铜嵌角镶边，显得既豪华考究又典雅古朴。

（二）竹编工艺盘

竹编工艺盘的式样很多，有圆形的、方形的、菱形的、梅花形的、莲花形的、喇叭形的等。有的盘子还有提柄，可以当篮子使用。

竹编盘子的制作方法多种多样，有竹丝编织、篾片编织、篾片竹丝交叉编织、竹条拼镶、浑身排列穿插等方法。在编织方法和色彩处理上，湘西民间竹编艺人通过竹丝和篾片的交叉编织，运用漂白、橘黄、棕色、茶绿、本色等色彩的组合和对比，在盘子上构成方格纹、菱形纹、人字纹、六角星纹、六边眼纹、龟纹、万字纹等，创制出各种仿物赋形的盘子，如叶盘、香蕉盘、茄子盘、南瓜盘等。

（三）竹编工艺花瓶

竹编工艺花瓶轻巧玲珑，质朴雅致。在制作中，增加了漂脱、花筋和篮胎漆等新工艺，使湘西竹编花瓶更为精美。

花瓶的造型一般颈小肚大，上轻下重，以保证花瓶的稳定。花瓶的口部呈喇叭形，颈部套入一只可以盛水的瓷瓶或竹筒。精巧的花瓶可用精细的篾丝编织，而粗犷的花瓶则用较粗的篾丝编织。

花瓶的上下夹口一般选用洁净无斑点的毛竹制作，花瓶底用竹胶合板制作，绕口沿用水竹篾或桃竹篾。花瓶的编织由底部往上进行，一般用挑压编织法，依照花瓶的模型编织。挑压编可以编出各种各样的花样，在花瓶上常见的有十字编、绞丝编、螺旋编、串篾编、串丝编、插筋编等。现在，竹编艺人也常用热压的方式在篾片上烫印琉化金或镶上民族银饰以及竹编织花笆片，将竹编花瓶装饰得更为精巧富丽。

编织成形后的花瓶还要经过上色和油漆才算正式完工。竹编花瓶色彩以素净、雅致、明朗为宜，常用的颜色有深棕、栗棕、橘黄、漂白。湘西竹编艺人还巧妙地利用竹子的天然色泽，以竹青和篾黄的固有色来编织花瓶，从而显示其质朴的自然美。

三、湘西民间竹编工艺的发展现状及前景分析

（一）湘西民间竹编工艺的发展现状

总体而言，目前的湘西民间竹编工艺发展缓慢，还不能实现产业化发展，更难以打造出成批的拿得出、叫得响、卖得动的品牌。这既有历史的、社会的等客观原因，也有思想上的主观原因。

1.客观原因

（1）工业化进程的影响。20世纪90年代以来，随着工业化进程的加快、现代制造技术的发展，塑料制品大量涌入，以传统产品为主的湘西民间竹编工艺受到巨大的冲击。竹编工艺品附加值低，湘西竹编生产出现了严重衰退，竹器厂纷纷倒闭、转产，竹编艺人纷纷改行或南下打工，导致竹编技艺濒临失传。仅存的湘西民间竹编工艺多以个人制作或小作坊形式存在，规模小，分布零散，未能形成一定的产业规模。因此，在面对周边经济发达地区及其旅游文化产品冲击时，容易受到排挤而被边缘化。

尤其是20世纪90年代初，全国各地的竹编工艺企业在我国经济转轨时期都有过阵痛，但发达地区的竹编企业在竹编产品的功能上做足了文章，即由原来的以编织生产生活用品为主转变为以装饰、旅游工艺品为主，并将市场从农村和中小城市向大城市转移，赢得了市场。而湘西的竹编产品仍停留在传统的竹编产品和工艺上，在造型、花样上都没有特色，加上附加值低，很难有市场。

（2）当地财政能力的制约。湘西地区属于经济欠发达地区，虽然交通条件较好，但工业基础薄弱，旅游业发展未成规模与品牌，由此影响当地财政收入。受当地政府财政能力的制约，政府难以在资金、信贷、税收、价格等方面给予民间竹编有效、及时的扶持，更无暇对竹编工艺品的经营进行统一引导和规划；由于财政收入有限，政府难以在相关基础设施建设方面加大投入，以致外面的资金很难顺畅地进入湘西竹编产业中，这在很大程度上制约了湘西竹编产业的发展壮大。

（3）现代技术手段支撑的不足。目前，湘西民间竹编基本上是纯手工编织作业，所以每年的产量有限，无法实现规模化生产。当然，竹编工艺品大部分是要靠手工操作的，因为竹篾是有一定的韧性强度的，使用机器编织，很容易折断，特别是立体竹编。因此，精细的竹编活只能用手工进行编织。但是，有些简单的工序可以采用现代机器化生产来完成。另外，工艺品的形态设计、配色方案等创新可以利用现代化的技术和手段进行，使湘西民间竹编工艺能与时俱进。

2.主观原因

（1）思想观念落后，缺乏创新意识。湘西竹编艺人大多为农村人，竹编手艺也都是靠师父带徒弟的方式传承，师父除教会徒弟破篾、匀篾、刮篾、撕篾、染篾和编织中的起底、编织、锁口等基本工艺外，其他的手艺就是师父会做什么，徒弟就依葫芦画瓢做什么，很难有所创新。有些艺人虽然在编织时加入一些生活中常见的元素，但只是对客观事物的简单模仿，不会想到对其提炼加工。当然，由于湘西从事竹编对大多数人来说只是一种维持生计的方式和手段，所以即使熟练一些的竹编艺人也会尽量编织一些传统的日常用品去集市换钱，而不会在创新方面进行更多的考虑。

（2）从业人员文化水平相对较低，作品缺乏艺术感。湘西竹编工艺企业都是在竹器社的基础上成立的。竹编艺人大部分来自村寨，文化水平相对较低，一般只是小学文化，最高的也只有初中文化。而真正的竹编艺术品既讲究实用性，也讲究装饰作用；既讲究精巧的编织艺术手法，也有一定的竹编作品文化内涵。这样的竹编产品才能赢得市场，受到消费者的青睐。但由于许多从事竹编的人文化层次不高，普遍认为竹编制品只要实用就行，由此编织的日用品比较粗糙，缺乏现代艺术感和文化内涵，没有把实用、装饰、艺术、文化融为一体。例如，编织立体竹编的动物只是对动物原形的套用，缺乏形式美感；编织瓷胎竹编花瓶、瓷胎竹编茶具的工艺礼品造型缺乏现代感，虽然编织手艺不错，但很难满足现代人的审美眼光；编织平面竹编字画没有艺术性，缺乏文化内涵，很难让消费者接受。

（二）湘西民间竹编工艺的发展前景

在全国大力发展旅游业的背景下，民族工艺品在旅游商品的生产和销售过程中，已具有相对独立的体系，且已成为创汇的重要渠道。随着湘西旅游业的崛起，湘西民间竹编工艺品在发展经济、繁荣民族工艺品市场、充实旅游购物和改善人们生活方面发挥重要作用。农村中的一些能工巧匠带领一批男女老少自办作坊和工艺品厂，使大批农村富余劳动力融入湘西民间竹编工艺品制作行业。

在党和政府的关心下，湘西竹编产业有了勃勃生机。由于国家高度重视竹编文化产业的开发，湘西竹编纳入国家非物质文化遗产名录，湘西竹编行业发展出现了前所未有的好势头。

一些民间艺人也开始走俏起来，如湘西永顺县万坪镇杉木村竹编艺人胡廷贤，就有古丈县、永顺县和凤凰县的领导争着让他去传艺。胡廷贤在凤凰古城内开起了自己的竹编作坊，边做边卖边带徒弟，竹编生意十分红火。竹编工艺品参加了国家、省市及县级展览和赛事，如肖氏家族第七代传人肖体贵的平面竹编《正气歌》挂匾、《鲁迅名言》挂屏等，多次荣获国家、省级和市级金奖或银奖。

竹编产业已向旅游产品业发展。湘西各村寨的竹编能工巧匠都纷纷进驻旅游景区，开设竹编作坊，做起了自己的竹编旅游产品。湘西芙蓉镇就有竹编作坊9家。

竹编工艺品还漂洋过海，进行国际交流与合作。例如，2012年9月，怀化学院校领导和艺术设计系主任赴英国安格利亚鲁斯金大学考察，将所带去的《中英两校合作纪念》竹工艺品和立体竹编《小鸡与花箍圈》赠送给他们时，他们都对这些竹编艺术品赞誉有加。

湘西民间竹编开始突出特色。著名歌唱家宋祖英是湘西古丈人，她以一曲清纯的民族小调《小背篓》唱红了祖国的大江南北，小背篓也因此成为湘西人的骄傲。湘西人抓住机遇，在竹编背篓方面不断推陈出新，形成了湘西的一大特色。

四、湘西民间竹编工艺的创新

创新是人类特有的认识能力和实践能力，是人类主观能动性的高级表现形式，是推动民族进步和社会发展的不竭动力。湘西竹艺师姚本顺不断研究和创新竹编技艺，并独创了一种"微编技法"，用此技法制作出的小背篓、小簸箕等竹编器物小巧、精致，不仅是一种独特的旅游产品，还被众多艺术品收藏家收藏。

随着时代的发展，越来越多的人倾向于具有工艺价值、观赏价值、实用价值的竹编制品。根据这些特点，姚本顺琢磨编织出花篮、花盆、微型深簸箕、蜂腰篓等竹制工艺品，这些工艺品深受人们的喜爱。精细的工艺甚至达到了"簸能接水"的状态。并且姚本顺还摸索出了在簸箕中编织"福""喜"等字样，不断创新，不断开发新产品。如今，他的竹编手艺不仅享誉省内外，在国外也享有一定名气，很多人都找他定制竹编器具。

但是，湘西竹编工艺的发展目前到了十字路口。如何充分利用资源优势，变资源优势为产业优势，加快当地经济发展，走出一条发展竹编产业的新路子，已成为一个亟待解决的问题。我们认为，重点是要有创新。第一，人才培养创新。要改变以往靠师父带徒弟的人才培养模式，改由当地高校包括职业学院开设相关编织课程，培养既懂编织又有一定设计创新能力的实用型人才。同时，以地方院校为龙头，像怀化学院艺术设计系那样，形成研究、培训、设计、制作为一体的竹编研究室，发掘湘西传统的竹编工艺，推陈出新，不断推出适应市场需要的新产品和新工艺。第二，产品功能和市场观念的创新。传统的湘西竹编产品大多是箩筐、簸箕、竹篓、菜篮、晒垫、米筛、斗笠、凉席、烘笼等日常生活用品，主要面向农村市场。如果将原来的生活用品在造型和编织工艺上进行创新，加强装饰性，使之能用于城市千家万户的装饰陈列，市场前景一定广阔。第三，竹编与当地的旅游资源相结合。湘西旅游资源丰富，这为湘西竹编工艺提供了广阔的市场，各地竹编产品如果围绕旅游做文章，开发一些具有浓郁湘西地域特色的竹编旅游产品，其前景不可估量。同时，还可以抓住城市中大型超市取消塑料购物袋的商机，开发出多款便于携带的竹编手袋，这也不失为一个很好的创新思路。

第二节　湘西各民族竹编特色

一、湘西汉族竹编风格与特色

湘西汉族竹编主要流传于怀化。其中最著名的是中方斗笠和会同肖氏家族竹编。

（一）中方斗笠

汉族中方斗笠制作工艺复杂，制成成品斗笠要经过山上取竹（以水竹为原材料）、刮青、破篾、撕篾、勾篾、编织、插顶、摊纸、铺棕、锁边、刷浆、贴花熬油、日晒和上油（桐油熬成的光油）等大小70多道工序。其以轻便、精巧、光亮、耐用著称，在省内外久负盛名。近年来，我国把它推向国际市场，使这一民间工艺品受到新加坡、日本、美国和芬兰等国客商的青睐。

20世纪70年代末，中方斗笠参加广州商品交易会，与日本、荷兰成交，之后又出口德国、西班牙、澳大利亚等国。在国内，中方斗笠深受广东、四川、贵州、湖北、江西等地人们的青睐。

每逢中方县城赶集，农贸市场摩肩接踵，人声鼎沸，农民从四面八方把斗笠坯子一担担往加工户家里送，尤其是画有龙凤呈祥、鸳鸯戏水之类漂亮图案的斗笠深受人们喜爱。

（二）肖氏家族竹编

肖氏家族的竹编可分为装饰欣赏和生活日用两大类。装饰欣赏类可编山水风景、人物图像以及各种花卉、动物、书法等，平面的经典作品有《梁山伯与祝英台》《凤栖牡丹》《正气歌》等，立体的有花瓶、花篮、果盘、礼盒和各种动物、禽类造型等几十种。生活用品类有桌子、椅子、茶几、果品盒、篮子、提盒、书架等。其编织的竹编图案突出了传统文化和地方特色。

（三）汉族的其他竹编制品

汉族的其他竹制品一般讲究实用，比较粗糙，如怀化的小背篓和烘笼的编织就比较简单，与苗族、土家族编织的背篓相比，在造型上有些欠缺，而且编织工艺比较粗糙。但在编织箩筐、提箱、篮子、簸箕、睡席、晒垫等竹编用品上还是比较精细的，并与其他民族编织的竹编基本相似。特别是肖氏家族竹编很有特色，也很有名气。

二、湘西侗族竹编风格与特色

湘西侗族竹编主要流传于怀化的新晃、芷江、通道等地。侗族竹编也分为立体竹编、平面竹编，其竹编工艺品有鸟笼、斗笠、背篓、提篮、渔篓、针线盒、提盒、晒垫、睡席等生活用品。侗族的斗笠是用竹青削制成匀细的篾丝，然后编织而成的，顶端尖形。精制的斗笠有各种美丽的图案。各种提篮、饭盒等生活用品是用宽而薄的篾条编织而成的，上面编有篱笆纹、人字纹等图案。鱼篓造型非常独特，口小，下部较大，状似葫芦，可以系在腰间，用来盛鱼虾、泥鳅、田螺等。就风格和特色来讲，新晃侗族竹编鸟笼最为典型。

（一）新晃侗族竹编鸟笼

新晃侗族竹编鸟笼造型美观，艺术感强，是湘西民间竹编的一大特色。侗族竹编鸟笼选材考究，做工精细，具有浓厚的地方色彩和独特的艺术风格。竹编鸟笼在湖南新晃历史悠久。千百年来，侗族人利用丰富的竹资源，不断丰富竹编工艺的内涵，使竹编技艺代代相传。新晃属亚热带季风气候，峰峦起伏，沟壑纵横，雨量充沛，气候温和。勤劳、朴实的侗族人世代生活在层林耸翠、风光如画的山区，跟鸟和树木结下了不解之缘。南方的少数民族多有爱鸟养鸟的习惯，而竹编鸟笼成为养鸟必不可少的用具。捕鸟、养鸟和斗鸟成为重要的民间活动。如今，随着保护动植物资源意识的普遍增强，人们不再狩猎和捕鸟，但养鸟和斗鸟仍是一项重要的娱乐活动。斗鸟也叫斗画眉，县城里的祖祖辈辈都喜欢喂养画眉。画眉有美丽的羽毛、精干的身段，嘴尖而好斗。县城里专门建有斗鸟场，成立了斗鸟协会。每逢节日或有朋友来，都将开展赛事活动。2002 年，新晃县举办了中国古夜郎国际画眉节，吸引了大量中外游客，鸟笼有 2 000 多个，整个县城一时成了画眉鸟的世界。

侗族竹编鸟笼小有名气的应是龙氏家族鸟笼。新晃县镇江阁坐落在新晃县龙溪口的潕水岸边，是一座古老而精美的楼阁，具有浓郁的民族风格。镇江阁上有一户龙姓人家，以编织鸟笼为生。鸟笼固然漂亮，但制作起来可不是一件容易的事，即使是最简易的、不加任何修饰的原生态鸟笼，也要经过十几道工序才能完成。就算是手艺最为娴熟的师傅一天最多也只能做 5 个鸟笼。如果要制作比较精致的鸟笼，还需要用小刀慢慢地雕琢，需要 10～20 天才能做成，而顶级的鸟笼所要花费的时间就更长了。民间艺人龙永然是当地公认的手艺最好的人。龙永然祖上三代都是鸟笼制作者，他从 15 岁开始制作鸟笼，数十年中，不知多少只鸟笼在他灵巧的手中被编织而成，他可称得上是侗族鸟笼制作能手。

（二）湘西侗族竹编高脚茶盘

湘西侗族竹编高脚茶盘造型美观，编织工艺精细，竹篾粗细均匀、光滑，用途广，是侗族人节庆、待客的最佳竹编用品，充分展现了侗族人好客热情的民族传统。

三、湘西苗族竹编风格与特色

湘西苗族竹编品种繁多，主要是立体竹编和平面竹编。立体竹编有鸡笼、鸭笼、花背篓、物背篓、提箱、小食盒提箱、米筛、菜篮、斗笠、切菜搭、虾子钻、簸箕、针线篮、官帽盒、鱼背篓等数十种。相对而言，平面竹编品种较少，其品种只有晒垫、睡席、门帘等。从竹编的整体来看，各民族的竹编式样和品种都差不多，风格讲究大气，用途广泛，粗中有细，细中有精。以麻阳苗族竹编为例，麻阳苗族竹编斗笠、竹编花背篓、竹编物背篓、竹编烘笼、虾子钻的风格、特色和文化内涵。

（一）麻阳苗族竹编斗笠

湘西民间有这么一句口头禅：麻阳十八怪，斗笠像锅盖。麻阳编织的斗笠形状确实像锅盖，因大、实用而闻名。麻阳斗笠又分晴天和下雨天戴的斗笠。晴天戴的斗笠用竹篾丝编织两个斗笠模型后，两个模型中间摊棕丝，在斗笠面上半部分贴上圆形盖纸，再进行上下穿插和锁边，然后涂上桐油，晾干后即可，简称棕丝斗笠。下雨天戴的斗笠用竹篾丝编织两个斗笠模型后，两个模型中间按从下到上顺序压叠，摊上山上采摘回来晾干的粽粑叶，再进行上下穿插和锁边即可，简称粽粑叶斗笠。这种斗笠宽大，下雨天戴不易使人淋湿，晴天戴不易使人晒到太阳。

（二）麻阳苗族竹编花背篓

湘西苗族背篓造型美观、实用，凝聚了千百年来苗族人的智慧，有一定的民族特色和民族文化内涵。比如，麻阳苗族花背篓是湘西人嫁女时陪嫁的必需品，其编织方法十分讲究。首先，用材，苗族背篓主要取 3～5 年的南竹、金竹或水竹，背篓上口锁边和背带用 1.5～2 年的嫩桃竹背带（也可用棕丝编织带、塑料编织带和布带）。其次，备料将山上或庭院周围所选竹子砍回家中，通过锯、刮、破、匀、削等工序，备成背篓的起底长经签、青竹丝、花窗短经签、口箍、背带签、竹钉等原材料。再次，编织编织背篓的具体方法：①从篓底起编，长经签织六边形眼，原竹片横插在眼内做成底板。②长经签从底板边缘转折向上编篓身，用竹丝以三绞丝方式与长经签相交密织若干圈，用短经签与长经签斜向相交做第一间花窗；用三绞竹丝又密织若干圈，短经签与长经签相交做第二间花窗；继续用三绞竹丝编织若干圈做腰部，再织第三间花窗，短经签在此结束。③上身部分以三绞竹丝织成喇叭口，长经签扭口边，安装口箍，用桃竹、嫩南竹篾或塑料带子索口。④长经签扭边后，余存的竹篾头子在口箍下紧贴内壁织一条花瓣，然后在底竹边缘沿着经签插满竹钉，起到稳固立地的作用。⑤编织两根竹签背带，一端在篓内，一端在篓外固定于篓底，最后漆上生态透明发亮的油漆。待干后，就可以上肩背背篓了。此背篓可以用来背小孩，常象征着多子多孙、人丁兴旺，因而苗族人把它定为陪嫁的必需品。苗族夫妇结婚后，当小孩生下满 30 天或 40 天时，夫妻俩就要将穿好衣服的小孩用小包被对角裹成喇叭口，小孩脚下被角折叠朝上，然后把裹好的小宝宝放进花背篓里，背着宝宝到娘家拜见外公、外婆或舅娘。在日常生活和劳动中，同样可用此背篓背小孩，便于大人劳动。当小孩长到 7 个月时，苗族夫妇将背篓腰间从上到下的第一个花窗孔处用棉布条来回穿插成小布垫座椅，并在小布垫座椅前边中央处斜绊一根粗棉布条，将小孩两腿分开，使小孩在背篓里既能站，又能坐，活动自如，有利于小孩的生长发育。

（三）麻阳苗族竹编物背篓

麻阳竹编物背篓采用楠竹和金竹编织而成。苗族人用它打柴火、打猪草、背粮食或背其他物品。

（四）麻阳苗族竹编烘笼

湘西苗族烘笼，又称火笼。苗族烘笼造型新颖，用途广泛：一是冬天取暖，白天提着烘烤手脚，晚上放进被子里取暖后取出；二是可烘干湿布片；三是陪嫁的必需品。湘西苗族姑娘出嫁时，都要带上一只烘笼，常象征着新娘与男方家人亲近，和和睦睦，幸福美满。

（五）麻阳苗族竹编虾子钻

麻阳苗族竹编虾子钻形状如葫芦，造型美观，在编织工艺和使用功能上，比汉族编织的泥鳅钻工艺精细，而且好用得多，既可装虾，也可装泥鳅，相同之处就是用材都是水竹或山竹。麻阳苗族竹编虾子钻的使用方法有两种：一是直接将虾子钻放在稻田破口流水处；二是在上田破口流水到下田处的位置用泥巴围一个小圈，将虾子钻放在泥围坝外围中间，喇叭口对外，使上田流下的活水从虾子钻的喇叭口流出，这样，虾子或鳅鱼迎着活水钻进钻内。值得一提的是，放钻时一定要将钻屁股用木塞或杂草堵上，还要掌握放钻和收钻的时间，一般放钻时间为下午天黑前，收钻时间为天亮之前。

（六）麻阳苗族竹编小提食盒

麻阳苗族竹编小提食盒小巧玲珑，工艺比较精细，上下三层，造型别具一格，是苗族人为出嫁新娘专门设计制作的盛装点心的小提食盒。因为那时候苗族出嫁的新娘都是乘坐花轿到男方家，拜堂后就坐在新房里等候，一直要到晚宴时才能吃上饭。娘家父母担心自己的女儿一时吃不上饭，于是就编织了这种小提食盒，将新娘充饥的点心放在食盒中，出嫁时一并带上。

四、湘西土家族竹编风格与特色

土家族的竹编艺术种类最多，工艺最为精致，且多与日常生活相关。其风格已从传统的生产生活粗活竹编发展到自行设计与编织的旅游工艺品竹编。湘西土家族编织的精美作品，如《背篓》《嫦娥奔月》《天女散花》《丹凤朝阳》《兰亭序》《高脚果盘》《高脚果篮》《四十八勾果盘》《有盖提篮》《小簸箕》等，体现了湘西土家族竹编的一大特色。土家族竹编与当地旅游业相结合，形成了湘西旅游的竹编产业。例如，湘西土家族背篓造型美观实用，有不少学者认为："湘西是背篓的世界，也是背篓背出来的世界。"湘西土家族自古以来就有"篓不离背"的民谚。一只花背篓，是一道风景、一种文化，体现了一个民族的风格，蕴含着千百年来湘西土家族人民生活的智慧。2003 年，湖南省湘西州永顺县芙蓉镇首次成立竹编厂，资产价值 200 多万元，年产值 50 多万元，有分店 5 家，员工 30 多人。芙蓉镇竹编厂位于湖南省湘西土家族苗族自治州永顺县芙蓉镇处于大湘西旅游的中间段黄金点，下距离张家界 80 千米，距离吉首 70 公里。

芙蓉镇竹编厂自成立以来就以挖掘土家族古老的竹编艺术为己任，改革篾编工艺，从过去的粗篾编织改为现在的细篾编织，有的篾细得像头发丝一样，并结合现代工艺开发出了一系列具有土家族民族特色和以旅游风光为主题的竹编工艺品，投放市场后深受游客的喜爱。现有品种从农村的日用品小背篓、鱼篓等发展到市民用的水果盘、花瓶、口杯套、提篮等 20 多个品种，既有立体竹编，又有平面竹编和瓷胎竹编，竹器精品远销日本、韩国、美国。

竹编是土家族的传统工艺，一般采用野竹、家竹和树藤为原料编织各种家具什物。这些竹编除了供实用外，还有大量艺术品，如《嫦娥奔月》《天女散花》《丹凤朝阳》等。湘西土家族的竹编艺人较多，最有代表性的竹编艺人有胡廷贤、姚本顺、徐克双等。

（一）胡廷贤的竹编生涯与技艺

胡廷贤，男，土家族，1965 年出生，初中文化，是永顺县万坪镇杉木乡团结村地地道道的村民，17 岁时在本地拜师学习篾匠手艺。竹编手艺学成后，他就一直从事竹编行业，至今已有 30 多个年头了。从 2006 年开始，胡廷贤编织的竹编作品曾多次在湖南省和湘西州获奖。例如，2006 年，竹编作品《土家背篓》获得"中国红"杯首届湖南省工艺美术精品大奖赛银奖；2010 年，竹编作品《土家新娘背篓、茶具、酒具》在首届湖南省旅游商品博览会上荣获金奖；2012 年，在湘西州第二届民族民间工艺美术展暨湘西工艺美术大奖赛活动中，竹编作品《盛世龙年》荣获金奖。2010 年，胡廷贤被湘西州确立为非物质文化遗产代表性传承人，成为湖南省竹编代表性人物之一。

1999 年，张家界一位姓李的老板想把竹条编织的浓缩型背篓用作商品包装，因为万坪的背篓远近闻名，便前来了解。一连几天，试了好多篾匠都不满意。一次赶集，李老板闲逛时遇见卖背篓的胡廷贤。一看胡廷贤的背篓就觉得他的手艺不错，于是将自己的想法说给他听，并让他先做个样品看看。

第四天，胡廷贤拿着自己精心编织的样品去见李老板。李老板一见样品，激动得从晃子上跳了起来："就是这个，跟我想象中的一模一样。"他当即拍板，以每个 5 元的价格要货 800 个。

有了与李老板合作的经验和底气，胡廷贤不断创新技术，声名远扬。2000 年，张家界修建土家民俗风情园，胡廷贤被邀请编织一些竹制的室内装饰品，这次他又赚了 2 000 多元。

2002 年 12 月，胡廷贤得知古丈县将举行"首届湖南古丈茶叶民族工艺小背篓擂台赛"，这给了他证实和展示自己竹编技术的机会。从得知消息到比赛，不足一个月的时间里，胡廷贤将自己关在家中冥思苦想，潜心钻研。妻子刘秀娥说，他整天地想，不停地画，不断地改，有时还赌气不吃饭，她得像哄小孩一样哄他吃饭。那段时间，胡廷贤经常编织到凌晨。20 多天下来，胡廷贤瘦了 20 多斤。他的大小两个背篓、竹制茶壶、竹制包装盒 4 件竹艺品获得了大赛的特等奖。

用胡廷贤的话说："如果要获得更好的发展，就不能停留在小打小闹上。"胡廷贤在妻子的支持下，决定开店。2003 年 4 月，胡廷贤夫妇在旅游景点开了竹艺品店。取得成功后，经过细致调查，2006 年，他们投资 5 万元，在古丈县建起了"古丈小背篓廷贤竹艺开发厂"。当年 11 月，其选送的《土家背篓》以其巧妙的构思、新颖的设计和精湛的工艺获得 2006 年"中国红"杯首届湖南省工艺美术精品大奖赛银奖。

胡廷贤在芙蓉镇古街道的店子里一边卖自己编织的竹编工艺品，一边编织竹编工艺品，实行生产加工销售一条龙。他编织的产品有竹垫、竹席、竹壶、竹篓、竹篮、竹盒等 20 多个品种，给人以很高的艺术享受，颇受游客青睐。很多到芙蓉镇旅游的客人都要到他的店里选购竹艺品作为纪念。

胡廷贤夫妇在芙蓉镇和张家界开了 5 家分店，经济效益可观。胡廷贤还担任州特殊教育学校的义务老师，给特殊教育学校的学生义务培训竹制工艺技术。他们的想法是用具有湘西特色的旅游产品立足湘西、宣传湘西。

2010年，胡廷贤应凤凰县领导的邀请，到凤凰古城回龙阁开起了他的竹编专店。在各种卖民族服饰和特产的街上，胡廷贤的店铺显得很特别，摆满了大大小小的手工竹器，背篓、斗笠、竹编花瓶……甚至连墙上的字画也是竹编制品。胡廷贤坐在自家店门口，专心地编着竹编工艺品。提起自己2010年首届湖南省工艺美术精品大赛上的获奖作品，胡廷贤说："这东西别人花8 000块钱买，我都不卖。好作品要留着。"

最传统的竹编自然是背篓、簸箕、椅子等民间常用的家具和生活用品，随着竹器成为一种旅游商品，艺术化和现代化成了竹器制品的新追求。因此，干了30多年竹编的胡廷贤也在寻求创新转型。

胡廷贤编织的竹编工艺品与传统竹器的粗犷不同，他的手艺非常精细化。纤细的茶壶、小巧的茶杯、雅致的书法都出自他那灵巧的双手。胡廷贤很自豪地对游客说："我做的竹篮是可以打水的。"因为编条可以剥到足够纤细，编得足够紧实，再涂上防腐化的桐油，所以这种竹篮也能打水。

竹编技艺完全是个手艺活，需要十分细心和耐心。因此，即便胡廷贤的徒弟人数已经有七八十人，但真正能出师的还不到一半。店堂中一张竹编茶桌被他称为创新作品，虎头做桌脚，每个脚上还附带四个蛋形工艺，立体与平面相结合，难度不小。据说这个作品花了他两个月的时间。

除了编织过程非常繁复外，前期准备工作也是非常复杂的，要经过数十道工序。

首先是取材，就是砍伐竹子。胡廷贤会在冬天最冷的时候上山砍竹。他说："冬天竹子没虫，且养分少，这样不易腐化。而春天竹子因为需要生长，水分多。"采伐之后将竹子放到通风处晾一星期左右，让竹子的水分和营养流失，此时竹子的颜色就会变成金黄色。除了竹子本身的金黄色外，如果还需要其他颜色的话，就要给竹子煮色。编织的方法有很多种：十字编、侧花编、错位编、镂空编等，根据竹篾的多少还可分为两针编和三针编等。简单的竹器一天就能完成，复杂的则需要一两个月。比如，胡廷贤编织的《兰亭序》字画就难度不小，龙飞凤舞的字体还要编成一模一样，胡廷贤当时也编了 1 个多月，如今依然摆在店铺进门可见的地方。

（二）姚本顺的竹编生涯与技艺

姚本顺，男，土家族，1951 年 10 月 15 日出生在保靖县比耳镇比耳村。比耳村盛产各类竹子，是一个远近闻名的竹编之村，村里人基本上都会编织竹器，大多以编织竹器为副业。他从小在这种环境下耳濡目染，受到寨子篾匠师傅的影响，8 岁时就与家中的父辈如姚祖志（他的父亲）、姚复生学习竹编技艺。

在父辈们的指导下，他潜心学习，逐渐掌握了篾丝的裁、劈、剖、削、撕、匀、刮等十余道工序，以及粗、细篾货的全套编织之法。他不仅能编织出实用性强的篾制品种，如睡费、竹床、桌、椅、凳子、背笼、筛子、簸箕、箩筐、竹篮、蒸笼等，还能编织出具有土家族特色的集欣赏价值与实用价值于一身的小工艺品，如小背篓、深簸箕、小花篮。他能编织的图案有万字格、玉盏格、七字万、四梅花、欢龙抱柱、水波浪、井字底、顺路路、狗牙齿、大梅花、小梅花、升子底等。

姚本顺学成后，常常给别人编织竹器。因为技术娴熟，手艺好，他慢慢地在当地小有名气。1976 年，他被保靖县竹业社招为竹业加工技师；1977 年，他被保靖县外贸局招为竹编彩色花篮指导加工技师。在此期间，他的竹编加工手艺得到了进一步的提高和完善。

1987 年，从竹业社回家后，他一边务农，一边为乡邻编织竹器。2004 年，他所编织的土家族小背篓、小簸箕、小花篮、佛珠、睡铵、竹家具等送往宋祖英的家乡——古丈县，参加"小背篓"全州竹编比赛，他的小背篓获一等奖；2005 年，他的竹编作品送往深圳、广州参展，获得好评，并当场有人求购；2006 年，他的作品在张家界参展，也深得大家的称赞，求购者无数；2007 年，他的竹编制品参加了"走进西水"大型文化活动，为"走进西水"活动增色添彩；2008 年，他编织的小背篓和深簸箕被当作礼品送往日本，得到日本朋友的认可，并签订一年出口3万个的合同；2008年，他编织的深簸箕、小背篓等竹编制品参加中国澳门"内地春节习俗展"的展示；2009年，全省非物质文化遗产普查工作会在湘西土家族苗族自治州召开，他编织的小背篓、小箩筐、深簸箕在保靖展区展示，他本人也在展厅里当场展示编织技艺，得到了大家的称赞，州博物馆当场有意收藏他编织的有实用价值的竹编5件。

如今，不仅他的竹编手艺享誉各村，他也在国内外享有一定名气，很多人都找他定制竹编器具。他还乐意把自己掌握的技艺传授给喜欢这一行业的人。2009年8月26日，他被评为州级非物质文化遗产项目"竹编技艺"的代表性传承人。

（三）徐克双的竹编生涯与技艺

徐克双，男，土家族，1971年12月生于永顺县万坪镇杉木村。从7岁起，他一边读书一边学竹编手艺。由于天资聪颖，加之勤奋好学，他学艺不久就能独立编织各种竹器。高中毕业后，他就外出做手艺。在湖南省湘西各县及怀化、张家界，以及湖北咨五峰、恩施芳地编织竹器用品。在日后的编织技艺生涯中，徐克双不断总结经验，把竹编从生活用品推到了工艺品的新台阶，成为当地竹编有相当影响的传承人。其作品《福》《小背篓》多次获奖。徐克双本人被授予"民族民间工艺美术大师"称号。徐克双的竹编作品前面也有介绍。

第三节　湘西民间竹编的类型

一、立体竹编

所谓立体，是指具有长、宽、高三维的物体。立体竹编是指用竹篾编制成长、宽、高三面都能看得见的竹编物体。立体竹编在民间应用比较广泛，主要用于编制生活用品和工艺品，在工艺上注重造型与结构的统一。

立体竹编是一个庞大的家族，按造型和用途可以将其分为篮类、筐类、盆类、提盒类、帽类和仿生动物类等。立体竹编是用横截面为矩形的竹丝编织而成的，通常都需要一定的模具。

　　在我国，立体竹编历史悠久，制作也相当精良。近年来，各种各样精巧的篮子、包装盒等取代了过去只要能用就行的简单的立体竹编，不仅给我们的生活增添了色彩，而且还成为农民出口创汇的重要途径。另外，仿生动物类的立体竹编因其多变的造型、栩栩如生的形态和精湛的工艺越来越受到人们的喜爱，这类产品以我国浙江出产的最为著名。

　　挺拔的竹子在艺人的手下经过刮青、削口、分篾之后，变成了柔软的篾片，这时要将它们悬挂起来在通风处吹干，以免产生霉变。在阳光下，篾片显出半透明淡淡的青绿色。可根据不同的需要将篾片进行染色处理。将篾片放入 1:2 的双氯水溶液中煮沸 2 小时，可以将篾片脱脂增白，用 1:1000 的直接染料水溶液煮沸，对篾片进行染色，可以得到各种色彩的篾片。关键是掌握颜料的配制技巧，篾片要染透，在清水中将浮色洗净后再晾干，这样篾片就永远不会褪色。

二、平面竹编

　　所谓平面竹编，就是在一个平面物体上用竹篾进行编织的竹编作品。平面竹编以字画为主，所用竹丝细如发丝，成品似书画却胜于书画，其工艺堪称一绝。

　　平面竹编常见的图案有十字花插入法、提花编织法、米字格细花编织法等十几种，但这些靠简单的重复而成的花色显然不能和字画等不规则的图案同日而语，可以说，几十年前的竹编工匠们很难想象将《兰亭序》这样的作品编织起来，为什么呢？因为过去的平面编织一是无法制作出一致的细竹丝；二是他们编织图案时靠的是记忆编织，对于不能差之毫厘的手迹等复杂图案来说简直无能为力。后来，为了能够编织一些精细图案，艺人们开始采用坐标编织，就像绣花一样，先把图样绘在坐标上，一面数一面编，经丝纬丝都要一根一根数，很不方便。那么，究竟有没有一种方法可以既相对快又能保证精确无误呢？看图编织的发明与应用解决了这一难题。

　　看图编织，顾名思义，是把要编织的图样作为底稿与竹丝合为一体，再按照图样进行编织。这种方法灵活机动，容易操作，不仅可以提高编织速度，而且能从根本上解决大幅长卷的编织难题。看图编织恪守的一个基本原则就是经丝与纬丝的垂直相交，一定要做到直角、线端，每根篾条组成的角度都是90°。外边起头后，将篾丝压在要编织的图案上，用压铁将两部分压住使它们不容易移动，避免编织时的误差。没有图案的地方用白色的篾丝，有图案的地方用染过色的篾丝。每当图案出现的时候将彩色的篾丝挑起压住白色的篾丝，没有图案的地方则用白色的篾丝压住彩色的篾丝。为了增加画面的层次效果，编织时可以加入背景中的星点，越是细密的星点越能够体现出作品的立体层次。

看图编织对于心灵手巧的艺人来说，用手来分开、挑起竹丝是必须的工作，但是想要编织更加精细的作品，就需要更细的竹丝，最细的只有零点几毫米。这样的竹丝如果用手来分开挑起进行编织，难度巨大，进程缓慢。1988年，陈云华大师继排针发明之后发明了外形简单的竹针，针尖薄而尖，鹰嘴形钩尖向内，需要拉伸竹丝时，只需将竹针穿过排竹丝，钩住所需竹丝，慢慢拉过就可以了。平面竹编中10丝以内的编织都双手捡篾，灵活机动，而12丝以上的就要用竹针挑丝了。精档竹编的标准是12～16丝，特档竹编的标准是18丝以上，而迄今为止最细的竹丝为48丝。这种工具的使用，不仅大大缩短了完成一幅作品所需要的时间，而且使编织高档精细的作品成为可能。

在平面竹编中，有一个类型不能不提及，这就是隐形竹编。同样颜色和光洁度的竹丝，分别作经丝和纬丝，通过层次交叉，使光线出现不同的反射，在不同的观看角度下，会产生出亦真亦幻的效果。在若干年的实践中，竹编艺人们创作出了一批平面竹编的精品之作。《中国百帝图》应该说是其中最杰出的代表。在这幅面积不大的作品中，正反两面汇集了中国历史上100位帝王，形态、神态栩栩如生，呼之欲出。这部作品用极细的竹丝编成。

平面竹编的作品一般表现为竹编字画、竹编晒垫、竹编睡席、竹编门帘、竹编挂屏等。编织字画装饰挂屏时，要注意根据字画的样式排好版，打印成字画样稿，并将其固定，然后用细竹篾在版上面进行编织，而且竹篾需要薄到透明才能进行编织。

三、瓷胎竹编

所谓瓷胎竹编，就是以瓷器器皿为胎，用纤细如发的竹丝、柔软如绸的竹篾，依胎编织而成。瓷胎竹编用的竹丝选料非常严格，制成的经篾薄如绸，纬丝细如毛，柔硬适度，原料要求极高。瓷胎竹编工艺品的编织难度大。起底、翻底、翻顶、锁口的全部工艺都要求不出现接头，不出现绞丝、叠丝等技术差错，始终保持经篾纬丝比例匀称，给人以一气呵成之感。瓷胎竹编的品种一般为瓷胎竹编花瓶、瓷胎竹编茶壶、瓷胎竹编茶杯等。

第四节　湘西民间竹编的材料与制作

一、湘西民间竹编的用材

（一）楠竹

楠竹被称为毛竹，但又有别于毛竹，楠竹实际上是毛竹中最名贵、最有使用价值和经济价值的一种实用竹。在中国众多的木本竹类植物中，楠竹是生长最快、材质最好、用途最多、经济价值最大、种植面积最广的竹种。楠竹主要分布在湖南、江西、福建等地。楠竹竹质尤以湖南竹为最好，江西、福建次之。

楠竹生长快，适应性强，一棵60英尺的楠竹只需59天即可再生，楠竹大面积的种植推广能保持水土流失，调节局部小气候，净化空气，美化环境，并且成林时间较木材而言大为缩短。

楠竹是多年生常绿竹种。根系集中稠密，竹秆生长快，生长量大。因此，楠竹对土壤的要求也高于一般树种，既需要充裕的水湿条件，又不耐积水淹浸。其在板岩、页岩、花岗岩、砂岩等母岩发育的中厚层肥沃酸性的红壤、黄红壤、黄壤上分布多，生长良好。在土质粘茧而干燥的网纹红壤及林地积水、地下水位过高的地方则生长不良。在造林地选择上应选择背风向南的山谷、山麓、山腰地带，土壤深度在50厘米以上，肥沃、湿润、排水和透气性良好的酸性砂质土或砂质壤上的地方。

（二）金竹

1. 生态习性

耐寒，在深厚肥沃、排水良好的土壤中生长良好，忌排水不良的低洼地。

2. 形态特征

秆高 10～14 米，中部节间长达 34 厘米，新秆绿色，被白粉和毛，老时灰绿色，秆环和箨环隆起。笋期为每年的 4、5 月份，笋淡红褐色或带褐色。秆箨短于节间，密被淡褐色毛，无斑点，箨耳发达，有紫黑色弯曲的长肩毛；箨舌发达，紫色，先端微波状，箨吐三角形或三角状披针形，绿色。金竹一般用作竹制品取材和供观赏。

（三）水竹

1. 生态习性

水竹一般生长在南方的山坡、庭院边、菜园边、路边和溪流旁。

2. 形态特征

秆高 3～5 米，中部节间长 34 厘米左右，竹子大小直径为 1.5～4.5 厘米，新秆绿色，老时浅绿色，秆环和箨环隆起。笋期为每年 4、5 月份，笋淡褐色。秆箨短于节间，无斑点等。水竹用途十分广泛。因其竹节平、竹质柔软而光亮，是编织精美竹编工艺品的上等材料。

（四）桃竹

桃竹为竹的一种。纤维多，质地坚实而柔软，为编织字画、牙签、编织器皿的锁扣篾、编织背篓背带、编织竹扇的好材料。湘西桃竹为成堆生长型，既耐温也耐寒，适合在肥沃土地中栽培。栽种时间为冬季和春初，6 月生笋，一年以上就可以砍伐。制作竹编用材一般以生长 1～2 年的竹子为佳。

（五）慈竹

慈竹，别名茨竹（贵州等地）、甜慈、酒米慈、钓鱼慈（四川）、丛竹（云南）、吊竹（广西）、子母竹。主干高 5～10 米，顶端细长，弧形，弯曲下垂如钓丝状，粗 3～6 厘米。分布于我国南部地区。慈竹丛生，根窠盘结，竹高至两丈许。新竹旧竹密结，高低相倚，若老少相依，故名。鄂东民间叫丛竹。这种竹内实而节疏，性弱可以代藤用，其形紧而细，一丛几十根，笋不外进，只向里生。五六月长笋，次年方成竹，其笋不可食用。

竹子三分种、七分管。新栽竹地当年可套种玉米、红苕、豆类等作物，要防止杂草长满竹地。除草不能图方便用除草剂，因为刚成活的竹子对除草剂很敏感，除草剂喷到周围都会影响它的生长发育。需用刀割，每次割的草可堆到竹窝下，既可保持水分，草烂了又可作肥料。

慈竹喜水分充足的肥沃土地，就岷山、雅安等地方都比较适合慈竹生长。慈竹的生长周期：新生命出土期为农历七八月份，小嫩竹哺乳期为农历九、十、十一三个月；休眠期为腊月、正月、二月、三月；萌芽孕育期为四至六月份。慈竹的最佳砍伐时间是在其休眠期。

慈竹具有竹壁薄、纤维长、劈篾性能好等特点，是工艺竹编尤其是编制平面字画时的上乘材料。同时，它还是纤维制纱和造纸的良好原料。

二、湘西民间竹编的制作

（一）湘西民间竹编的制作工具

1. 刀锯类

（1）手工架锯。供锯截竹料之用。手工架锯可分木质架锯和钢质架锯两种，两种架锯都可以锯竹。

（2）破篾刀。用于破竹、启层、分丝、削片、刮青的刀具。

（3）匀篾刀。用于削匀篾片竹丝，使之达到宽度一致。

（4）刮篾刀。主要用于将竹篾刮薄刮光滑。

（5）削青刀和刮青刀。主要用于刮竹青、刮厚竹片、刮竹节和园竹筒。

（6）剪刀。用于剪竹篾片、剪编织动物篾片羽毛或鳞甲。

2. 机械类

（1）手电钻、大小钻花。手电钻主要在编制竹编提盒提手、竹编提篮提手、竹家具以及竹编提篮穿竹丝等钻眼闩钉时用。大小钻花的用途也大致如此。

（2）砂带机。主要用于磨平竹片和器物缘口。

3. 锅炉盆罐类

（1）电炉、铝盆。主要用于加温染料溶液，供染色用。

（2）火炉。主要是供竹杆擦除蜡质并进行弯曲加热烧火用。

（3）蒸煮铁锅。主要用于编织时引拨竹篾丝。

（4）瓷瓶、陶罐、茶具。主要用于瓷胎竹编。

4. 工作台凳类

（1）破篾工作凳。其有高低之分。高凳用于刮篾、匀篾、破篾，矮凳用于破篾、锯竹。

（2）编织工作台。

5. 辅助用品与辅助工具

辅助用品主要是围裙、纱手套、塑胶手套，它们对竹编人员起着保护作用；辅助工具主要是木模具、夹子、锥子和米尺。此外，砂纸主要用于将编织好的竹编打磨光滑。

（二）湘西民间竹编的制作模型

所谓模型，是指以立体的形态表达特定的创意，以实体的形体线条、体量关系等元素不同程度地表现设计思想。所谓竹编制作模型，是指要编织一个立体竹编作品需要用木质或泡沫材料制作成与立体竹编作品相似的形状，然后在其周围进行编织。需要模型套织的竹编产品或工艺品一般都是立体竹编。比如，编织花瓶、提盒、圆提篮、官帽盒、果盘、斗笠等，就需要模型才能编织。以竹编花瓶为例，就要用木胶板制作一个与所需花瓶大小的模型。

第五节　湘西民间竹编工艺的数字化保护

一、湘西民间竹编工艺数字化保护

数字化是指将各种复杂的信息利用计算机时代的各种载体和表现形式，将信息转换成数字、数据，并据此建立数字模型引入计算机内部，以便统一进行处理等。湘西竹编工艺非物质文化遗产的数字化保护是指利用现有的数字信息技术将湘西竹编技艺、竹编作品、竹编文化进行有效的保护。如数码拍摄，二维、三维扫描，数字录音、摄像，虚拟现实、网络数据库，搜索引擎，等，对湘西竹编工艺非物质文化遗产进行分类、存储，建立文字、图像、音频、视频、动画等数据库，并配备强大的搜索引擎实现数字化再现。

目前我国对非物质文化遗产的保护大多表现在拍照、收藏物品等简单的层面上。如中方斗笠的文字记载、作品收藏和拍照留存只是我们对湘西民间竹编工艺保护的一部分工作，而且是比较传统的保护方式，但这还不是真正意义上的数字化保护。

湘西竹编工艺非物质文化遗产的数字化保护在手段和宣传效果上具有其他保护方式不具备的优势。我们现有的对湘西竹编工艺非物质文化遗产的保护方式还仅仅停留在采访、拍照、收藏物品等简单的工作层面上，保护效果欠佳。而数字化保护可以有效地再现其文化空间，利用虚拟现实技术构建其生产、使用、流通、传播、传承等虚拟场景，产生普通博物馆所无法创设的意境，真正体现非物质文化的魅力。对于某些具体实物，如手工竹编工艺品，通过数码拍摄或三维扫描，创建作品的三维全景，只要轻松拖动鼠标，即可查看作品的各个侧面。相比装在博物馆玻璃柜内的真实作品，其展示和宣传效果更有优势，同时也可以让浏览者欣赏到很多馆藏竹编珍品。

近年来，随着对非物质文化遗产保护力度的不断加大，实现湘西竹编工艺非物质文化遗产的数字化保护势在必行。

湘西已经获得国家批准的非物质文化遗产大多是处于濒临灭绝的项目，其国家级、省级传承人大多是年过半百的老人，有的甚至至今没有国家级和省级传承人。不仅如此，湘西还有一部分县、区未完全开展非物质文化遗产的普查、申报工作。因此，许多地方的竹编工艺正在逐渐消失，像会同县肖氏家族竹编就没有培养第八代传承人。现今的湘西竹编工艺非物质文化遗产保护已不能依托于传统的保护手段，保存下来的作品、图片等容易生霉，录像、录音带极易老化，传统方式记录的湘西竹编工艺非物质文化遗产信息在很大程度上出现了失真，以致传统的技术不能发展成为文化创意产业，不能实现民间工艺的产业化。因此，尽快实现湘西竹编工艺的数字化保护显得非常迫切。

怀化学院作为怀化市唯一的一所本科院校，始终坚持立足地方、放眼全国，积极凸显办学特色，服务地方经济建设和社会发展，对于非物质文化遗产的保护一直在努力探索。怀化学院先后建立了易图境美术陈列馆和非物质文化遗产陈列展厅（竹编展厅和民族服饰展厅），开设了竹编技艺选修课程，建立了研究、设计、实践工作场所。

2012年5月，由中共湖南省委宣传部、中共湖南省委教育工作委员会、湖南省科学技术协会、湖南省文明办、湖南省新闻出版局、湖南省社会科学界联合会6家单位，授予怀化学院"湖南省社会科学普及宣传基地"称号。这是对怀化学院传承和保护湘西民间非物质文化遗产贡献的肯定。

二、湘西民间竹编工艺数字化保护的对策建议

湘西竹编技艺、中方斗笠、肖氏家族竹编被列入国家级和省级"非遗"名录，这些宝贵的民间工艺是湘西人民智慧的结晶，亟待进行保护和传承。在新时期新阶段，特别应加强湘西竹编工艺的数字化保护，并不断进行手段和方式上的创新。

（一）完善基地建设，在数字化手法上创新

当地高校应与湘西民间竹编工艺最具特色的市、县合作，建立"湘西竹编工艺培训基地"或"竹编教学基地"，在竹编资料发掘、竹编工艺抢救、竹编产业的开

发利用等方面展开紧密合作。依托地方民间竹编文化资源优势，更好地保护和传承地域竹编文化，服务地方经济发展，促进区域文化建设。

在数字化保护的手段上不断创新，借助二维、三维动画等数字化手段模拟湘西竹编工艺制作的全过程，复原并重现竹编工艺品造型。以数字化解读湘西竹编文化的深厚底蕴，以鲜活的方式再现濒临消失的湘西竹编场景。

（二）利用数字虚拟现实技术创设非物质文化遗产保护条件

利用数字化虚拟现实技术开发非物质文化遗产——湘西竹编工艺资源数据库。随着时间的推移和调查、研究的深入，数据库是在不断增加和更新的。在展示上，可借助多媒体集成、数字摄影、虚拟现实等技术，通过创设网络陈列馆，使湘西竹编文化遗产的展示、传播及利用更为便利和充分，拓展陈列馆展示的空间和时间。

（三）把湘西竹编工艺品与网络游戏有效结合起来

目前网络游戏的平台非常成熟，各种各样的网络游戏已经成为很多人休闲娱乐的重要方式之一。鉴于此，我们可以尝试通过对网络游戏的开发和利用，把湘西民间竹编工艺制作和相关竹编工艺品融入网络游戏之中。一方面，可以给网络游戏玩家提供有益的、健康的游戏载体和项目；另一方面，可以使更多的人认识和了解湘西民间竹编工艺，使之得到有效传承。

第三章 湘西地区传统技艺之苗族服饰

第一节 湘西苗族服饰的发展变革

一、苗族服饰溯源

服饰是服装与首饰之总称，包括首饰、冠式、妆饰、衣服、裤裳、鞋裳、鞋履、饰物等，与纺织技术及生产力的发展有着极为密切的联系。

据考古资料所载，1933 年，在北京周口店山顶洞人居住过的洞穴中发现了不少穿孔的砾石、兽齿、鱼骨、介壳及海蚶等饰物，还有用赤铁矿染红的石珠等。由此可知早在 18000 年前，人们已经懂得用饰物来装扮自己。进入石器时代以后，人们逐渐掌握了制造工具和使用工具的技能，并发明了骨锥及骨针，从而创造了原始的服装。

1926 年，在山西阴村新石器时代遗址发现了半个切割过的蚕茧，茧长 15.2 毫米，幅宽 7.1 毫米，这表明 5000 多年以前，我们的祖先已经知道了利用蚕茧。1958 年，在离山西阴村几千里远的浙江吴兴钱山漾新石器时代遗址中出土了一批 4700 年前的纺织品，这表明当时的织丝技术已经达到了一定的水平。

苗族服饰的发展与汉族有着同样的从原始阶段到文明时期的进程，远不说蚩尤时期苗族活动的黄河流域与苗族有关，就近年来发掘出土的屈家岭文化遗址，已被专家确认为苗族先民的文化遗存。秦汉时流行一种角抵戏，是为祭祀蚩尤而发展起来的一种仪式舞蹈。从明代记载的《蚩尤戏》插图来看，蚩尤形象与《神异经》及《龙鱼河图》等史料记载的"身多毛，头上戴豕""头戴牛角，身披牛皮战袍"形象是一致的。

出土的文物古迹应该可以说是苗族先民活动疆域的文化遗存。屈家岭文化的考古发掘以湖北京山屈家岭文化遗址为典型代表。所谓屈家岭文化，是蚩尤九黎部落集团与炎黄二帝联盟战争失败后退居在江淮、江汉和洞庭彭蠡间形成的三苗国部落而形成的三苗文化的遗存。其分布范围大概是今湖北省地界，北抵河南西部，南到湖南洞庭地区的澧县，西至四川巫山，东达江西修水。其年代为公元前 2800 年左右，距今已 4800 年之久，此时期也是三苗集团最为强盛时期。

二、湘西苗族服饰大变革

唐宋以后至元明清，文献中有关湘西地区的苗族服饰的记载更为明确和详细。主要历史文献有明成化年间沈瓒的《五溪蛮图志》、清康熙年间阿琳的《红苗归流图》，以及嘉庆初年严如煜的《苗防备览》等等。唐宋以后，苗族经历了历史上第四次大迁徙，因此，此一时期的苗族服饰对贵州、云南等西南苗族服饰的演变有着极为重要的影响。

苗族通过第四次大迁徙以后，因为居住环境的变化，各个支系的风俗习惯的差异，服饰难免大同小异。从服装的颜色来看，有的地方用蓝色，有的地方偏重青色；头帕有的用红布帕，有的用花布帕，还有的用青布帕；绑腿也有青、白之分。因此，到清代，异族根据苗族这些不同的服装色彩习惯差异，给苗族划分为"红苗""黑苗""白苗""花苗"等称谓，并分成不同源流的种类。如此分类虽然不够科学，但也对苗族起了分而制之的作用。清严如煜根据史料记载，综合各地（府）县志后，将湘西苗族划分为"红苗"之列。

"红苗"是因某地域苗族喜用红色而得名。湘西苗族崇尚红色，大概可以追溯到宋朝。宋代朱辅描述武陵地区五溪蛮的《溪蛮丛笑》记载："裙幅两头缝断，自足而入，阑斑厚重，下一段纯以红。""下一段纯以红"是指苗族所穿的全红色"筒裙"或者"褶裙"。

宋代至明朝年间，湘西民族服饰已经有了很大的进步，衣裙开始由丝、麻、棉、绸等布料缝制而成。妇女头上锥髻，并插银钗，男女都带巨大耳环，但赤脚不穿鞋。从明朝成化年间沈瓒的《五溪蛮图志》所记载的苗族服饰，我们便可以清晰地窥见这一特征。《五溪蛮图志》载："先以楮木皮为之布，今皆用丝、麻染成五色，织花绸、花布裁制。服之上衫，皆直领。下裙，团转细襞襀倒折其半。蛮俗云：'槃瓠死，浮于江。少女揭裙涉水邀之。子孙因以为记。'其妇女皆插排钗，状如纱帽展翅。富者以银为之，贫者以木为之。又以青白珠为串，结悬于颈上。或绸或布一幅，饰胸前垂下。俗曰'包肚'。未嫁，下际尖；已嫁，下际齐。"又载："男子绾锥髻于脑后，女子绾锥髻于头顶。""男女皆带银耳环，尺围大，皆跣足。"

清康熙年间阿琳《红苗归流图》所附文字对湖南、贵州、四川三省交界地区的"红苗"服饰做了较为详细的记载："红苗，盖近代所称。种类数以万计，氏族唯吴、龙、石、麻、廖五姓（目前姓氏按照湘西土家族苗族自治州的苗族人口数量多少，排列顺序为吴、龙、廖、石、麻五姓）……其人，皆面目黧黑，锥髻跣足，尽去髭须，状如猿揉。……其服饰，皆短衣窄袖，袴止蔽膝，用红布为裹以束腰，衣领亦饰以红。妇人无袴，止以裙蔽下体。虽隆冬御寒，男女止单衣数层，冻甚则集薪焚之，阖室环向，反复烘炙。出遇风雪则披毡以御。男子以网巾约发，带一环于左耳，大可围圆一二寸。妇人则两耳皆环，绾发作螺髻，织篾为笄，以发纬之如蟹，匡施千髻，遍以银繞绕之，插银簪六七支，簪形若匕。其女之未嫁者，比线贯贝辫发垂其后以为别。"

乾隆初年，段汝霖《楚南苗志》对湘西地区"红苗"的描述与《红苗归流图》所附文字相近，现摘录如下："男子，蓄发去须，以篾织髻，蒙以假发，戴髻于首，横插簪（或银或铜锡为之）五株簪，长五寸。用马尾织网巾，束发脑后。戴二银圈。名曰纲巾圈。左耳戴银环，项戴银圈，一、二、三不拘，视家之贫富为差等焉。两手各戴铜镯。衣尚短，最长不过二尺二、三寸为度，多以青布为之，亦偶有用蓝色布者。领尚红，周身衣边俱绣五彩花。衣带俱系锡皮。行动则响声铿然。腰系红带者，则为红苗也。青布为袴，袴两足亦绣花于边。青布裹臁肕尝赤足。亦间有穿鞋者。""苗妇所用髻亦与男子同。插银簪六支，长七寸。贫者簪以铜为之，前后俱戴银梳（贫者无梳），包四寸宽青首帕，左右皆绣花。两耳各戴银圈二。其圈圆九寸，坠两肩。项戴银圈三、四、五不等，视贫富为差。另用丝线系海蚌 20 颗，并戴五色磁石珠一、二串。青衣、五色花边，亦不甚长，周身用碎锡为饰，行动则铿然有声。裙用花布，青红相间，绣团花为饰，不穿裤，白布裹臁肕，赤足。亦间有穿鞋者。""未嫁者，中分其发，用绳扎垂于后，并有结辫者。"

与唐宋时期的苗族服饰相比，明末清初苗族服饰在继承了传统服饰的某些特征以外，随着生活水平的提高、生产力的发展，以及受杂居民族的影响，湘西地区的"红苗"服饰也相应地发生了一系列的变化。从承袭传统方面来看，主要表现在"锥""跣足""赤髀横裙"和"斑布为饰"几个方面。

苗族著名史学家伍新福总结了嘉庆起义后数十年间湘西及毗邻地区苗族服饰所发生的主要变化，在《苗族文化史》中概括为五个方面：

第一，男子"剃发"，裹头帕，左耳不再挂银耳环。

第二，妇女下着中衣，并开始有裹脚的。

第三，衣服布料颜色从纯青到兼用蓝色和浅蓝色（月蓝）。

第四，男子衣领饰以红，腰系红布，嘉庆末年尚有之，但是道光以后再未见记载。

第五，妇女再未流行以海贝、海贝巴、药珠之类为饰品的。

至于上衣短、下着百褶裙，套绣彩色花边，尚银钗、银钏、银圈等银饰品，妇女两耳坠银环等特点，依然与明清改土归流前后相同。

三、近代湘西苗族服饰

清改土归流时期，特别是咸同年间苗民起义失败以后，清朝政府加强了对苗民"同化"政策的实施，以削弱苗族人民的民族精神。在采取"保甲义学"运动的同时，要求苗民一律剃发，改变服饰，以"汉化"苗民。一直到辛亥革命前后，随着政治的变革和社会的发展，湘西苗族服饰逐渐演化变迁，发生了很大的变化。最为显著的特征，主要表现在苗族男子不再留发锥髻，也不戴耳环和用红布束腰了，苗族妇女则改裙为裤，头饰也弃掉锥髻的习俗而改为织辫挽髻于脑后。

根据民国初年传教士陈心传记载：湘西苗族，"今无论苗、仡，查其男子之凡与汉族接近或者居处接近者，已多与汉民同。唯僻处深山而少人城市者则略异，皆喜裹青布或花布头巾，着青蓝大布满巾或大襟衣；间或可见仍有颈环项圈，右臂围以红铜手钏者。妇女或闻其近四五十年以来，或苗或仡，非有嘉庆，皆少着裙者。而概改着刺有花边之绔也。其衣服亦无有再织五色花绸、花边裁制者，贫寒之家，皆系以青蓝布匹为之；富者则更有以土绸、杭绸及绫、缎、羔皮为之者。其上衫亦与汉妇之服装制裁同，所异者唯无风领，并稍长、稍宽，其边缘走有线、绣有花，或滚有花边。"排插，青白珠、包肚今亦少饰者。""苗妇中之较富者，于宴会时则喜戴银项圈、抬肩、耳环、牙签，及镯、戒等饰品。""其男子多剃发剪发类汉民；妇女则皆辫发，夹青布或者花布与绸绉之长巾缠头上，虽酷暑不去。耳环今唯妇女辈戴之，环之大小不过 7～10 厘米许围。男子已无戴之者……今非全为跣足，亦多有知着芒鞋者。"

从传教士陈心传的记载中可见，苗族服饰汉化程度与离汉民和城市的距离远近有直接关系。其实，这一系列的变化与统治者的"同化"政策密切相关。"唯僻处深山而少入城市者则略异"和遇喜庆节日时"则喜戴银项圈、抬肩、耳环、牙签，及镯、戒等饰品"。其实质是苗民对清政府"同化"政策实施的一种反抗。起义失败以后，统治者强行一律剪发，改变服饰。苗族人认为改变服饰是一种投降的表现，故而，自称"男降女不降"，不少地区苗族妇女仍然保留了穿裙子花衣、胸前饰"包肚"和全身佩戴银饰的习惯。

民国时期，永绥厅（今花垣县）石启贵先生随中央研究院凌纯生、芮逸夫两位民族学专家到湘西调研，深入实地调查研究，历时数年，收集到了大量有关苗族生活特点的资料。中华人民共和国成立后，政府组织人员精心翻译整理，将考察报告整理为《湘西苗族实地调查报告》。文中所做调查，较为全面地反映了当时社会环境下的苗族服饰的特征，现将生活习俗的服装部分摘录如下。

（一）男装

湘西苗族男子衣裳崇尚古装，包头系腰，跣足跣行。首帕，普通喜爱青黑色，缭绕头部，至少需挽五六道，亦有挽十余道者。挽戴头上，帕长丈余，前后包成人字形，大如斗笠。放顶露外，悬帕一端，吊其耳边。近于苗汉人杂居处亦有喜戴帽子者。

身着衣服，概系短装，对襟少而满襟多。每件衣服照例安纽扣五颗为普通。衣袖长而袖口小，亦有袖口放大的。下摆喜宽，过腰喜大。有一班青年好奇者，在胸前、袖口、衣领处滚边绣花，色彩鲜丽。民国以来，较为进化，对此滚边绣花衣服似少见之。裤子短大，疏松异常。近有剪发，习汉装，穿长衫套马褂者。但为数较少，不上百分之一。男子均以黑帕缠腰，青布裹脚。也有喜包花裹脚的。一年四季少穿袜。未有洋袜以前，多缝白布袜及蓝布袜。若穿了袜子套上麻履，武夫赳赳，大有蛮风犷悍之气概耳。

（二）女装

湘西苗乡女子喜用青黑头帕包头，发不外露，平正不偏斜，末挽一道要齐额上，此乃干、绥、古、保（按：吉首、花垣、古丈、保靖）之苗俗。唯凤凰妇女爱花帕，男子亦同。头帕缭绕，折叠极多。若遇风寒，加包短帕一节，长约1米，由前额包向胸后中部，帕之两端，紧箍两旁，连两耳都包在内，不透风寒。女子发型尚古式，不剪发，独辫。无论寒暑都包头，以露发示众为耻也。衣服腰大而长，袖短无领，袖口大约尺许，袖长齐过手腕而已。胸前及袖口照例要滚绣花边，加栏杆花瓣于其间，还有开杈及放摆，前后两边之边缘，都刺绣及挖云钩。衣服全是满襟，无对襟式。衣裤一套，缝工绣工精致者，手工需一二百个。纽扣部位例安五颗，腰系红、绿或黄色之湖绉细帕，帕两端吊悬于右方。间有无此绉帕，是系花带和腰裙。裤子短，裤脚大，绲绣花边或数纱边。此是今日苗族妇女服装也。有礼裙，长而宽，缝成折叠，下脚边沿满绣花纹，缀花瓣，五光十色，鲜艳美观，系于腰上，围满下身前后，行路摇摆之姿势，风度娉婷。此裙苗乡仍存，只是在吃牛、接龙盛大祭典方穿之。故称礼裙，鞋子绣花，头尖口大，后跟上耳。有做一种半节鞋，是用各色花缎连缀而成，美观异常。布袜好喜蓝色，要上船底，边钩三针。每缝制一双袜需工三日至五日，更精者为七日。此袜喜庆穿之。平时是包布裹脚，穿草鞋。衣服也有套背心的，俗谓之领挂。胸前亦镶花边、挖云钩，与衣略同。"

民国时期，保靖县县长姜干在《保靖县地方情景及施政概况报告书》中记载：保靖县"麦坪、葫芦、夯沙、水田等乡均苗地，民性质朴无文，不尚虚浮，勤劳节俭，乃其美德……改土200余年，虽仪渐沾汉化，而风俗习惯尚多殊异。服饰，男女均喜头缠青白长巾，腰喜束带"。"女则耳垂银环，辫发盘顶，外裹大帕，项圈川钏，重叠配戴，有重至数十两者。衣裤之边，大多刺绣花纹。"

苗族是一个崇尚巫术的民族，常常举行一些盛大的祭祀活动，如祭祖、椎牛、打猪；苗族同时又是一个有着丰富节日文化的民族，如四月八、六月六、赶秋节、吃新节等等。每遇祭祖还愿、吉庆佳节、赶场集会或走亲访友，苗家姑娘都得巧妆打扮，穿上盛装：首顶接龙帽、头裹青丝帕、身着大花衣、脚穿绣花鞋。凤凰苗族接龙歌中对装扮龙母的苗女盛装做了如下描绘："身穿绫罗绸缎子衣，裤筒花边好颜色。五彩的彩裙腰上围，脚板穿上花花鞋。指头的戒子亮闪闪，颈上的项链放光彩。耳环金辉亮晃晃，细嫩嫩的手腕圈子上面戴，头发包卷丝帕好气魄。"苗族节日盛装为苗族服饰文化增添了丰富多彩的篇章。

第二节　湘西苗族服饰款式与类别

一、湘西苗族服装款式

几千年来的历史变迁，苗族在自身发展进程中，部族与部族间、部族与异族间不断融合、交流、分解，创造了纷繁多姿、丰富多彩的服饰文化，服装款式也随着历史的发展和社会的进步，表现出了具有时代特征的多元化发展趋势。据有关机构统计，20世纪80年代末，我国苗族的服装款式已达150余种，这150余种款式仅指具有传统特征的民族服饰。近几十年来，现代社会经济为传统服饰转型创造了条件，苗族服饰更是千变万化，款式繁多。

湘西苗族是中国苗族大家庭中的一员，也是大西南苗族与内地汉族政治、经济、文化发生碰撞与交流的前沿。服饰文化受汉文化影响较早，因而，与大西部地区有着较大的差异。1985 年民族文化宫编纂的《中国苗族服饰》画册，将中国苗族服饰分为五个大类型，29 个款式，湘西苗族服饰被划定为"大襟栏干型"或称"湘黔川鄂型"。襟是衣服的交和口，栏干为衣帽上的边缘装饰。大襟栏干型指的是衣衽右掩，纽扣偏在一侧，从左至右，盖住底襟，袖口襟边绣花纹装饰的衣服款式。

衣冠服饰是人类生活的要素，也是人类文明的标志，为了便于全方位了解苗族服饰文化，现将当代湘西苗族衣冠款式做如下介绍。

（一）首服

首服又称冠帽、头巾，湘西人习惯称之为头帕。湘西苗族成年男女均戴头帕，头帕分丝帕、布帕两种，一般多青黑色。男子头帕稍短，长一丈有余，妇女头帕颇长，一般为三丈，最长有五至七丈的。头帕从造型和色彩上分类，有高帕、低帕、平顶帕、红圈帕、花桶帕、青桶帕、黑台层帕、白人字帕、杆栏人字帕、螺蛳帕、蝴蝶帕等。

湘西苗族对头帕的包扎方法与造型很是讲究，一般分为三种形式：①盘式，以布盘绕头上，为最普通的形式。②圆式，包头环绕成圆形。③披式，以布盘绕后余布一尺左右披在头上。男子头帕包法简单，多包青帕、白帕，因无花纹，故称素帕，一般包成人字形，大如斗笠，放顶露外，吊其耳边，以示其年龄大小，老年人却不在耳边吊帕头。也有包花帕者，如凤凰腊尔山台地一带苗族男子包家织布长花帕，为蓝底或黑底起白色线纹或格子纹。

苗族妇女扎头帕，讲究较多，各地包法不同，从帕子的材料和外形来看，主要有如下几个类型。

（1）螺蛳帕。花垣吉卫、麻栗场、吉首矮寨、乾州、大兴以及古丈一带苗族妇女包的是低帕，喜用青黑色帕，要求发不外露，平正不偏斜。包帕时，将帕子折成五六厘米宽，在头部环绕，前面齐额平整，后面环绕时不对齐，第二圈比第一圈略高，然后层层环绕，从侧面看呈螺蛳形，故而叫"螺蛳帕"。

（2）花桶帕。凤凰腊尔山、三江一带苗族妇女则喜欢包扎高帕、花帕，包头时缠绕极多，一般为 10 数圈，多者 20 余圈，在头上呈桶状层层环绕，以高为美，因高而奇，形似水桶，因而叫花桶帕。花桶帕中间是空心的，是苗族妇女随身携带的"小仓库"，她们经常在里面装一些梳子、镜子之类梳妆用品和野果、干粮之类的小食品，有背袋之功能。

（3）十字挑花绣帕。吉首丹青、古丈坪坝、泸溪梁家潭一带苗族妇女，包十字挑花绣帕，帕用家织白棉布，上面用十字挑花绣青色花纹，包帕时，露出花纹图案。

（4）梅花帕。凤凰禾库、米良一带苗族包扎染蓝色底白色花头帕，俗称梅花帕。

凤凰县山江镇一带的苗寨妇女，包扎头帕盛行而有讲究，早晨梳洗，第一件事便是包扎头帕。从开始到结束，少则30分钟，多则一个小时，如果不包头帕，便会受到族人的鄙视而视为异类。头帕包扎得好坏，也是衡量女人聪慧贤能的标准，民间有谚语："姑娘样子好，花花头帕少不了""选郎没有巧，头帕要包好"。包扎头帕不仅是苗族姑娘生活中的一个重要组成部分，更是对生活美的一种执着追求。

（二）帽子

帽子即头衣，是在头巾的基础上演变而来的。《说文》释帽："小儿、蛮夷头衣也。"所以，早期的帽子主要是用于小儿和少数民族。古书记载"武陵蛮"有"用马尾织网巾"束发的习惯，未有戴帽的文献记载。近代苗族以来，我们所看到的儿童绣花帽却品类繁多，丰富多彩。

苗族儿童帽按年龄、季节确定帽子的类型和式样。如：春秋戴"紫金冠"，夏季戴"冬瓜圈"，冬季戴"狗头帽""鱼尾帽""风帽"。这些帽子上除用五色丝线绣"龙凤蝶鸟""花草鱼虫""喜鹊闹梅""凤穿牡丹"和"长命富贵""易养成人""福禄寿喜""自力更生""智勇双全"等花鸟鱼虫和文字之类的吉祥纹样外，还在帽子正前面缝上"大八仙""小八仙""十八罗汉"等银菩萨，帽顶及帽后还要用银链吊许多银牌、银铃。

童帽分很多种，有狗头帽、虎头帽、鱼尾帽、兔儿帽、瓜蔓帽、凉帽等。最为常见的是狗头帽，有"毛狗""天狗""神狗""大狗""狗崽""狗娃"等等。湘西苗族崇拜盘瓠，异族也认为红苗为盘瓠之后，盘瓠即天上的神狗，因此，小孩帽制裁成狗的形状，是与苗族的图腾崇拜有着密切的关系的。狗头帽形状像狗头，帽顶帽侧绣上各式各样花纹，在布面棉芯的帽檐儿上还要缀着一排银质的小罗汉，后面则坠着叮当作响的细银铃。鱼尾帽是在帽子的后面缝上一块形状各异、有长有短的绣花彩布，称为帽尾，帽尾形似龟尾，所以就叫鱼尾帽。兔儿帽是帽顶两边做成耳朵形状，并缝上兔毛。风帽用大红缎料制作，上绣各种吉祥图案，一般多在帽子前檐儿缀一排银佛，其主要作用是给儿童遮挡风沙。

由于苗族视银为避邪之物，所以，湘西苗族也有给儿童帽子饰银的习俗。银饰通常钉在童帽上。传统的银童帽饰造型多见狮子、鱼、蝴蝶等形象，还有受汉族文化影响的"福禄寿喜""长命富贵"等字样及"八宝"等，构思巧妙，造型别致。

任何一个苗家小孩的童帽都得绣上非常精美的花纹，刺绣色彩艳丽而不失沉着，风格又带有几分古朴，银饰则珠光宝气，烁烁耀人。苗族绣花童帽除体现了帽子的实用与审美的双重价值外，还蕴涵着深层的精神意念：一方面，帽子有保暖御寒功能，绣花和佩饰银器又起到了装饰美化的作用，表达了苗家妇女疼子爱女的慈母情怀；另一方面，绣花纹样寓意了吉祥如意，银器饰品十八罗汉又能弃魔驱妖，体现了父母望子成龙的良苦心愿。

苗家中青年男女一般戴头帕不戴帽，但老人的寿帽却不能不备制。寿帽形尖顶，用棉麻布帛材料，忌绸缎（因"缎子"与"断子"谐音），分单层和夹层两种形式，面层为黑色，内层为红色，男帽绣双龙夺宝，女帽绣双凤朝阳，富裕人家还在帽檐儿上镶银器或玉石等物。

（三）围涎

围涎，小儿涎衣，亦作围嘴，又称"口水兜"，以数层布帛缝纳而成，状如披领，上用绳带或纽扣系于颈间，以受口涎。清郝懿行《证俗文》卷二载："案涎衣今俗谓之围嘴，亦曰没水兜，其状如绣领，裁帛六七片合缝，施于颈上，其端缀纽，小儿流涎，转湿移干。"围涎是系在儿童颈脖处接口水或食物、保护衣服不受污染的一种布制品。

布贴绣儿童口水围涎是湘西一带颇具民族风格的实用绣品。其制作方法是：先用彩色布剪出造型，贴于围兜底面，然后用针绞边并绣出单线花纹，再在其上刺缀各式图案，于深底色上起艳色的花纹，色彩鲜明而富有立体感，大多采用剪绣贴法。围涎内口呈圆形，外形多分成若干格，每格外面或做圆弧形，或做如意形，或做菱花形，也联合各部位构成一只虎形，再在上面绣上老虎的形象，以寄托希望小孩像小老虎一样有生气的愿望。围涎上刺绣的图案常见的有花鸟鱼虫、龙凤虎等自然界的动植物纹样和棋琴书画等现实生活中的文化用品，也有抽象的几何图纹和汉文字纹，如"太极纹""八宝图""六耳格""长命富贵"等吉祥如意纹。

（四）背裙

背裙亦称"背袋""背儿裙"，是农村妇女用来背小孩的背带布。苗族背裙由一块长方形的裙布和一块倒三角形的裙头组合而成，裙布和裙头缝系花带，背负小孩时将花带交叉系捆胸前。背裙花纹一般多绣在裙头上，也有裙布绣花的，花纹图案较大，长 50～60 厘米，宽 40 厘米左右。刺绣技法丰富，如平绣、辫绣、堆花绣、剪贴绣、挑绣、镶绣等，有的还在布裙上钉缀铜钱、彩珠、银片。湘西苗族质朴而勤劳，平时劳作时均背负小孩，背裙便于空闲出双手劳动，遇上赶集、回娘家时，更是注重小孩的背裙、头饰方面的装扮。

湘西苗族绣花背裙主要有两种款式：一类是凤凰山江一带的背裙，多绣几何形花纹，呈正方形，上部贴有小正方形，翻过来可遮盖儿童的头部；一类是吉首、花垣、保靖一带绣有花鸟纹样的背裙，略呈长方形，上部贴有小三角形，色彩与下部成正比，效果清丽明艳，常见的图案有"鲤鱼跳龙门"和"凤凰牡丹"等。

（五）云肩

云肩是披肩的一种形式，多以布帛、绸缎缝制，上施彩绣，四周饰以绣边，或缀以彩穗。穿着时绕脖一周，披在肩背，因其外形呈云朵状，故名云肩。五代以前，云肩主要用于舞女、乐伎表演服饰，之后则普及民间，男女均可佩戴。元代，贵族男女通用，并定为官服制度，延至明清，仅限于妇女的礼服装饰用。清末，低髻流行，云肩使用更为普及，主要用以衬垫发髻，以免发腻沾染衣领。清徐珂《清稗类钞·服饰》载："云肩，妇女蔽诸肩际以为饰者，明则以妇人礼服之。本朝汉族新妇婚时，亦为之……光绪末，苏泸妇女以髻代及肩，虑油之易损衣也，乃仿效之。"

云肩是妇女披在肩上的装饰物，是中国汉族服装重要的特征之一。它经过了几个朝代的发展与演变，形成了鲜明的装饰艺术特色，在中国服装史上有着重要的地位和研究价值。

苗族云肩起于何时暂无史料可考。湘西苗族较早地接受了汉文化的影响，明清以来，在这一地区的民间遗存了大量的富有民族特色的云肩实物，而在苗族其他地区却很难见到。显然，长期以来，在与汉族文化交流与融合的过程中，苗族云肩是借鉴了汉族服饰的优良品质而发展演化出来的一种装饰艺术。

湘西苗族云肩是皮贴和刺绣结合的装饰品，多镂空绣花并缀以银饰。它将凤凰、花草、鱼蝶、石榴等图纹散碎绣件有秩序地连接在穿珠网格上，下端呈桃尖形、圆弧形、半圆形各种形状。并冠以各种祥瑞名，如"四合如意式"大云肩，云纹作如意状而四合，象征天下四方祥和如意。此云肩四周皆绣吉祥图案，刺缀"连生贵子""凤穿牡丹""狮子滚绣球"等图纹。综观整体，宽大饱满，气势磅礴；以大红色调突出喜庆热烈的艺术风格。从制作工艺来看，绣件有平针、套针、回针、圈金、剪贴绣等多种工艺，有的还缀各种图纹的银制品，吊五彩穗线，琳琅满目，色彩缤纷，制作精美，表现出湘西苗族妇女独特的审美意识。

云肩从"衬垫发髻，以免发腻沾染衣领"的防污功能而逐步转化为纯审美需要的装饰功能，是人类向物质文明进化过程中的一种精神需要。美感，"一方面是感性的、直观的、非功利性的，另一方面又是超感性的、理性的、具有功利性的。"随着时代的发展，现代社会的价值观念已经影响并改变了湘西苗族妇女的审美感觉和审美观念，对功利目的的追求，使得苗家妇女不得不放弃需要花费大量时间制作的云肩，这在年青的一代苗族姑娘中表现得十分突出。云肩是为妇女婚嫁喜庆之日或走亲访友、赶集时候穿戴而制作的，做工复杂，耗时耗材，年青一代的苗族姑娘已不再缝制。目前，在湘西地区所见云肩大多为中年妇女穿戴，苗族绣花云肩大有衰落、蜕变甚至消逝的趋势。

（六）裙子

裙子，又称"踢串"，下裳。苗族裙子历来已久，唐宋时期，苗族男女均着裙，无裤，元明以后才穿着裤子。湘西苗族爱穿红裙，故而被异族称为"红苗"。远古苗族喜爱穿裙是因为其特殊生活环境的需要，长期处于崇山峻岭的山峦溪涧，穿裙便于跋山涉水、行走自如。当时，有桶裙、褶裙、长裙、短裙之分。土司时期，男女服饰不分，改土归流时，清统治者要求"男女服饰，宜分男女"，之后又实施服饰"同化"政策，裙子逐步被裤子取代。清末民初，湘西一带的苗民已基本不再穿裙，只偶尔在大型的庆典活动中可见苗族妇女的礼裙。

概括苗族妇女的裙，大体可以分为五种形式。即褶裙、桶裙、礼裙、围裙、围裙颛。前面三种形式，至今湘西苗族已无穿戴的习惯。以下只对后两种作简单介绍。

围裙。《中国衣冠服饰大辞典》解释为："妇女采桑时进行家务劳动所围的大型方巾。通常围于腰际，下长盖膝。"然而，湘西苗族围裙的主要作用并不在于防污，而在于美化与装饰，故而，学术上称谓应该为腰裙。腰裙即为围在腰际并且束在上衣之外的裙子。湘西人已经习惯称此裙为围裙，我们暂且如此称谓。

湘西苗族围裙又称低腰围裙，上窄下宽，呈四方形或者梯形、扇形，高 40 ～ 50 厘米，上部两角系上绳带以束腰，左右下三方均刺缀绣花。有角隅纹样、自由纹样、适合纹样以及二方连续等不同形式，图案多绣花鸟鱼虫，或吉祥如意；或五谷丰登；或喜鹊闹梅；或连年有余，绣工精致，美观大方。这种围裙围捆在上衣外面，遮住胯部，看上去像一幅门帘，走起路来随风飘动，别有韵姿。苗家妇女平时走亲访友、赶集聚会必穿此裙。否则便会被视为不懂礼节、有失身份。

围裙颛。学名为抹胸或肚兜、包肚，湘西人习惯称之为胸兜或巴裙，因系在胸前部位，以别于腰际间围兜，所以，又称为高腰围裙。抹胸或肚兜是覆于胸前的贴身小衣，以鲜艳的罗绢为之，上施彩绣，着时两带系结于颈，两带围系于腰。苗族的胸兜则是以麻、棉布为料，胸前刺绣团花纹，围系于胸前外套处，其不同点在于一个贴身，一个贴外套。本地方言称"贴"为"巴"，即粘贴的意思，所以，围裙颥又称为巴裙。

早在唐宋时期，苗族便有穿饰围裙颥的习惯，明朝成化年间沈瓒《五溪蛮图志》记载五溪蛮服饰："或绸或布一匹，饰胸前垂下，俗曰'包肚'。"包肚即今日苗族所饰的围裙颥。

围裙颥外形大体呈三角形，项端带银饰挂钩，起固定作用，上部外轮廓呈吊钟形，所有围裙颥的上部必绣垂吊状南瓜花形的团花，有的在团花周围还佩缀银花，因为此位置是人的视觉中心，特别引人注目，绣工照例精细无比。左右两边穿有花带，下部两角绣上角隅纹样。姑娘系围裙颥后，宽松的外衣从腰部束紧，人体曲线凸显而出，显得婀娜多姿、楚楚动人，人也显现得格外精神焕发，为姑娘增添了无尽的美感。

（七）腰包

腰包，随身佩戴的小囊，古称荷囊，宋朝以后称荷包。因荷包多佩在身边腰际，以盛手巾、针线、印章、钱币等物，故又称腰包。清代腰包极为流行，男女出行必佩，多以布帛、绸缎缝制而成，上绣各式花纹，作用与今日腰包相同。腰包常用深色布帛做底，用五彩丝线绣艳丽花纹，其形状有圆形、方形、鸡心形、葫芦形、茄子形以及小脚鞋形等。

湘西苗族服饰受清朝影响很大，腰际佩戴荷包曾经一度也极为流行，它不仅仅只是一种实用品，更是一种装饰品，同时还是青年男女感情交流的纽带。有苗歌唱："一年一度的正月哟，正是绣花的好时光。千言万语装在荷包哟，悄悄系在情郎的腰上。"男子佩戴的荷包多为自己心爱的女人所赠送，荷包是否精美、亮丽，成为衡量男主人所爱女人是否聪明、贤惠的标准，因此，苗家姑娘定会将自己的拿手绝活施展出来。

腰包根据其用途可分为烟荷包、钱包、香包三种形式。烟荷包制作材料较多，有用黄杨木、水牛角雕刻而成的，有用公牛阴囊、柚子皮压模制成的，更多的是用布料缝制而成。削几种材料的荷包多为成年男子自制，布做的烟荷包多为姑娘定情赠品。钱荷包也多用布料缝制而成，分为锁颈布袋和贴身腰包两种。香包为贴身小布口袋，一般装重要小对象。烟荷包一般挂在竹节烟竿儿上，有炫耀展览之意。钱包和香包多系于腰间或挂在裤腰上，一般秘不示人。

中华人民共和国成立以后，特别是近20年来，由于受现代文明的价值观和审美观影响，湘西苗族逐渐改变了佩戴荷包的习俗。烟荷包目前抽烟的老人尚还使用，香包在较为闭塞的苗区也能见到，而用于盛钱物的腰包已经被现代工业产品所取代。

（八）褡裢

褡裢是一种长方形的佩囊，多以布帛或皮革制作而成，双层，中间开口，两端可盛钱物。有大小之别，大者盈尺，小者数寸。使用时两相对折，或驮于肩膀之上，或系于腰间。

沈从文在《凤子》一书中有一段这样的描写："湘西，一处极偏僻的角隅上，发现了一个名为'镇筸的小点。来到集上的，有以打猎为生的猎户，有双手粗大异常的伐树人，有肩膊上挂了扣花褡裢从城中赶来的谷米商人，还有用草绳缚了小猪颈项，自己颈项手腕却带了白银项圈同钏镯，那种长眉秀目的苗族女子。"镇筸镇就是今天的凤凰县城。从沈从文"肩膊上挂了扣花褡裢"的描写中不难发现，湘西苗族褡裢与别的民族的略有不同，那就是在褡裢上刺绣花纹。的确，苗族是一个爱美的民族，生活中的一切纺织品均离不开绣花，男人饰品也不例外。

湘西苗族褡裢一般多用粗厚而结实的家织布缝制而成，上面多采用十字挑花绣技法刺缀花纹，也有用平绣或印染的，长1～1.67米不等，宽不过30厘米，视人的高矮定长短，平常不用，赶集访友时佩戴。近年来，褡裢失去了其生存土壤，被钱包、挎包、背包等取代，民俗博物馆及私人收藏爱好者有收藏品。

（九）花带

苗族花带是用于束身、围腰、背负小孩等所编织的一种工艺品。宽1～5厘米不等，长 1～2 米左右。材料有棉线、麻线和丝线等，色彩有素色、多彩之分。其工艺流程是将抒织的经线固定在特制的三角形木架上，根据所织宽窄及图案安排中经线的蓬数，按奇数组合，一般为 21～29 蓬。编织花带时，用一根扁长的牛肋骨，或两头翘、一头滑尖的长 17～27 厘米的铜挑，挑数纬线来回编织打紧。图案多为花鸟鱼虫以及六耳格、万字纹等几何二方连续纹样。

编织花带是苗族妇女必学的一门手艺，也是衡量姑娘灵巧与智慧的一个标准。花带除了具有实用与装饰两种功能以外，还具有联系青年男女感情的作用。青年男女相爱以后，女方便送给男方一条亲自编织的花带，男方将花带系于贴身衣服上，并露出花带须头，向人示意其已经"名花有主"了。

在苗区山寨，有关花带的起源还流传着一个美丽而动人的故事。相传在几千年前，生活在深山峡谷里的苗族人民常常遭受到毒蛇的侵害，死了很多人。当时，有一个聪明能干的苗族姑娘，看着族人的惨死，心里十分难过。后来，她从毒蛇不伤同类的现象中得到启示，便把五颜六色的丝线编织成一条与蛇长短大小相等、花纹相似的带子拿在手上，毒蛇误以为是自己的同类，便没有伤害她。然后，她把自己的创造遍告族人，大家纷纷效仿，果然十分灵验。从此，编织花带的习俗便在族人中形成了。《后汉书》载，"断发文身，以示与龙蛇同类，免其伤害"，苗乡的传说与古书记载惊人的相同。

（十）裹脚

裹脚有两种含义：一为动词，即以布帛缠脚；另一为名词，即缠足用的布带。苗家裹脚绑腿之习俗古而有之。清绘《红苗归流图》中，清晰可见永绥、乾城（今花垣、吉首）一带的苗族男女均缠着绑腿。至今，苗乡绑腿已不多见，然而，裹脚的习俗却一直沿袭下来。

当今年长苗族男子多不穿袜子，严寒时用裹布裹脚，即从脚背足骨主膝盖以下位置，均用布包裹，再穿上布鞋，露出脚背。布袜多为蓝色，夹有红丝线，红蓝相映衬，对比强烈，耀眼动人，表现出苗家女灵巧的装扮技术。

（十一）绣花鞋

在鞋面上刺绣了花纹的鞋子称为绣花鞋。苗家穿用的布鞋、女鞋、童鞋、寿鞋绣缀着各种图案，工艺精湛，样式古朴。这种绣鞋为年轻姑娘自备自用，多在逢年过节、走亲访友时穿。苗族绣花鞋种类繁多，归纳起来有船头鞋、气筒鞋、鲇头鞋、圆口鞋、翁鞋、钉钉鞋、童鞋、老人寿鞋等。这些鞋子有一共同特点，即都为正底，不分左右。

船头鞋：鞋头尖，底窄，开口较大，后跟上翘，以便穿着。这种鞋又分老人用和年轻人用两种，鞋面都由两块小鞋面合缝而成。年轻姑娘的船头花鞋，鞋尖一头用淡红绸底，一般绣"蝴蝶闹莲"。后一节使用蓝底或绿底，上绣六瓣花朵。鞋口用约五分宽的青绸镶边，绣有各种花样。后跟儿绣有蝙蝠、蝴蝶、花朵之类。鞋底有一层沿边，头尖正底，尖外挑梅花针。下层底，须切除尖。老年妇女的船头鞋与青年姑娘的制作方法一样，但是鞋面不分节，只是一层青绸底，鞋尖只绣蝴蝶或花球。

气筒鞋：鞋面分两节，鞋头只一块宽幅鞋面，后节分两块，或者前青后蓝两种颜色，前头一节绣有花形。

鲇头鞋、圆口鞋：只有一块鞋面，绣有各种纹样。

翁鞋：由两块鞋边缝成，绣花。

钉钉鞋：属雨鞋，与其他鞋一样。但是鞋底要加钉铁钉，用桐油浸透晒干，供落雨下雪时用。冰冻时易滑不宜穿。

童鞋：用布料剪成各种样式，或缝，或绣，或凿，或挑、绣、折、镶各种工艺并用，精巧可爱，有虎头鞋、猫儿鞋、兔儿鞋、长统鞋等等。婴儿鞋不用鞋底，不分左右，为软布底，以保护脚的部位不受伤害。

寿鞋：老人过世以后穿的鞋，苗族有"生前祭家祖，死后进祖坟"的信念，认为人死以后灵魂要回到祖先居住的大江、平原那里去，要见先祖必然要穿戴带有本民族标志的服装。因此，子女为老人临终前都要制作寿鞋，并绣上万年长青、白鹤呈祥等图纹，以敬孝心。

绣花鞋的制作方法有三道主要程序：首先是做鞋底，即用棕壳剪成鞋底样包上白布边，再用糨糊将碎布一层层重叠，厚1～2厘米，然后贴上布面，压平待干。底样需要用麻绳线上下穿梭串联固定，俗称"纳鞋底"。第二是做鞋面。鞋面多选青色灯芯绒、平绒布，剪成鞋面样，再在鞋面绣成各种花样。最后是上鞋，即将绣好的鞋面与鞋底缝合在一起。一般是先从鞋的前端先缝，在脚跟处收针，要求鞋面不起皱纹，以平整、圆满、周正为佳。

（十一）绣花鞋垫

绣花鞋垫又叫花袜垫，是苗族姑娘人人必学必做的一门手工，现在很多青年妇女不会绣花，但却学会了纳袜垫。袜垫制作首先得把几层布料用糨糊裱糊好，干后剪成鞋底形，用针线绞边，然后用较粗的麻线上下穿针刺绣，其目的在于使其牢固耐用。

苗家姑娘从七八岁开始学会纳袜垫，姑娘的鞋垫手艺直接反映其人是否贤能。谁家的姑娘鞋垫做得好，图案精美，便会认为她心灵手巧，被远村近邻传为美谈。姑娘的好名声在外，上门相亲的人家就越多。绣花鞋垫还寄托了一个美好的祝愿：大人给小孩子绣花鞋垫是希望他们长命百岁，步步高升；母亲给儿子绣花鞋垫是保佑他们生活幸福，平平安安；而少女绣给小伙子的花鞋垫则是她们表达爱情的一种信物。

绣鞋垫工具简单，材料便宜，场所随意，耗时不多，空闲时间纳点鞋垫不会耽搁正常工作，多余的鞋垫又可以拿到集市上去卖。鞋垫还是送礼佳品，情人约会、走亲访友、朋友相会、来访或拜见长辈等都要送鞋垫。因此，在很多苗族传统服饰工艺即将消逝的今天，绣花鞋垫工艺却没有受到太大的影响，其主要原因还是在于它具有较强的实用价值和一定的市场经济价值，以及表达思想情怀的社会人文价值。

二、湘西苗族银饰类别

苗族是中国最早使用金属兵器的民族，据《太白阳经》载："伏羲以木为兵，神农以石为兵，蚩尤以金为兵，是兵起于太昊，蚩尤始以金为之。"秦汉至唐宋时期，湘西苗族的兵器已开始用金银来装饰了，如范晔《南齐书》

卷五十八载："蛮俗，布衣徒跣，或椎髻或剪发，兵器以金银为饰。"

隋唐时期，中央政府在边疆地区建立羁縻州，史上最著名的唐贞观三年，东谢首领谢元深率各支首领进京朝贡。史书中记述，"蛮谢元深入朝，冠鸟熊皮冠，以金络额，毛帔，以为行，着履"，对当时苗族服饰有清楚的描写。这时苗族妇女开始出现佩戴耳饰者。无疑这是千姿百态苗环的雏形。

明代的史籍中才开始出现关于苗族佩戴银饰的记载。由"以金银耳珥，多者至五六如连环""人盘髻，贯以长簪，衣用土锦，无襟，当服中孔，以首纳而服之"可知，这时苗族人身上已出现了银饰，甚至还用银饰作为婚否的标示，"娶者以银环饰耳，号曰马郎，婚则脱之。妇人染海、铜铃、栾珠、结缨络为饰，处子行歌于野以诱马郎"。

附志说："每暮春其妇女结伴入城市，各以土物之宜向民家换种。必盛其服饰，簪髻皆以银横插排列，耳垂大环，经可二寸。项着银圈，贫者以铜，或串贝为之。领缘襟袖皆饰以斑斓，缀以银钮花片角铃。""遍以银萦绕之，插银簪六七支，簪形若匕。"

清代是苗族银饰普及和流行的时期,除了银饰种类增多,如银簪、银环、项围银圈、银钏等；在普及化方面更是不分性别、老幼、贫富，佩戴银饰已经成为苗人日常生活的重要内容，佩戴银饰数量的多少成为衡量美丽与否的标准，这种审美标准对苗族银饰的设计款式及造型有较大的影响。清"改土归流"以后，苗族银饰可以说是得到了空前的发展。清朝政府采取"同化"措施，"汉化"苗民，迫使其改变服饰，这只是针对衣裤和发式而言，并没强调不许佩戴银饰。于是，苗民男降女不降，为保留传统习俗，以示与异族别，苗族妇女佩戴银饰之风盛行，哪怕家贫如洗，也要攒下银质，打制银器，从头到脚无处不饰，佩戴银饰的习惯保留至今。

每逢喜庆节日、走亲访友或者是祭祀活动，苗族姑娘均佩戴银饰，琳琅满目，银光闪闪，熠熠生辉，形成一道亮丽的风景。苗族银饰以其多样的品种、奇美的造型和精巧的工艺不仅向人们呈现了一个瑰丽多彩的艺术世界，而且也展示出一个有着丰富内涵的精神世界。

　　苗族喜爱银饰，至今亦然。其对银饰的需求，促进了银器加工业的发展，各地均有专门的银匠，代代相传，因此银饰加工成为一项极具民族特点的传统工艺。湘西苗族银饰制品不但造型美观、技艺精湛，而且种类繁多，除头饰、胸颈饰、手饰、衣饰、背饰、腰坠饰外，个别地方还有脚饰。以下从湘西苗族银饰的用途、造型、类别、特征各方面作如下介绍。

　　（一）头饰

　　头饰包括银帽、银围帕、银发簪、银梳、银耳环等。

　　1. 银帽

　　银帽，俗称"雀儿帽"，湘西地区银帽一般在接龙盛会、富裕人家女子出嫁等大型活动时佩戴，所以又称接龙帽。戴接龙帽时，先用头巾包扎头部，以免银器划伤皮肤。要求前额头发后梳而不外露，长发盘髻于后。

　　银帽为苗族盛装头饰。打造时，先用厚块布壳制成帽坯，上钉九块银薄片，后用银制的花鸟鱼虫、梅兰菊竹造型薄片系于银丝的上端，连缀成一朵朵银花，插满帽顶。银片表面或镀金，或填彩，颤枝银花，闪烁辉煌，花姿绰约，美观悦目，给人以满目珠翠、雍容华贵的印象。银帽为半珠形，分内外两层。内层用缠布铁丝编成适于顶戴的帽圈，外层为两块半圆形银皮合成圆形，分三段。

　　上段为帽顶，通冠，由许多银花组成，插以"步摇"。步摇是在簪钗的基础上发展起来的，底座"山题"用细铁丝捆绑在冠顶一托钩上，"山题"上部为钗，钗上缀凤鸟及数朵五瓣银花，因走路时随步履颤动，故而称"步摇"。冠顶也插几十朵五瓣银花，或数只凤鸟、蝴蝶、螳螂高居花簇之上，或翔或踞，形态逼真。其间，并饰有湖绿和桃红丝线花束，与银色辉映相衬，相得益彰，簇簇拥拥，十分繁密。

　　中段帽箍为压花银片，中间多缀一朵银制大团花，两侧有"二龙戏珠""骑马飞渡"等纹样，用凸纹动物及花卉形象布满帽箍。

　　下段沿帽箍檐口垂下一排梅花形花朵和由银片卷成圆锥形喇叭口，皆以银链相连，密匀整齐，银铃叮当。冠后拖三组银羽，共十二根，羽及腰。

苗族银质头饰的佩戴方法、组合方式，因其不同的时间和不同的场合，都有着严格的规定，不能随心所欲。年轻的苗家姑娘初次盛装，银簪的位置、银梳的方向、银帕的围法以及所有散件的佩戴，都往往由母亲亲手为尚不精通的女儿逐一插戴。头饰的偏重位置亦因地而异，或髻顶，或额前，或髻侧，或脑后。有些地方并不把头饰直接插于髻顶发间，而是以"青布蒙头"，把饰件固定在头布上，展现出独特的装饰风格。

2. 银围帕

银围帕是将银饰品或插或围在头帕上的一种装饰品。银围帕有两种类型，一种是将散件银饰插在头帕上。这种银饰体积较小，一般也称插头银椿花，湘西苗语叫"木比咬"。雅酉等地苗女喜欢佩戴。

另一种则整体为银制，内衬布垫或直接固定在头上，也叫银凤冠，是未嫁苗女佩戴的一种饰品。一般重200克左右，长38厘米，宽5厘米。银围帕呈半圆弧形，镂空，有方孔古钱、莲花、梅花、鸟雀等造型纹样。两侧为对称的蝴蝶、凤凰、鸟雀组成的半圆圈。银皮上饰栩栩如生的二龙抢宝、凤穿牡丹以及各种花草纹样。银皮下饰九只展翅欲飞的凤，每只凤嘴含叼一根银链，三条须，长约5厘米。湘西凤凰、吉首、花垣等地苗女尚喜佩戴这种银凤冠佩饰。

苗族地区整体银围帕也有几种形式，第一种是将五件银帽饰缀在红绿竖条相间的头帕上，正中银饰稍大，缀于额部，其余四件稍小，对称缀于两耳前后，均为镂空银花。该头帕银色闪烁，相得益彰，颇有特色。第一种是在青色包头帕上横排五个圆锥形银饰，纹样皆为铜鼓纹，并以两根银链相连。每个圆锥形皆垂吊有蝴蝶瓜米穗。第三种是20多个涡纹银帽饰，分上下两排对称地钉在15厘米高的红布上，排间缀长方形银花片，红白相衬，色彩对比鲜明。

3. 银发簪

发簪，亦称"搔头"，多以金银宝石为之，中国古代男女均可佩戴，其主要作用是插在头发上固定发髻。苗族喜欢用银制发髻，清"改土归流"以前，苗族男女"簪髻皆以银横插排列",据段汝霖《楚南苗志》载:"男子……戴髻于首,横插簪五株。簪长五寸""苗妇所用髻亦与男子同,插银簪六支,长七寸。贫者簪以铜为之",后因清政府实行剃发留辫制度,男子使用渐少,因而演变成妇女的专用首饰。

银发簪,湘西苗语称"疏山",一般重40克左右,婚嫁、节庆、集会时插戴。苗族银发簪式样极多,题材以花、鸟、鱼、蝶为主,造型多样,如关公大刀、菊花、梅花、桃花、棋盘花等。虽然同样是花,但又分单瓣、复瓣,或束或簇,繁简密疏,造型大不相同。就风格而言,苗族银发簪所显示出的不同特征,极大程度上同当地服装绣染纹饰紧密相关。有的发簪纤巧细腻、灵秀生动,有的古拙朴实、浑厚凝重,各具特色。

苗族插针的佩戴方式各有不同。有的插于髻后,有的插入髻顶;有的自左向右插入发髻;横成一排;有的横向贯穿顶髻,留出一截簪杆斜出髻顶;还有的一式数支,团团围住发髻,虽不能遮风避雨,却熠熠生辉,别有一番情趣。

银网链饰亦属发簪类,典型的有坠鱼五股网链饰,由插针穿环固定,五股银链如网张开,罩在簪后,用来装饰脑后发髻。

4.银梳

银梳,即以银质制成的梳子。呈长方形,一侧有齿,梳把上常雕刻有各种花纹,其作用除梳理头发和压发以外,也可插入发髻,作为装饰品。

银梳通常为两种形式,一种为全银制作,造型呈月亮形、弯弓形、弧形等,梳背满饰花、鸟、龙、鹿等形象;另一种内为木质,外包银皮,仅露梳齿,梳背上银制各类形象为装饰,其造型有繁有简。

5.银耳环

银耳环,银质环形耳饰。最早源于少数民族挂在耳垂上的禁戒之物。传入中原后被广泛采用,并演化为一种饰物。古时,苗族男女均有戴耳环的习惯,并且耳环极大。清"改土归流"以后,男子不再戴耳环,女子耳环逐渐变小。

银耳环是苗族银饰家族中款式最多的一支，仅贵州博物馆收藏不完全统计已近百种。耳环分悬吊形、环状形、钩状形、圆轮形四种，以悬吊形、环状形较多。苗族耳环造型除了常见的花、鸟、蝶、龙等题材外，其他形象亦多有出现。如：茄子形耳环、蒜蔓耳环、松塔形耳环、牛角形耳环、钉螺坠耳环、催米虫耳环、蜻蜓耳环等等。

茄子形耳环造型严谨，对茄柄、茄蒂等细节的处理都忠于原型，力求逼真。蒜蔓耳环将蒜蔓杆设计为环，一笔略过，着力渲染作为坠饰的蔓尖部分，整个耳环造型简约，风格独特。松塔形耳环以剥离后的松球为原型，自下而上层层收敛，韵律感极强。塔尖处理成铜鼓纹圆顶，虚实结合，相得益彰。

（二）颈饰

颈饰是指佩戴在脖子上的饰品，包括银项圈、银璎珞、银胸牌、银项链等。

1. 银项圈

银项圈是妇女、儿童套在颈部位置上的一种饰品，以银锤制或压模而成，因多弯曲成圆圈形状，故得名。清"改土归流"前，湘西苗族男女均戴项圈，清段汝霖《楚南苗志》载："男子……脑后戴二银圈，名曰纲巾圈。左耳戴银环，项戴银圈一、二、三不拘，视家之贫富为差等焉。""苗妇……项戴银圈三、四、五不等，视贫富为差。"如今，苗族妇女盛装尚戴银项圈。

项圈，湘西苗语为"靠莪根"，可单独佩戴，也可与银链结合佩戴。湘西苗族非常重视对胸颈部位的装饰，但各地又因地域习俗和经济条件差异，项圈造型也有所不同。有扭索项圈、绞丝项圈、串戒指项圈、百叶项圈、篓花项圈、藤形项圈、银龙项圈、方柱扭索项圈等各种名称。绞丝项圈呈绞花状，系用两根银条互相穿合，连续编圈制成，两端用细银丝扭索缠成圆柱形，其造型华丽。银龙项圈为双层，以银片拼合，里层扁平，表层呈半圆弧状。其上为凸纹二龙戏珠图，项圈下缘垂十一串银吊，吊分四级，为蝶、莲台菩萨、银铃、叶片等形象。其造型丰满，工艺复杂，是苗族银项圈中的精品。藤形项圈制作工艺较简单，但古枝扎藤的造型却令人感受到山野清新的气息。

从项圈的外部造型来分类，一般可分为轮圈、盘圈、扁圈三种形式。

轮圈有两种：一种是由一方形长银条扭转成的围圈，两端用圆银丝缠绕成一二十道凸状银瓣，再做成一公母套钩，连接两头，或用方银条在中部扭成弯弯曲曲形状的圆圈。小轮圈需银 300 克，大者 800 克左右，这种项圈因耗银不多，贫困人家亦能购制。此项圈便装时也可佩戴。另一种用银铸成空心的圆管，两头密封，弯成圆圈形，两头小，中间大。贴胸一侧弧度较小，另一侧较圆，二侧皆雕饰花纹，多为二龙戏珠、双凤朝阳等图案。

盘圈，由大小不等扁圈依次排列，由内及外，圈径递次增大，外形似罗盘，故得此名。轻者需银数两，多则十多两，两端亦做公母套，或用银薄片扣接。有五匹和七匹一盘之分，由几匹重叠固定接在一起，所以又叫"叠板项圈"。它是扁银项圈的前身，"项戴银圈三、四、五不等，视贫富为差"，描写的就是这种项圈。此项圈为明清饰品，现今已不多见。

扁圈是项圈中中档饰物，由盘圈演变而来。制作时将项圈锤打成扁形，实心，在其上铸缀各种花鸟鱼蝶、龙凤等图案，需银十多两，两端做公母套钩。扁圈由五根组成一套，一层层重叠扣戴于颈上，花垣、吉首、保靖苗族妇女喜将扁圈戴在胸前，两头大而中间小。凤凰苗族妇女扁圈扣戴在颈后，雕花部位戴在胸前，两头小而中间大，两地佩戴方法各有不同。

2. 银璎珞

璎珞属项圈的一种形式，古代为项圈的前身，至今苗族仍然使用，与项圈相比，璎珞在项圈的下部多坠一些饰品，故单独列之。它以链连接项圈和坠物，空心双面，需银十多两，或吊链锁，或吊银珠，或吊银叶片，可自由变化，有月亮形、串珠形、响铃式、链锁式等。

"璎珞"本为佛像颈部的饰物，后由于佛教的传播，起先为少数民族所接受使用。南北朝后传入中原，转化演变为古代妇女颈饰用品。它集各式珠宝而成，上部以金属做成项圈，项圈周围垂吊各种珠宝，下面悬挂一块金石锁片。当代苗族胸颈上的饰物，就是在璎珞饰品基础上的演绎与发展。

3. 银胸牌

银胸牌是凤凰三江苗族地区较为流行的胸饰，形状规整，用银链或银珠串链钩挂，佩戴时，银链钩挂在脖子上，胸牌位置吊挂齐腹部。同银璎珞一样，银胸牌也是由长命锁演变而来，因此，这两种银饰在佩戴时一般只使用其中一种，而不会两种以上并存。凤凰地区的银胸牌为空心双面，体形小于璎珞，大小如手掌。

4. 银项链

银项链为银丝编成的链索，两端有一小扣勾结，下部多挂一坠饰。银项链仅需银子十多克，加工方便，价格便宜，加之银为避邪之物，男女老少均爱佩戴。

（三）胸坠饰

胸坠饰是坠挂在胸前饰物的总称。饰物有大有小，由银链、吊牌、坠物组成。大至银锁牌、银围兜挂链，小到银挂扣、牙签吊、针筒等。从上至下多级排列，递次而下，银光闪烁，华丽艳人。

1. 银锁牌

银锁牌是用银链悬挂在妇女胸前齐腹位置的一种饰物。外形有桃子形、腰子形、半圆形、椭圆形、方形等。面子呈凸形，上浮雕龙凤、麒麟、狮子、蝴蝶、蝙蝠、莲花、金鱼、寿桃等吉祥图案。银牌下面垂十只蝴蝶，每蝶垂三根银链叶片，再下垂银圆球珠。儿童银锁牌上多写"长命富贵""福寿万年"等吉祥文字。

银锁牌使用时附属于项圈之下，以银链条相连，悬挂于项间。它是从儿童佩戴的长命锁演变而来的。长命锁也称"寄命锁"，始于汉代，盛于明朝。古代人于端午节时将五色丝线悬挂于门楣，以避不祥。至明代，按旧俗，父母恐孩子夭折，特选择子女众多之人做孩子寄父、寄母，亦有寄名于诸神及僧尼者。寄名之后，即以锁形饰物挂在孩子项间，表示借神灵之威避灾祛邪，"锁"住生命。一般孩子出生不久即佩戴这种饰物，成年后方释去。由此，寄命锁逐步演变成长命锁，发展成儿童专用颈饰。苗族妇女受到佛教"璎珞"佩饰的影响，借鉴了长命锁所表现的深层喻义，佩戴银饰挂牌，体现了本民族顽强拼搏、自强不息的民族主义精神。

2. 银围兜挂链

银围兜挂链为挂吊在衣襟或围裙兜上的银链，主要用以做装饰。佩戴时，一端挂在右衣襟上部，一端系于围腰带上，银链两端佩以手掌大小的银牌。银围兜链多以梅花为链环造型，有单层、双层两种，银牌以龙凤、麒麟、狮子、蝴蝶、蝙蝠、莲花、鱼虾、寿桃等吉祥图案为造型。

3. 银牙签吊

银牙签吊佩挂在胸前靠右衣襟的扣纽上，为苗族妇女最为喜爱的银饰之一，它不仅具有装饰功能，还兼具存放牙签、针线等小件物品的实用功能。

牙签吊一般长70厘米左右，重200克。上方安制一圆环，以便扭挂于衣扣，圆环下用银链吊缀一蝴蝶形坠饰和银铃铛，中央为用花、鸟、鱼、虾等动植物纹样镂空雕成一长条形篓子，可盛针线等小物件，工艺精巧，玲珑剔透。再下缀吊挖耳勺、牙签，以及各种兵器。兵多以"五兵"为坠，如刀、枪、盾、餐、棍，所以，牙签吊亦被称为"五兵佩"。"五兵佩"流行于魏晋、南北朝时期，是当时的避邪之物。苗族坠饰一方面保留了"五兵佩"的形制，另一方面又对其进行改造，加入牙签、挖耳勺、大铲、镊子等坠饰。

（四）衣饰

衣饰包括银披肩、银背吊、银纽扣、银挂扣、银腰带、银腰坠饰、银花等。

1. 银披肩

披肩，有方形、圆形、菱形等各种形式，中有领口，正前开襟，穿着时披及肩背，系结于颈，古代男女均用，清代为帝后百官命妇所用的一种领饰，后传播于民间。苗族妇女盛装时喜着披肩。

银披肩是苗族妇女披罩在衣领肩围上的一种饰品。湘西凤凰苗族妇女较为盛行。银披肩制作需要1千克多银两，用彩色绸缎作底，领口直径20厘米，肩距17厘米，先制成圆盘形坯模，后以花带镶边。中间嵌三道花带衬配，再以八块梯形银片分别依次等距列排于底布上。每块银片上分别制有龙、凤、狮子、牡丹等花纹。最后在花后边套上七个银圈，每圈再套两根银链，用一个个小圆将四方的小银链套起，编成网状。长短不拘，少则两个，多则四个，互相衬托成菱形银珠网。网珠下吊 7 ～ 10 厘米长的银须，分两层，中间是小梅花，两边是小叶片。

2. 银背吊

湘西苗族称银背吊为后尾，是用银子打成花、蝴蝶等动植物图案，用银链连缀而成并吊佩在后背腰带上的饰物。用银 500 多克，宽约 13 厘米，长 70 约厘米，身上银饰佩备完全后才配此物。分为实用性及装饰性两种。

实用性银背吊又称背扣。湘西苗族姑娘喜穿胸围兜，银背吊连接围兜带，悬于背部，既可调节兼作领口的脚围口的高度，又可作为装饰品。这种银背吊或用筷子粗细的银条盘成螺旋纹，或为方形，重者有 300 余克。装饰性的银背吊主要作为装饰品，常见的有蝶形吊和葫芦吊。也可兼作装饰妇女背小孩的背裙。

3. 银纽扣

苗族男女皆用，分为带链银扣及银扣两种。带链银扣用于右大襟衣的前脚处，装饰性较强，银扣则多用于对襟衣，扣形花样较多，有梅花扣、金瓜扣、铃铛扣、双球扣等，亦有以铜扣、锡扣代替者。

4. 银挂扣

银挂扣是用银质梅花编成的链子，故又称为梅花大链。制作方法是先将银薄片编成数十甚至上百的梅花，再将一朵朵梅花连成链子。佩戴时挂于扣上，悬于右襟。还有一种挂扣，呈蝴蝶或梅花形，置于衣襟纽扣上，起到固定"巴"裙的作用。

5. 银腰带

银腰带是用几条银链并排横围在腰裙上的一种饰物，既可作装饰，又可作腰带用，富裕人家方能制之。另有一种银腰带，用数十或上百个银菩萨分两排或三排缝缀在布腰带上，显得华贵而富丽。

6. 银腰坠饰

银腰坠饰是饰佩于腰部两侧的饰品，以缀右侧居多。由于佩戴位置不同，腰吊饰比其他坠饰要小，但是却更精致，造型亦更加丰富。

7. 银花

银花是散缀挂在衣裤围裙上的银饰。多为单独佩饰，与其他银饰不相牵连。图案常见的有八宝、鱼龙、蝴蝶、花卉等。

（五）镯饰

镯饰，环形装饰物。戴在臂腕部位的称手镯。戴在手指上的称戒指，戴在足部上的称脚镯。银镯包括银手镯、银戒指、银脚镯三种。

1. 银手镯

手镯亦称"镯子""镯头""压袖""约腕"或手圈，男女均可佩戴。佩戴手镯习俗自古有之，新石器时代已有其制。清末，苗族男子弃掉戴手圈习俗。银手镯是苗族银饰中的一个重要组成部分，其造型不一，形式多样。多数苗族分支的手镯款式统一，妇孺老少皆然。苗族手镯有空心筒状型、绞丝型、编丝型、浮雕型、镂空型、篓花型等等。风格粗犷的手镯光面无纹，硕大沉重，风格细腻的手镯用极细的银丝编织或焊成空花，工艺精致。浮雕型手镯以连续花枝纹或龙纹居多。龙纹手镯双龙盘旋，龙眼凸出，生动夸张。焊花型手镯以网状银丝为面，以梅花细点为纹，极富民族色彩。

2. 银戒指

苗族戒指的戒面较宽，几乎遮住整个指根表面。戒面为浮雕花鸟或镂空花朵及绞藤等，有钻细花的，有吊花藤的，有五连环的，有九连环的，品种极多，数不胜数。佩戴位置，不如汉族有明确规定，多戴在手指中节上，少则一对，多则四对。

凤凰苗族有一种名叫"呆四连环梅花套戒指"，极具特色。它由四个连环组成，每个连环上有"L"形状，平折成90度，其上有数朵梅花。每环交错套在一起，能分能合。分开后常人难以复原。

改革开放以来，大量新款戒指流入苗区，苗族银匠结合现代款式创作了众多新型戒指品种，丰富了戒指的式样。目前，传统的银戒指样式少，流行面最窄。

3. 银脚镯

银脚镯亦称"足钏"，是套在足腕上的银质装饰物。古代苗族男女老少喜佩戴，近代湘西苗族不见佩戴脚镯，但与之相邻的贵州黎平个别苗族地区尚有戴扭丝状脚镯的习俗。至今，银脚镯多为儿童饰物，为空心圆环，上浮雕吉祥图案，侧系一对银铃，以避邪驱魔，保佑儿童健康成长。

第三节　湘西苗族服装文化内涵与审美

苗族服饰是苗族文化体系的重要组成部分，是苗族物质文化和精神文化的有形载体和无形表征，它表现了本民族心理中最基础、最直接、最具体、最形象的内部与外部特征，是与异族或本族支系相互区别的视觉形象依据和标志。苗族服饰通过衣裙款式、银器装饰、刺绣纹样等服装基本元素和织、绣、印、染诸多工艺，表现出了本民族独特的审美情趣，显示了苗族原始古朴的崇尚意识，也反映出渗透和交融其他民族和当代艺术多姿多彩的和谐美。

苗族服装款式多种多样，制作工艺精美绝伦，装饰手法千姿百态，文化内涵丰富多彩。苗族服饰上的图案符号记载了一段悠久的民族迁徙历史，是一部反映苗族历史的"文字史书"，为研究苗族历史文化提供了实证依据。传统苗族服饰的发展与演变又是一部战争史，历代以来，苗族人民反抗统治阶级的掠夺与压迫的斗争，从服饰的变迁过程中可以得到证实。丰富多彩的苗族服饰是苗族生活的重要组成部分，服饰上的纹样，有古老的历史传说，有图腾崇拜与信仰，有种族繁衍的期盼。它表达了对美好生活的向往，它记载着苗族文化的变迁，它体现了自强不息的民族精神，它是中华各民族文化碰撞与交融的结晶，它作为一种独特的服饰文化，丰富了民族文化的底蕴。苗族服饰的古朴美、稚拙美、精巧美、宏大美、厚重美、奔放美，无一不凝聚着苗族人民的智慧，体现着苗族人民的审美心理和审美趣向。因此，苗族服饰蕴藏着深层的民族文化内涵，有着极高的艺术审美价值。

一、崇拜与信仰的遗迹

宗教信仰和图腾是人类"万物有灵"原始宗教观念下的产物。在人类的童年时期，人们认识自然、改造自然、征服自然的能力非常低下，面对自然界的日月星辰、雷鸣闪电、山崩地裂、洪水滔天以及生老病死等现象，无法用科学的方法加以解释，面对险恶而奇特的自然环境，既充满了恐惧和神秘，又抱有希望和幻想，并将这种主观意识强加于自然，认为自然界中一切事物都是有灵魂的，神灵无处不在，无所不有。于是，原始宗教由此萌生。原始人类认为人是由某种动物或植物演变而来的，或者说某种动物或植物是自己的祖先。自人类母系氏族起，每个氏族都用一种自然界中的动物或植物作为本氏族的名称，在与之长期共处过程中，原始人类便将它视为自己的始祖神和保护神，认为它与本族有着血亲关系，是自己的亲族或先祖。此一时期，被认定为自己的始祖神和保护神便会理所当然地受到崇拜和敬仰。当人类社会发展到成为一个民族时，自然图腾形象，就成为一个集团区别于其他集团的根本标志，成为集团的象征。

"民间信仰是民众中自发产生并始终保持着自然形态的神灵崇拜，是一种原始形态的宗教，它发端于原始社会，但却并不因为形态的变化、人为宗教的兴起而消亡。"

苗族在其社会历史发展过程中，同样经历了从原始人类混沌时期"万物有灵"认识观"神灵崇拜"的巫术活动以至宗教信仰的形成这一过程。由于特殊的社会历史环境和闭塞的地理环境因素的影响，苗族的原始宗教信仰与图腾崇拜观延续至今，苗族先祖的自然崇拜物或图腾在苗区山寨生活环境中仍然保留着，我们从传统的民族服饰及其装饰图案中，不难窥见苗族图腾崇拜与宗教信仰活动所留下的痕迹。

"图腾崇拜是在自然崇拜的基础上发展起来的，它与母系氏族是同时发生的，并随着氏族的发展而发展。"苗族历史悠久，支系庞大，分布面广，几千年来，随着社会的变迁和种族的分化与融合，图腾崇拜物和宗教信仰也表现出具有时代特点的多元化特征。考古发掘和大量的民俗资料显示，苗族图腾崇拜物与信仰物就有太阳、扬子鳄、蛇、鱼、龟、牛、龙、凤、枫木、蝴蝶、伏羲、女娲、蚩尤、盘瓠等等。

原始人类在对大自然的崇拜中，是以日月星辰为主的。对太阳的崇拜，我们可以从众多的原始岩画中得到证实，苗族原始部落也历经了这一阶段。湘西苗族山寨保留了"接龙"的习俗。接龙时，山寨苗王所穿的接龙衣，衣领及胸前背后都刺缀着成对的龙，龙的周围布满了大大小小的圆圈，这圆圈图案就是太阳图腾的遗存。

湘西地区至今仍流传着"请太阳神"和"送太阳神"的民歌："太阳神来太阳神，说起太阳有源根，红光娘娘把它养，冬月十九降的生，辰时三刻落下地，王母娘娘捡的身。太阳神来太阳神，挖土之人把你请，保佑一年收成好，风调雨顺国太平。""大神小神动了身，回转再送太阳神，太阳神来太阳神，挖土之人送你行，日走十万八千里，夜走灵山养精神，日里走路你辛苦，走得脸红汗淋淋，地上万物靠你养，没你太阳活不成，弟子今天送你走，纸烧三帖香三根，保佑凡间四季好，风调雨顺享太平。"

二、种族繁衍的期盼

生产资料的发展和种族的繁衍是人类社会的两项重要使命。恩格斯曾经说过："根据唯物主义观点，历史中的决定因素，归根结底是直接生活的生产和再生产。但是生产本身又有两种，一方面是生产资料即食物、衣服、住房以及由此所必需的工具的生产，另一方面是人类自身的生产，即种族的繁衍。"

氏族、部落等群体为了生产和战争，必须保持并扩大人口，其原因有自然因素和社会因素两个方面：第一，原始人类需要获取充足的生产资料，必须与恶劣的自然环境作斗争，在生产力水平十分低下的条件下，人多力量大，充足的人口是生存发展的必要条件。第二，氏族、部落、国家之间的战争，众多的青壮年在战斗中死亡，如果不能保证充足的人口增长率，以补充兵丁，民族的生存也会受到威胁。因此，生殖与繁衍人口的多少是一个氏族或部落能否生存的关键所在，成为社会对个人的强制性要求，成为个人的义务。所以，繁衍后代不是个人自发的行为，而是个人利益服从社会整体利益的表现，是族人对种族兴旺的一种精神上的渴求。然而，这种精神上的渴求与现实社会中人口增长速度又存在着很大的差距，于是，萌生了女性崇拜及生殖崇拜与信仰，由此，人们虔诚地祭祀生殖之神。

　　原始人类对种族繁衍的认识，首先表现在对女性生理构造的重要作用的认识。在远古神话中，有女娲"抟黄土为人"的传说，认为是女性创造了人类，于是，历史上便出现了原始时代的母系氏族社会阶段。之后，逐步发现，没有男性的参与女子也不会生育，男人在种族（繁衍）中也有极为重要的作用。当原始初民知道了生殖是男女生殖器关联后的结果以后，生殖崇拜就和生殖器崇拜结合起来了。生殖崇拜从开始单一的对女性身体的崇拜进而演化成对男、女两性及两性生殖器官的崇拜。出现农业以后，又和农业生产联系在一起，认为土地是滋养万物的伟大力量，田野、河流、大地被看成是女阴和女性的象征，从而进一步地敬畏它、崇拜它。

　　后人综合了原始人类把性交、生殖和土地等联系在一起的原始思维，把这种关系扩大为天和地、阴和阳、男和女的关系，认为天和地、阴和阳，要交合才好，才是事物的生机。如《易·系辞下》："天地氤氲，万物化醇；男女媾精，万物化生。"《易·象·归妹》："归妹，天地之大义也，天地不交而万物不兴。""归妹"即嫁女，认为如果男不婚，女不嫁，人间阴阳不调，会影响大自然的繁茂兴盛。

　　原始的女性崇拜观念在民俗活动中历代传承，并且在成为民俗形象载体的各种器物中表现出来。从古至今，不论是宫廷美术还是民间美术，反映生殖崇拜主题思想的艺术造型的例子数不胜数。

　　在原始时代史前艺术最早的雕塑人像遗存中，发现的一系列丰乳、肥臀、大腹的女神像展示着女性旺盛的生殖力。我国辽宁喀左县东山嘴出土的新石器时代红山文化陶塑孕妇像，腹部隆起、臀部肥大，被称作是"中国的维纳斯"，反映了史前人类的女性崇拜。辽宁喀左县东山嘴红山文化建筑群遗址出土的一个红陶女裸塑像是女性崇拜的遗迹。还有大量出土的母系氏族社会陶器上绘有色纹蛙纹以及抽象的弧线、圆形、圆点、三角形、长方形的符号，它们都是女性的象征。

　　苗族较早地进入了母系氏族社会，继而又成为原始时期生产力较为发达的民族。然而，由于战争迫使下的迁徙，苗族社会发展极为缓慢。出于对繁衍人口的强烈渴求，种族延续意识下的生命生殖崇拜观念和信仰保留至今。这种崇拜与信仰，不仅从众多的民俗活动及祭祀活动中得以体现，而且在大量的作为民俗文化形象载体的苗族服饰及其纹样中也得以体现。

苗族服饰刺绣纹样，作品出自女性，装饰对象也以女性为主，所表现的题材则多反映繁衍种族、祈求子嗣的主题思想。较为典型的一幅作品《子孙满堂》是苗族妇女背小孩用的背裙。画面中心是一只巨大的鸟，置于铜钱孔内。沿铜钱四周三层，布满了龙、蝴蝶、百鸟、鱼、抓髻娃娃以及人骑马图案，图纹空白处间以花卉、铜钱点缀。整幅画面构图严谨，布局饱满，色彩艳丽，寓意深刻，充满了吉庆祥和的气氛。

由于历代统治阶级对苗族的战争与掠夺，苗族地区社会长期不稳定，生产力水平一直处于较为低下状态，因此，对人口的需求与种族的延续欲望表现得更为强烈，生殖崇拜意识也更为显露。苗族人民这种强烈的生殖意识崇拜和对种族繁衍的期盼已经形成一种根深蒂固的传统思想，我们从民族服饰装饰纹样中不难发现其所表露的遗迹。

三、民族精神的展现

服饰是人类生活中重要的物质资料，具有实用功能、审美功能、伦理功能三方面的特性，是民族文化的重要载体。彼得·彼格达列夫在《作为记号的服饰》中说，作为服饰，"既是物质的客体，又是记号"。民族服饰不仅表现了实用、审美、巫术等功能，也成为穿着者年龄、职业的标记。此外，服装还是社会地位、阶级、地域、民族、宗教方面区分辨别的标志，以及一个民族精神风貌的展现。在社会环境下，民族服饰凸显着民族精神，它表现出强烈的民族自我认同意识和自强不息的民族精神，以及对伦理道德和美好生活追求的理想。

首先，苗族服饰表现出了强烈的民族自我认同意识。民族认同是社会成员对自己民族归属的自觉认知，比其他认同有着更为强固的聚合力。王希恩在《论民族认同》一文中认为民族认同有两个方面的内容："其一，认同的基础是文化。说到底认同是一种心理活动，它基于物质生活。民族存在的根基在于人类文化的不同。不同的群体在不同的物质环境中创造了不同的文化内容，而不同群体的人们也正是从这些文化的不同中感悟自我，认识自己的民族归属的。文化是民族存在的基础，也是民族认同存在的根基。这一特点使得民族认同比其他认同有着更为持久的聚合力。其二，认同的归结点常常指向血统渊源。民族的要素中不一定存在血缘关系，尤其是现代民族，但人们却自觉或不自觉地将民族与血缘联系起来。民族认同的这种血缘溯源倾向源于早期民族的血缘性，氏族、部落及其他早期民族都是建立在血缘基础上的。"

每个民族都有着民族自我认同意识。它一方面表现为民族的尊严感和自豪感，另一方面又表现为"非我族类，其心必异"的民族抗拒感。苗族历经磨难、辗转迁徙之后，具有相同服饰的人会显得格外亲切，特征鲜明的服饰无疑是相互识别的重要依据。苗族社会中，由于民族的压迫及统治者施行的民族同化及民族隔离政策，这种民族自我认同意识更为突出，我们从苗族服装的衣裙款式所表现出的文化内涵中不难感受到其蕴藏着的强烈的民族自我认同意识。

苗族银帽上浮雕的"骏马飞渡"图案不仅仅只是一种装饰性纹样，它还寓意了更深层的文化内涵，向人们诉说了一段艰辛而酸苦的往事：苗族先祖从前生活在富饶的大河平原地带，由于战争所迫，跨黄河、过长江，迁徙到西南地区人迹罕至的深山老林，开荒斩草、繁衍生息。将这段历史刻在银帽檐儿上，是要告诫后人牢记历史，不忘先民们英勇奋战、顽强拼搏、勤劳勇敢、刻苦耐劳、艰苦创业的优良品质。苗族银帽多在祭祀、集会等大型活动时佩戴，服饰上所寓意的象征性符号，更能唤起民众强烈的民族自我认同感。

其次，苗族服饰表现出自强不息、不屈不挠的民族精神。古代的中国，可以说是一个等级森严的国家，特别是封建社会以后，等级观念更加突出。服饰作为客观存在的物质和文化资料，也不可避免地成为统治阶级划分尊卑、区别贵贱的附属品。正如贾谊《新书·服疑》里所说的那样："见其服而知贵贱，望其章而知势位。"《后汉书·舆服志》说："非其人不得服其服。"不同等级的人为了区别其社会地位、贫富贵贱，制定了不同的服饰，这反映了中国封建社会极其严格的服制。俗话说"只认衣衫不认人"，服饰往往作为识别一个人社会地位的尊卑贵贱和区分一个人等级高下的标志。

原始社会末期已经出现了等级制度的萌芽。从服饰的社会属性来看，服饰本身包含着浓厚的政治、宗教、等级各方面的意义。不可否认，苗族社会内部也存在着这种等级的差别。然而，表现在服饰方面，从大量的历史文献记载来看，苗族服饰的等级差别多体现在贫富差距上面，而不在于其社会地位的高低。究其原因，一方面，由于特殊的历史自然环境，苗族受儒家男尊女卑性别观影响较少，仍然保留了原始社会男女平等思想甚至是母系氏族女权思想的遗风；另一方面，苗族社会长期处于不稳定的战争与迁徙之中，抵御外强需要团结一致的集体主义和民族主义精神。因此，相对于封建专制的大民族主义来说，苗族服饰的等级意识并不浓郁。

苗族人民为反对强暴、抵御侵略、追求自由与和平而表现出的团结一致、坚忍不拔、自强不息、不屈不挠的民族精神，可以说在其服饰穿着上体现得淋漓尽致。历朝封建统治者为了巩固政权，采取精神与文化的剥削与压迫，对平民百姓服饰穿着上实施的种种禁令，都受到了崇尚美好生活与热爱民主自由的苗族人民不同程度的反抗。

苗族人民崇尚美，不惧畏强权，对统治者的服饰禁例不屑一顾。唐朝"禁士庶以赤黄为衣服杂饰"，苗民衣裳却"阑斑厚重，下一段纯以红""好五色，以斑布为饰"。宋代"禁金饰服器""禁民间服皂底缬衣""禁民间织锦刺绣为服饰"，苗民服饰却"喜戴银项圈、抬肩、耳环、牙签，及镯、戒等饰品""周身用碎锡为饰""绣团花为饰""皆用丝、麻染成五色，织花绸、花布裁制服之"。到了清朝，统治者畏惧苗族服饰所产生的强大的民族认同意识，采取武力镇压的强制手段，改变苗族民族服饰，认为"服饰宜分男女"，要求"剃发去环"，身着满襟衣，"披薙入册"，否则，便会被视为"顽苗"而惨遭杀戮。迫于强大的武力镇压，苗族服饰"与汉族接近或者居处接近者，已多与汉民同"，然而"僻处深山而少入城市者则略异"，苗族民众为反抗统治者削弱苗族的民族意识、瓦解苗民反抗群体的"同化"政策，一方面，在远离统治区的僻处深山仍保留本民族服饰；另一方面，采取了"男降女不降"的应变策略，由妇女保留了大量的具有民族特征的服饰，并且佩戴银饰之风愈演愈烈。

服饰是一个民族精神风貌的展现。它不仅表现出民族的尊严感和自豪感，而且也表现了一个民族的抗拒感，体现了一个民族的认同意识和民族精神，从苗族服饰所反映出的历史文化内涵，可以得到充分的印证。

四、文化交融的结晶

时代的变迁，社会的进步，人们的观念、文化、习俗、风尚等方面的变化发展，总是要反映在服饰上，造成服饰的时代变异。服饰作为民族文化的物化形式，自始至终是与现实社会的政治、经济、文化紧密相连的，并受到宗教哲学、民族心理、自然环境、审美理想所左右，也就是说服饰与时代息息相关，会随着时代的变化而变化。正如清代学者叶梦珠在《阅世编·冠服》中所说："一代之兴，必有一代冠服之制。其间随时变更，不无小有异间，要不过与世流迁，以新一时耳目。其大端大体，终莫敢易也。"

苗族服饰文化的交融主要表现在两个方面：一方面，苗族内部各支系之间服饰文化交融密切。苗族是一个有着悠久历史的古老民族，其发展史也可以说就是一部迁徙史。频繁地迁徙致使原本相对集中的苗族日趋分散，而新的栖居地又因自然环境的限制和异族之间的争斗，迫使已经较为分散的群体进一步发生新的裂变，以致其支系愈分愈多。分散的苗族各支系生产力发展水平不一，自然环境也发生了一系列的变异，由于政治、经济、文化各方面的需要，它们之间时而联姻，时而分聚，服装佩饰也常常互相学习与借鉴，导致苗族服饰出现纷繁多姿的可喜局面。另一方面，苗族与其他民族之间的文化互动交融也致使苗族服装款式表现出多样性特征。在苗族的历史发展进程中，迁徙时间长，分布面极广，因而族际居住环境也十分复杂。苗族与汉、瑶、侗、水、白、壮、彝、土家、仡佬、纳西、景颇等十多个民族毗邻居住或杂居，并与这些民族发生过多或少的文化经济交流。族际间的文化交流必然包含了服饰文化的交融，各民族优秀的文化互相吸收与借鉴，并彼此产生深远的影响。由于血缘倾向认同及民族心理认同，我们不难理解苗族内部支系间的服饰文化交流与融合，以下仅从族际间的融合加以论述。

应该看到，苗族在其几千年的历史发展过程中，服饰经历了一个为服从民族审美定势需要，而演绎、组合、变异的民族化过程。其一，服饰作为生活必需品，在族际间的文化交流过程中，吸收、借鉴了其他民族服饰元素的优秀品质。在苗族审美标准的取舍下，有的根本未被接纳，有的引入后即被淘汰，有的屡经改造而面目全非，当然，也有的基本上保留了原有特征。其实，任何民族文化的发展，实际上就是一个不断加深认识和理解的过程。其二，苗族服饰的民族化过程同时又是一个创新的过程。毋庸置疑，人类的需要是艺术创作的第一源泉，群体的审美观念是艺术创造的规范。苗族银饰的创新正是遵循这一逻辑而发生、发展的。由于对服饰的需求，苗族对服装的审美意识逐渐同实用意识分离开来，由物质需要的依存关系演化成审美的主客体关系。由于群体审美观念的规范，在艺术创新的过程中，苗族服饰逐渐形成了自己鲜明的民族个性。

在人类社会历史进程中，可以说没有哪种文化模式永远不会改变，也没有哪个民族的服饰不会变异。服饰的发展与转型，涉及了人类文化的交流、融合、碰撞、冲突、继承、创新等有关文化发展方向的问题。各民族间的文化交流与影响是民族文化交往过程中必然要产生的一种文化渗透现象，它使得苗族服饰出现丰富多彩的多元化局面。苗族服饰的发展与变革是民族文化互相吸收与借鉴、结合与扬弃的过程，也是各民族文化集体智慧交融的结晶。

五、崇尚美好生活的理想

苗族服饰的美学价值主要体现在两个方面：一方面是苗族服饰的外在美，它包含了服饰本身的款式、色彩、质料、图案等形式要素的组合，从而达到一种美的视觉效果，以实现服饰的审美价值。另一方面，苗族服饰又通过其蕴涵着的深层文化内涵，即通过苗族人民的审美情趣、审美观念、审美意识、审美理想表达出对美好生活的无限向往与不懈追求。

每一款传统苗族服饰都可以称得上一件精美的艺术作品，都倾注和凝聚了苗家姑娘大量的心血及智慧。一套苗族服饰的完成要经过从种麻、收麻、绩麻、纺线、漂白、织布等一系列复杂的工艺，通过苗族妇女对其图案、颜色、款式的精心设计，再到刺绣、蜡染、裁缝、佩缀银器，最后才能成为一套完整的服装。

苗族刺绣工艺的精美几乎令人以为天衣，仅数其针法就有平绣、辫绣、结绣、缠绣、堆花绣、剪贴绣、绉绣、挑绣、绷绣、卷绣、劈丝绣、镶绣等十几种方法。其针法之细密、图案之稚拙、结构之严谨、色彩之绚丽、风格之古朴，足以与驰名于海内外的湘绣、川绣相媲美。艺术大师刘海粟也曾称赞说："苗女刺绣巧夺天工，湘绣苏绣比之难以免俗。"

苗族蜡染制作，用自种的火麻、苎麻经多道工序加工织纺成布，以竹签和铜皮制成的蜡刀蘸蜡，在染缸中用靛料多次浸染、清漂、晾晒，以沸水高温脱染，形成蓝底白花或白底蓝花的各种图案。白蓝二色相互映衬，加上自然形成的"冰裂纹"的渲染，分外淡雅悦目。也有用各色染料浸染的"五彩蜡染"，色彩对比鲜明，如锦似绣，十分艳丽。苗族用于制作服饰的蜡染布料，纹样构图饱满严谨，风格古朴典雅，线条主次分明，结构疏密有致，富于强烈的节奏感和韵律感，具有浓厚的装饰趣味。它以其独特的艺术风貌，给人以美的享受。

苗族银饰款式种类繁多、工艺精雕细刻、图案生动传神、造型富丽堂皇、浮雕层次分明。苗族银饰无论是品种、数量、造型风格，还是制作工艺，都在中国民族服饰中名列前茅。苗族女'性饰银，爱其洁白，珍其无瑕，因此，苗族银匠除了加工银饰，还要负责给银饰除污去垢，俗称"洗银"。他们给银饰涂上硼砂水，用木炭火烧去附着在银饰上的氧化层，然后放进紫铜锅里的明矾水中烧煮，经清水洗净，再用铜刷清理，银饰光亮如新。佩戴在身上，清晰明朗、风采耀人，闪耀着苗族人民智慧之光。

苗族服饰由布料、刺绣、蜡染、银饰等各元素组合构成。在自织自染的、色彩深沉的土布上飞针走线，缀以色彩艳丽的刺绣，布料的浓重反衬出刺绣的明丽；刺绣的明丽又恰到好处地映衬出银饰的朴实无华；在色彩深沉的土布上装佩各式闪光的银饰，加上铿锵悠扬的银铃坠饰，又打破了银饰的格调。土布、刺绣、银饰互相映衬，相辅相成，静中有动，动中有静，构成一幅有声有色、艳丽斑斓的美妙画面，达成了视觉上和谐、平衡而完美的艺术效果。苗族服饰以其强烈的形式感和独立的造型系统，通过土布的厚重朴实、错染的自然天成、刺绣的绚烂多彩、挑花的节奏韵律、银饰的精雕细琢，以及各种工艺表现出的图案变形规则和形式肌理，表现出独到的美感特质，充分展示了苗族人民在服饰上的特殊审美造诣。

苗族服饰的审美价值不仅局限于其精美的外表，除了具有满足人们生存需要的实用美及提高生活质量的视觉装饰美外，还表现在人们对于抚慰心灵需求的人文精神美，即深层地体现在苗族人民崇尚美好生活理想的文化内涵方面。

长期以来，苗族服饰所表现出的对世俗功利性愿望的不懈追求之所以长盛不衰，是与其生活环境、民俗习俗、宗教信仰、民族心理等有着密切的关系。苗族被迫离开家园的一次又一次的大迁徙，生活环境一次比一次更加恶劣，天灾、水灾、疾病又常常侵扰着他们，加上封建统治阶级的奴役和剥削，苗族人民长期过着苦难与贫困的生活。处于极其封闭的文化环境和极其恶劣的生活条件下，苗族人民对美好生活的理想只能借助于神灵帮助来实现，如何多子多孙、长寿富贵；如何避邪纳福、吉祥如意；如何丰衣足食、风调雨顺；如何家庭和睦、生活幸福；等等，对功名利禄的祈求成为苗族信仰的强大的内在生命力。最终，这些朴素的理想和美好的愿望又通过各种民俗活动表现出来。

璀璨多姿的苗族服饰，它反映了一个迁徙民族的悠久历史，体现了苗族原始的宗教信仰，是人们生存环境与世态民情的真实写照。苗族服饰作为一种独立的艺术形式，它给予人们无尽的视觉美感；苗族服饰作为一种民族文化的物化形式，它又向人们反映出创作者对社会、生活、自然的理解，展示了苗族人民对美好生活不懈追求的审美理想。经过了千百年的历史传承、演变、创新，苗族服饰包含了更为丰富的语汇，蕴涵着独特的审美价值和深厚的文化积淀。

第四章　湘西地区传统技艺之苗族刺绣

第一节　湘西苗族刺绣的发展历史

苗族在其历史发展过程中，历经了漫长的原始时代，直到秦汉统治时期，苗族才结束了原始氏族制度而进入阶级社会，因此，苗族的原始时代应从秦汉统治以后画上句号。研究苗绣之历史，首先必须对苗族发展史有所了解。对于苗族族源，苗史学家早有定论，传说的苗族远祖首领蚩尤，其活动年代与大约距今五六千年的华夏首领炎、黄二帝同代。《龙鱼河图》载，"黄帝摄政，有蚩尤兄弟八十一人"，后反目争战，雄居一方，霸立诸侯。以蚩尤为首的九黎部落活动在黄河下游与长江中上游一带，与传说中活动在甘陕黄土高原的炎帝神农氏和黄帝轩辕氏（即华夏集团）发生争战于"涿鹿之野"，黄帝"遂禽杀蚩尤"（《史记·五帝本纪》载），蚩尤兵败，向南迁徙，"在江淮、江汉和洞庭、彭蠡间形成新的部落集团——三苗国。与此同时，在融合原来土著文化的基础上，形成了新的三苗文化。所谓屈家岭文化即应是三苗集团的文化遗存。"

"屈家岭文化后期年代为公元前 2875 年至公元前 2635 年"，从发掘的大量屈家岭文化遗址中，发现了较多的彩陶纺轮，在湖北的京山遗址，还出现了缯帛，这说明距今 4800 年前的苗族先民，已经能纺纱织布，步入文明社会。

"目前，人们所见到的我国最早刺绣实物，即 1958 年出土的公元前 5 世纪春秋时代的长沙楚墓中的绣品"，从中可以推断苗绣历史至少已有 2500 年以上，因为"楚苗同源""楚国是在三苗故地建立的王国"，司马迁在《史记》中也论证了"三苗""蛮夷"与"荆楚"的渊源关系，范文澜在《中国通史简编》中考证："在周朝，苗族与楚族本来就是一个民族……苗族的楚国统一南方。"可见，苗族先祖在向南迁徙的过程中，与原居"土著"人杂居，史称"南蛮"，周初建国，称楚国。"据周孝王时曶鼎铭文载，西周时期，匹马束丝，就可以交换五个奴隶"；"当时列国诸侯间也常以高贵的锦绣作为相互馈赠的礼物。"刺绣织品成为贵族士大夫的专用奢侈品，平民百姓是受用不起的。

当时贵族厚葬之风盛行，"诸侯之棺，必衣缔绣。"1958 年长沙 33 号战国楚墓，发现墓棺内壁四面各裱贴一幅刺绣；1972 年，长沙马王堆西汉古墓中出土了 40 件绣衣，湖北江陵马山砖厂一号战国楚墓出土了大量的丝绸刺绣，都足以证实厚葬之风，同时也证实了一点，以苗族为主体的楚国织绣水平高超，织绣产量也有很大的提高，刺绣产品不再加画缋填彩，标志着刺绣工艺已发展到成熟阶段。

自唐宋之后，经过元、明和清初数百年几次大迁徙，苗族分布主要集中在贵州东部和湖南西南部以及云南、广西、四川、海南等偏远山区。也有部分苗族迁入到越南等东南亚国家。现代意义上的苗族刺绣主要指这一时期的苗族服装上的装饰纹样。此时，苗绣已不再是达官贵人的私有产物，而是流传民间，出现繁荣景象。有关苗族绣花的文献记载也增多，如：《隋书·地理志》载："南郡、夷陵、竟陵、沔阳、沅陵、清江……诸蛮本其所出，承盘瓠之后，故服章多以斑布为饰。"《宋史·蛮夷传上》载："诸蛮族类不一……言语侏僚，衣服斒斓。"清乾隆初年《永顺府志》（卷一）记载："苗民性喜彩衣，能织纴，有苗巾，苗锦之属。"乾隆初段汝霖《楚南苗志》（卷四）载，"苗妇……包四寸宽青手帕，左右皆绣花"，裙用花布，青红相间，绣团花为饰。乾隆《湖南通志》卷四十九载：湘西苗民妇女衣服"绣花卉为饰"。李宗昉《黔记》载：都匀、八寨等地"黑苗"女子"胸前锦绣一方护之"。《云南通志·种人四》载：云南昭通、东川、曲靖等地苗女"系绣花布裙""妇人绣巾高顶"。《粤西诸蛮图记》载："怀远苗，男女服以青布绣花，极工巧""头以布裹，或绣或素"；"跳月"时，"女抛绣笼"。由此可见，苗族服装绣花已得到普及，绣花工艺流行地区也非常广泛，不论"生苗""黑苗"，也不论在湖南、贵州还是云南苗族，都有一个共同的特点，喜欢穿五彩绣衣，只是纹样、服饰有所不同而已。

清乾隆初年编纂一本《皇清职贡图》，绘制了"红苗""黑苗""花苗""白苗""青苗"等苗族各种不同的服饰及苗女织布、纺纱、织锦等生活情景；康熙年间，腊尔山红苗归流时，湖南布政使阿琳主持绘制了 25 幅《红苗归流图》，为研究清代苗族服饰提供了极为珍贵的资料。

从清朝康熙年间至雍正年间，统治者推行改土归流政策，在苗族地区设置府县，裁革土司土官，以武力开辟"生苗"地区，改变其自给自足的生产状态，客观上加强了苗族同汉族以及其他兄弟民族的联系，促进了苗族社会经济和文化的发展。由于苗族所处的地域环境不同，有很多苗族地区还处于封闭的隔绝状态（统治者称之为"生苗"地区），部分"生苗"还不知养蚕、织布，也不知织锦刺绣。改土归流后，大量汉人及屯兵进入苗族地区，带来了先进的生产方法和种植技艺，推动了苗族纺织业的迅速发展，同时，对苗族刺绣工艺的发展起到了积极的作用。

有关清统治阶级对"生苗"地区"开辟"的记载有《保靖县志》（卷二）说：乾隆四年（1739）"贵州民不知蚕桑、丝锦悉资他省"。贵州布政使陈德荣遣人至山东购买蚕种，并雇山东蚕师、织师来遵义，教民育蚕、缫丝、织锦。"明年，民间获茧至八百万。于是遵义民莫不知育蚕，其锦遂遍天下。"永顺府知府张天如于乾隆二十五年（1760）发布了《掘壕种树示》云："背阴者种蜡树……园角、墙边，或种桑养蚕，或种麻纺绩。"永顺《古丈坪厅志》（卷十）载："妇女亦知饲蚕……抽丝染色，制为裙被之属，作间道方胜杂文，绩麻织布皆能。"出现了家家养蚕织布的繁荣景象，而苗女则人人能织布，个个会绣花。

改土归流数十年中，织造印染有明显的进步，花色品种也逐步增多，仅布织品就有洞锦、苗锦、铁笛布、纹布、斜文布、谷澜布等称呼。有关纹样花色的记载也较为详细，嘉庆初年张澍《续黔书》（卷六）记载的织绣花纹"以花格者，芙蓉也，蒲桃也，牡丹也，葵花也，襄荷也，樱桃也，翔鸾也，茱萸也，林檎也，芝草也，皂木也。以鸟兽名者，对凤也，翻鸿也，仙鹤也，孔雀也，鸳鸯也，飞燕也，麒麟也，金雕也，天马也，避邪也，狮团也，象眼也，走龙也，蛟龙也，龟背也，虎头也。

以器物名者，楼阁也，绶带也，银钩也……"这些纹样"图必有意，意必吉祥"。它作为一种独特的苗族文字，在苗民地区代代相传，历经300多年，今天，苗绣图案仍沿用此时期的传统纹样。

第二节　湘西苗族刺绣的题材与纹样

湘西苗族刺绣图形与纹饰变化多端，不拘一格，表现主题大致可以分为祈求吉利，体现民族意识，表示庄严，怀念远祖，反映文化交流，美化生活等方面。刺绣造型从创作题材的素材内容来看，可分为如下几类。

1. 植物。取材于自然界中的花草树木。如荷花、莲蓬、石榴、牡丹、桃花、菊花、梅花、兰草、竹子、枫木等。

2. 动物。取材于神话传说与现实生活中的动物形象。如龙、凤、麒麟、狮子、老虎、大象、野猪、鸳鸯、喜鹊、麻雀、蜜蜂、蝴蝶、鲤鱼、老鼠、青蛙、虾米、螃蟹、乌龟等。

3. 人物。取材于神话故事及现实生活场景。如开天辟地图、五子登科、连中三元、嫁女、生产、娱乐等。

4. 天象。取材于宇宙间物体与气象。如：日月星辰、石头、云、水等。

5. 器物。取材于现实社会的生产生活用具。棋琴书画、文房四宝、花瓶、房屋、花篮、龙船以及生产工具等。

6. 文字。取材于带有中国传统欢庆寓意或具有时代特征的汉字。如福禄寿喜、步步高升、一生平安、毛主席万岁、听党的话等。

7. 符号。取材于中国传统的具有代表的某种象征意义的图案和符号。如八卦图、八宝图、万字纹、涡妥纹以及表现本民族历史大事的象征性符号纹样。

一、抽象化构成

苗族刺绣图案对自然景物和历史故事的描写，通常用一种高度概括的归纳方法，即用点、线、面几何纹样表现。这种表现方法不仅要把具象的动物、植物的形体结构、色彩、运动规律等运用概括、夸张、取舍、变形、删繁就简等造型方法处理，转化为点、线、面的几何形态，而且还包含着强烈的原始造型意识和深厚的文化内涵。例如，流行于凤凰、花垣一带的"骏马飞渡"，苗语也称"弥埋花边"。画面首先出现的是一条洪水滔滔的大河"浑水河"，"弥埋花边"是由无数个马的抽象花纹相互间连成一串，横贯在河水中间，苗语称"卡埋卡务"，汉意为"万马飞渡黄河，驰骋中原"。两边是无数花塔纹样，层层相叠，相间排列，苗语称"高本高介"，汉意为"金山银山"，代表崇山峻岭。外层两边各用一条折线式纹样镶嵌着，苗语称"乃勾阿登"，汉意为大路上的脚印。整个图案结构严谨、精巧，造型简练，色调古朴，素雅大方。表示苗族祖先迁徙时骑马飞渡大江大河，跨越高山峻岭，才来到这里安家落户。

苗语"浪务"，汉意"江河波涛"。"浪务"图案表现更为明显，画面呈现出两条折线形白色横带,代表长江、黄河同向奔流。横带由一些细小的星点组成,后边是小山,中间是一朵朵既像树又像花也像人乘船的立形花簇，象征划船渡河（也有人说它代表洞庭湖）。前面再次出现小波浪式的花纹，苗语"昂务乃本"，汉意"经过大风大浪的妈妈花"，再下是一条小路和一排树林，象征苗族先祖经过千辛万苦迁徙到崇林密布的西南山区。图案向后人述说了这样一个故事：苗族先民曾住在大江大河的黄河流域，由于战争、自然灾害等多种原因，经过长江、黄河向西迁徙，骑马飞渡大江大河，跨越崇山峻岭，建设苗族家园的经历和业绩，以告诫子子孙孙不忘先祖。

类似上述抽象图纹在苗族刺绣作品中还有很多，如圆点纹、三角纹、月亮纹、鸟纹、鱼纹、蛙纹、水波纹、火焰纹、云雷纹、旋涡纹、回形纹等等。这些"母体图案"构成的抽象几何纹已成为一种约定俗成的程式化符号，刺缀在苗家姑娘的盛装上，代代相传。

二、复合化构成

复合化构成是指运用"互渗性"原理将各种具有一定内在规律的动物或植物等

形象，通过联想、幻想等造型方法，使形与形之间相互重合、相互适应、相互因借，从而构成一种新的形象。

苗族刺绣造型中，有不少形象就是用这种方法表现出来的。例如：龟龙抢宝图，龙是苗族所崇拜的图腾物之一，龟有长生不老之意，此图龙头龙尾、龟躯龟壳，将龟、龙合二为一，不仅表现出苗族人民的神话传说故事和远古崇拜思想，更有着非常鲜明的象征性意义，反映出本民族深层次的精神理想。在苗族帐檐上刺绣的花篮、莲花、兵器等复合而成的图形，是升官发财、一生平安等多层意义的功名利禄思想的体现，也是种族繁衍、多子多福意义的象征表现。

图形共用也是复合化构成的一种表现形式。这种构成法是通过形与形的相互借用而产生的一种新的造型。这种造型现象最早出现于原始时期的彩陶艺术中，如由许多花瓣组合而成的二方连续纹样，每朵花瓣都互相借用，借以组成一朵相对独立的花；再如商周青铜器纹饰的许多图案，两只夔龙共用一个身体，两只老虎共用一个头，一个饕餮纹正面共用两个侧面等，都是以共同形相生的适形造型。在苗族刺绣造型构成中，我们也常常能见到这种表现方法，如，石榴上部的花枝既是蝴蝶的翅膀，也是树枝的叶；麒麟脚下的八宝纹样，圆的造型似法轮，似花瓣，似铜钱，同形相生，而飘逸的彩带形似花叶，也是"盘肠"，取长之意，是种族繁衍、源远流长的象征意义表现。适形套形法在苗族刺绣中最为常用，这种表现方法是先勾勒出某种形象，然后按照形式美原理或表达意愿需要，在这个形象框架内配以另外一种形象。

三、随意性构成

随意性构成是中国民间美术造型常用的一种表现方法，苗族刺绣造型的随意性也特别明显。这种创作方法随心所欲、轻松自如，对于客观事物的描写并不拘泥于其现实性，而是一种主观的、随意的创造，它表达了创作者对待现实生活客观事物的一种主观态度。换一句话说，苗族刺绣造型的随意性造型观念中，"那种看似主观唯我的认识态度，心理认识与客观现实混沌统一的状态，实际是民间艺人真正艺术化的创造。他们把自己挚爱的物象情感化了，是一种自由自觉、无目的性的表现，它表现了作者特定的审美感受，同时又符合群体的审美心理特征。在这些主观唯我的创造中，审美主体与客体达到完善和谐的统一"。

想怎么样绣就怎么样绣，想绣什么就绣什么，是苗族刺绣造型的随意性的具体表现：野猪只长三条腿，侧面的人绣上两只眼睛，乌龟长着凤凰一样的尾巴，不同季节的花朵可以同时开放，荷花可以托起一个胖娃娃，人骑在龙身体上腾云驾雾，如此类例数不胜数。不同空间、时间、地点的所有事物，在苗族刺绣创作者眼里，都可以描绘在同一个画面之中，在现实生活中看来不合情理的事物，通过刺绣创作者灵巧的双手，表现得淳朴，自然，天真，可爱。苗族刺绣创作是以感情心理意象为基础的，它表现的是主观的真实性，追求的是情感意义上的真，而并不注重形象上的真。这种随心所欲、轻松自如的创作方式，真正地达到了"天地与我并生，万物与我为一"的真正自由的艺术境界，并上升到哲学美学高度。

民艺学家左汉中根据民间美术的特殊生存环境和民间艺人的工艺技巧所表现出的民间美术造型的随意性，将随意性造型划分为两种不同的类型：第一类是民间匠师高度娴熟技艺所创造出来的"熟中生巧"之作；第二类则是因为创作条件的局限性，因陋就简而产生出来的"弄拙成巧"之作。这两类作品共同表现出造型手法上的"漫不经心"或"即兴发挥"，造型上的"简朴""随意"，甚至"奇拙""怪诞"等等。

第三节　湘西苗族刺绣的造型特征与制作技艺

一、苗族刺绣造型特征

混沌思维的群体创作意念表达是苗绣造型的重要特征，同时，苗绣造型具有承传性、地域性、互渗性，是原始意念下的感知造型，理念观察下的寓意性造型。

（一）"集体程式"和"承传式"特征

苗绣造型是苗族妇女共同创作的一项艺术活动。分布在不同地域苗族部落的妇女们，人人能织布，个个会绣"花"，如此庞大的创作群体，在中国民间工艺品制作活动中是罕见的。苗女自幼开始习绣，姐妹、母亲是最初的老师，首先是描红式的摹写，描摹上辈衣物上的图纹，借鉴山寨里最灵巧的绣花手图样，参照集市上更精美的"纸花"。精美的图形被大家争相传摹，节日集会时又相互交流，共同认可的作品得以流传，并不断推陈出新，从而演变成相对稳定的观念性符号。这种观念性的符号通过民众集体意识的渗透作用深入到个体意识当中，成为民众共同使用的语汇，并约定俗成，家喻户晓。

苗族没有自己的文字，分布在不同地域的苗族历经时代变迁，语言已很难统一，唯有苗绣这一独特的艺术语言，所包含的审美情趣和意念，作为程式化的文字符号，在民俗中得以传承。这种群体意念的表达，群体审美观的共识，群体参与的劳动创造，使得苗绣千百年来盛传不衰，形成一种稳定的民俗文化元素，不断承传后世并得以延伸。

（二）"地域性"和"互渗性"特征

苗族内部社会发展极不均衡。一方面，苗族历经几次大迁徙，一部分苗族被统治者"同化"，生活习俗与经济文化受到汉族影响。而被迫继续向南迁徙的苗族，生活在崇山峻岭，交通闭塞的偏远山区，还处于男耕女织、自给自足的半封闭状态，保留了原始的本土文化特征。另一方面，苗族内部结构由不同原始部落发展而成，清陈浩作《八十二种苗说》载："苗族有八十二条目"，康熙年间陆次云《峒溪县志》载："苗人……有白苗、花苗、青苗、黑苗、红苗。苗部所衣各别以色，散处山谷，聚而成寨。"由此看出，苗族部落因地域环境变化，衣纹服饰有所别。其次，从苗族的图腾崇拜来看：武陵五溪苗族为"盘瓠之裔"，黔东南苗族崇拜枫木，认为远祖姜央由"蝴蝶妈妈"的12个蛋孵化而成，后打败雷公、龙、虎而夺天下，湘西及黔东北苗族认为龙是自己的祖先，至今仍有"接龙"之习俗，不同地域的苗族对龙的感情就不一样。综合以上几点不难看出，各地苗族文化、风俗、审美意念出现差异直接影响到苗绣纹样造型，《皇清职贡图》关于苗族不同服饰的描绘，足以证明苗绣造型具有地域性特征。

我国苗族主要集聚在贵州、湖南一带，与汉、土家、侗、壮等多民族杂居，特别是自改土归流以后的苗族文化，受到汉族文化的强烈冲击，苗绣造型潜移默化地接受了各族文化的渗透，如："鲤鱼跳龙门""连中三元""麒麟送子""凤戏牡丹""狮子滚绣球"等图案造型，显而易见是受到了外来文化的影响。

湘西苗绣造型中最常见的图案要数"八宝图"。八宝即八吉祥，是佛家的八件宝物，此八件宝物中依次为法螺、法轮、宝伞、白盖、莲花、宝瓶、金鱼、盘长。苗绣"八宝"将几件主要宝物平面化进行组合，通常将法轮放居中心，法螺用声音传播放射性抽象意念表现手法表达，莲花衬托并包围着法轮与法螺，而花瓶则用鲜花概括，盘长似肠子，因"长"与"肠"谐音，取长之意，表达长久不断、种族繁衍，源远流长之意。八宝图可以说是佛教文化与苗族文化互相渗透的一幅经典之作，它所表现的精神内涵则是远远超出佛家八宝之本意。

（三）原始意念下的感知造型特征

感知造型是指人们对客观对象通过感觉、知觉、视觉及触觉等进行综合而得到的某种概念上认识的造型方法。它追求对事物的完整表现，不局限视觉定点及物象构造的科学性，而是用以对物象的全部感受与意念来表现客观对象，从某种意义上说是一种模仿造物。人们通过这些生理感觉忽视客观的内在结构和科学的焦点透视理论，不追求微妙的光影变化与精确的比例关系，而是重在情理，重在心理感受和视觉的审美需要。民艺口诀的"十斤狮子九斤头，一斤尾巴掉后头"正是这种原始感知造型的典型写照。

不定点造型（散点透视造型）是感知造型的主要手段。民间艺人眼中的茶杯，杯底在任何状态下都是一条平行的直线，而不是圆弧，因为这样的杯子才能放得稳；侧面的鱼在苗绣中常常出现两只眼睛，就是通过移动观察点而得到的感知形象。"鱼本身就有两只眼睛，只绣一只那不成了独眼鱼？"这样的解释难道不合情合理？

特征综合造型是感知造型的另一种表现手法。综合造型重在写意和拟人化表现，突出特征、美化形象，如：苗绣中龙的形象是由鳄头、蛇身、鹰爪、鱼翅、鸡尾等形象综合而成。凶悍的野猪虽然青面獠牙，但在苗绣图案中显得如此笨拙憨厚；尖嘴长须的老鼠也不是贼眉鼠眼般讨厌了，这富有情感的描绘也是苗家姑娘善良、朴实的一种体现。

"X"光透视法和投影法造型也是感知造型常用的手法，透过石榴外壳，清晰可见里面的种子，青蛙肚里的一大堆蛋仔也粒粒在目。而"投影法"造型是指在画面上将客观物象外形摹写成符合人的视网膜所得到的简影图像，在苗绣作品中主要用于花草等小面积的填充图样的描绘。

（四）理念观察的寓意性造型特征

寓意性造型指在一个艺术形象的创作过程中，通过对客观事物的感触、感知、表象、感觉、印象的认识，进行综合、整理、加工、创造，表达某种情感和意境。它与创作者的审美趣味、审美感是紧密相连的。

苗族刺绣图案中，很多作品都含有一种潜在的象征意义，或寓富贵，或意避邪，或表生命繁衍，通过不同题材的造型表现，运用了比、兴、赋等手法，来描述那些看不见摸不着的精神心理状态。其主要造型方法有谐音造型：如蝙蝠代表福，莲花与鱼的图案表示"连（莲）年有余（鱼）"，喜鹊站在梅枝上的图案寓意"喜上眉（梅）梢"。假借造型：如借"五子登科""连中三元""鲤鱼跳龙门"等图案表达传统的升官发财，追求富贵的世俗愿望。联想造型：如"莲花""石榴""鱼""青蛙"等图案，使人联想到生命繁衍；石榴多子，鱼的繁殖力更强，表达了传统的多子多福、金玉满堂、多子为孝的封建思想。象征造型：如双鱼、对花、鸳鸯、凤穿牡丹、双龙戏珠、蝴蝶戏花等图案，象征成双成对的爱情生活；万字不封口（苗语称"虾翁"，意为水车），象征富寿不封顶，吉祥无止境；寿字象征幸福无边；"涡妥"象征怀念远祖；"六耳结"象征男女爱情。直接表达造型：如"福禄寿喜""文房四宝""棋琴书画""龙凤呈祥"等图案，所表达的是人们宜子宜寿，招财纳福、盛世祥和的世俗功利意愿。反意表达造型：如在小孩的衣帽、背带、肚兜上绣有五毒（蜈蚣、蜂子、壁虎、蛇、蟾蜍）图案，用以避邪、消灾、祛病的意念表达。

当然，就苗绣造型整体特征来看，传统的观念和造型的程式符号使苗绣的创作具有一定的局限性，具有规范化、程式化特征，制约了作者个性创造意识的发挥，然而，正是这种传统造型符号的规定性使苗绣作品整体含义具有高度的可读性和普及性。

二、苗族刺绣制作技艺

苗绣使用的工具比较简单，仅需置木架一个，俗称"花绷子"，即将底布绷在木架上，使之平整，然后在其上刺绣。也有不需花绷子而徒手刺绣的，苗女随手携带一本旧书，内夹丝线，一有空隙，即随手绣之。

苗绣刺绣的方法可概括为三类，即随手绣、剪贴绣与绘绣三种。随手绣不需资料和参考图纹，仅凭记忆和经验在底布上任意刺绣，这类刺绣有利于作者个性意识的发挥，出现了"走遍千家，找不出同样的花"的可喜现象。第二类为剪贴绣。剪贴绣是将图纹的剪纸（湘西称锉花）形状贴在绣布上，再根据花纹的形态特点和绣者的不同审美趣味而施以不同的针法和配色。纸剪花样在苗族集市上可以买到，精美的图纹广为流传，丰富了各地苗族之间的文化艺术交流。第三类为绘绣。绘绣是指将所绣图纹用单色彩笔直接描绘在花绷子的底布上（即中国工笔画通称的"白描稿"），再用丝线在其上绣的一种方法。这种方法难度较大，村寨中心灵手巧之苗妇能为之，无经验的新绣手可将花棚子的底布绷好，请"能人"描绘。此类绣法多表现较为复杂的大型画面和具有主题寓意的创作性题材，如"开天辟地图""龙凤呈祥"等图案。

苗族刺绣制作精密、纹理细密、结构秀丽、古朴典雅、稚拙粗犷，与驰名于海内外的湘绣、苏绣等相比，各有千秋，足与相互媲美。艺术大师刘海粟也曾称赞说："苗女刺绣巧夺天工，湘绣苏绣比之难以免俗。"苗族刺绣的方法也是多种多样，根据笔者多年实地调研，结合前人对苗族刺绣技法的经验总结，现将其工艺流程介绍如下。

（一）工具

刺绣工具主要有针、针夹、抵针、剪刀、绷架等。针就是我们通常所说的绣花针，以针尖锋利、针身匀圆、针尾圆钝、针孔扁长为佳。绣针品类繁多，根据长短以"号"

而分，厚布用长而粗的大号针，薄布用短而细的小号针，平常多选用 7～8 号针刺绣。针夹是用两金属片做成镊子形状，主要用于夹针抽线，方便绣线自由灵活地穿梭。抵针用蜂窝状金属片卷成金戒指形戴在持针手中指的第二节上，其作用是帮助刺绣时推针。剪刀用来修剪绣布和剪断线头，常以小剪刀为妙。这些工具对于湘西乃至中国妇女来说，可以说是家家必备，无特色可言，只有苗家姑娘所用的绣花绷架，独具匠心，简易实用，充分表现了苗家妇女独特的聪明才智。

苗族妇女绣花绷架有小绣花绷和大绣花架两种，由木、竹、金属等综合材料制作而成。

小绣花绷用竹条扎捆而成，有长方形和圆形两种：长方形花绷约 30 厘米 ×8 厘米，短的一边由四根竹条做成夹层，靠中间两根为卷布所用，用以夹紧绣布，一般做刺绣窄而长的裤脚、衣袖、衣襟等花边用。圆形花绷是由内外两竹片或金属圈并合而成的，并用布条缠边，绷圈直径在 30 厘米左右，刺绣时将布夹于其间，宜绣鞋帽、枕帕、荷包等小件绣品。大绣花架用木料制造，构造与小长方形花绷同，只是尺寸比它要大得多，并且多了四条用来支撑花架的木脚，它主要用来绣制门帘、帐檐、被面等大型绣制品。

（二）材料

苗绣材料用线、布和纸。布有麻、棉、丝、绸等面料，中华人民共和国成立后也有用化纤布料的。线的品类较多，有丝线、棉线、麻线、毛线、金线、银线、锡线、铜线等等。丝线是主要用线，在服饰上较为常用；棉麻线用于帐帘等大面积的绣面上；金银锡线用以点缀。纸张需要凿成有图纹的底花作为刺绣的蓝本。

（三）步骤

（1）描图或贴纸花。即在绣帛上画样稿。有造型能力或绘画基础者可以用毛笔、铅笔、石粉在画布上直接描画。否则，就要把欲绣的布料铺好，用在集市上买来的纸花做绣模，在绣布上选定好粘花位置用糨糊或米汤水粘贴，晾干待用；或者在所需绘画的部位放上图纹样本，用复写纸复写出纹样。

（2）上绷架。根据刺绣图纹的大小选择合适的绷架，然后在绣布上留出应绣的位置，上好绷架，用针引线绣布绕绷架周围均匀捆缝一圈。其标准是布要绷得紧而牢固，以没有松弛现象为上。

（3）配彩线。绣者可以根据纹样的内容、构图、大小、用途以及装饰对象，选择绣线的材质、粗细，购置或纺织丝线，并将备用的线分开存放，绣线多夹在旧书页中，方便刺绣时取用。

（4）刺绣。根据绣布以及所用用绷架的大小，或一手在绣布上，另一手在布下配合绣；或一手拿花绷，另一手反复刺绣。绣时每次穿针不能过长，否则容易打结，影响绣花速度和效果。

（5）绞边缝合。若是单幅绣品，则将绣花布边由反面向里折，用针线绞边，不使布线头抽脱。若绣花布块是做其他装饰用的，则需要注意缝合时被装饰品和绣布不起皱纹。

（四）针法

苗族刺绣的针法很多，比较常用的有平绣、辫绣、结绣、缠绣、堆花绣、剪贴绣、绉绣、挑绣、绷绣、卷绣、劈丝绣、镶绣等，以下介绍常用的几种针法。

（1）平绣。平绣是运用得最广的一种绣法，以碎小、纤细的花鸟鱼虫连续纹样为主。大型动物、花瓣和阔叶的绣线跨度大，容易蓬松，于是便将龙、麒麟等大型动物的躯干纸样剪成许多鳞片，分鳞绣出，绣线的跨度就缩短了。它多用纸錾成各种不同形状的图案，然后用丝线并针绣制，绣法简单灵巧，光洁平滑。湘西花垣、凤凰、吉首大多数苗家姑娘均喜用平绣。

（2）结绣。结绣是在插针后，以线在针头挽数结，然后抽针，如此反复插满花结。结绣有两种方法：其一是在底布由反面插针，挽结再抽针，单行上前，纹略成鱼鳞形，用于边框等；其二是在底布由反面向正面插针、换结、抽针，所换之结成颗粒，多用于绣大花朵的花蕊顶端等。此两种方法在湘西各地都有应用。

（3）辫绣。辫绣是先将8或12根彩色丝线编成"辫子"，或将棉线牵绕欲将辫绣的绣布上，然后将其回旋满缀于底布成花。辫绣通常有两种方法：其一，在铺丝辫时，顺应丝辫自然平铺，不用力拉伸，也不挤绉，随铺随即用同色丝线缝上，让丝辫现出原来的纹理；其二，直接插于底布而绣出辫纹的一种方法。绣法是在一根线上，由线的两边向正中插针。此法多用于蝴蝶触角、花藤嫩叶等。辫绣的特点是饱满、粗犷，作品厚实，富有浮雕感。吉首寨阳、丹青等地多采用辫绣，而保靖县中心、水田等地多采用牵线绣。

（4）绉绣。绉绣比较复杂，有两道工序。首先，将8根至10余根丝绒像辫绣一样用各色丝线编成辫，吊在特制的木架上，每根线都悬有坠子，用手编成长丝线待用。然后，将丝辫沿着花瓣边缘由外向内密铺，随铺随绉凸出，不现辫纹，呈浮雕状，并用同色丝线缝牢。凤凰有部分苗族喜欢应用绉绣。

（5）绒绣。绒绣也用丝辫，编织丝辫和绘花样同绉绣。在铺丝辫子花样时，只将丝辫略挤，使之不现丝辫纹理，也不突出，如绉绣，宛如以平绒剪贴一样，故称绒绣。绒绣流行的地区同绉绣。

（6）贴绣。贴绣是用绸缎等材料裱糊于厚纸上，待干后剪成大型的花瓣、云纹、飘带等形状拼缀贴于布底，拼镶成各种花纹图案，然后在剪贴的花瓣、云纹之上，平绣花、鸟、鱼、蝶等纹样，使其成为画中画，最后用金黄色的丝线沿其边缘密针缠绣锁边一周。其样式粗犷大方，常用于大面积刺绣花纹图案。

（7）缠绣。缠绣也称贴花缠绣。方法是将茧丝或别的丝料均匀地平铺于一块光滑的木板上，厚如皮纸，共若干张，干后揭出，分别染成红、绿、黄等各色，然后剪出许多大如葵花子的等膜三角形，逐块贴于绣布上，最后用同色丝线沿边缘密缠一周，使之牢贴于底布上。其花纹全部是几何图形。

（8）劈丝绣。劈丝绣是先将本已细微的丝线再劈分成若干股，然后穿针引线绣制各种图案，使之更加精巧、细腻。它多用于小而精的纹样。

（9）锑绣。锑绣是以锑代线的绣法，将锑材放入坩埚中烧培，铸入模型中为圆而细的短条，背有针孔，用线钉在青布上为几何图形，黑白分明。湘西地区已难寻此法制作的作品。

（10）挑绣。挑绣也称"挑织"或"十字花绣"，是刺绣的一种针法。它以十字形针法来显示其特点，即在布料上依经纬线组织，用细密的小十挑织成花纹。十字形有大有小，依据棉麻布的经纬纱数，一般每个十字针有六纱、五纱和四纱等区别。在设计图样上，以每英寸十格者为六纱、十二格者为五纱、十六格者为四纱。每一格即代表一个十字针，由许许多多的十字针绣成繁复的图案。绣工根据纸样格子的大小，在底布的经纬线上数纱，进行挑绣。

第四节　湘西苗族刺绣的色彩表现

苗族刺绣色彩斑斓，对比强烈、丰富多变、浓重艳丽，艳丽而不俗套，丰富而不缭乱。苗绣色彩构成审美原则和色彩情感表现受到历史观念、宗教习俗、文化背景及地理环境的影响与制约，其特征主要表现在以下三个方面。

一、红火热烈

先民们通过对自然色彩观察加以总结概括出"五色论"。五色，暗示吉利祥瑞之意，这种色彩观念的象征性意义在苗绣创作中得以承传与延伸，内涵变得更为丰富和稳定。受封建等级制度制约，红、黄色调为宫廷皇室用色，平民服饰则是青、蓝、褐等素色布衣，然而苗族服饰以大量的红、黄丝线进行装饰，形成红、黄为主调的图案，体现了苗民对封建统治的反抗与不满。

"民艺的审美在很大程度上体现了一种对现实的补偿和对理想的追求。"整日面对青山、黄土、蓝天、庄稼的苗族同胞，生活平淡、色彩单调，从精神需求上说，他们需要一种色彩的互补，以达到某种心理平衡，所以苗绣图案选用大量的红色体系，来表现热烈而红火的场面，以满足心理和生理需要。

火红代表温暖、热情、喜悦、兴奋，太阳给世界带来光明，万物因阳光而生长，烈火让人们吃上熟食而步入文明，先民对红色的崇敬可见一斑。红色成为喜庆活动的专用色，建造新房挂大红花，结婚要贴红双喜，春节要贴红对联，传统色彩理念同样在苗族色彩文化中得以渗透、延伸。苗绣主要用于服饰,苗女自幼习绣,出嫁服饰的"花"必须是自己亲手绣刺的,为图吉利,图案的色调自然是以喜庆的红色的主调,热烈而祥和。

当然,苗绣中也不乏清雅秀丽之作,设色较淡,色调偏冷,这大都是中老年妇女所绣。人至中年,色觉开始减弱,老年则反应迟钝,辨色力下降,这是一种年龄心理特征的反应。

二、明快响亮

苗绣在设色审美意念上追求明快、响亮,讲究色彩视觉美感,注重色彩调和法则,善于利用互补色的调和。伊顿说过,"视力需要有相应的补色来对任何特定的色彩进行平衡", 苗绣在大红大紫这一统一的色调下,巧妙地运用了对比色进行调和,以达到视觉的平衡,满足了视觉及生理需要,得到,明快、响亮、刺激、热烈的视觉效果。

民间艺人在长期的设色实践中,总结出了很多科学的配色口诀,如"红花需要绿叶配""紫是骨头绿是筋,配上红黄亮晶晶""光有大红大绿不算好,用黄托色少不了",掌握了以红黄等高纯度大面积色彩为主调的氛围,运用间隔调和、互补色对比、高明度对比、邻近色衬托等方法,以求对比中有和谐,统一而不单调的色彩效果。而"红配绿,丑得哭"指的是高纯度的对比色搭配时面积不能相等,只能用"点缀"配色法。这类口诀正确地概括了对比色调的法则和规律,苗绣的色彩呈现了五彩缤纷的热烈景象。

三、清馨淡雅

苗族刺绣以古朴、稚拙的形式,纯洁、朴实的情感震撼着人们的心灵。我们所看到的每一件刺绣作品都使人感受到古朴的造型、艳丽的色彩所表现出的纯真,毫无矫揉造作、华而不实之感。纹样的简练、夸张、饱满,体现出一种古朴、原始、纯真的淡雅情趣。别林斯基曾说过:"淳朴是真理的美,艺术作品因为它而有力量。"苗族刺绣之所以具有这种风格,不仅在于其造型的简练、夸张和变化,以及色彩的绚烂艳丽，更在于它洋溢着一种粗犷、豪放、纯朴的情调，体现出了一种现代人不可企及而又十分渴望的原始、真挚、纯洁、朴实、人情味十足的情感和理念。尽管刺绣中很少有描绘人物活动的场面，但却让我们实实在在地感受到苗族姑娘的美好感情以及生命的存在。格罗塞在《艺术的起源》中谈到"原始艺术的主要特征，就在于生命真实和形式粗率合二为一"。这里的原始艺术非常适合苗族刺绣的特征。只有感情真挚，风格才会质朴，唯其真挚、质朴，艺术才有生命力，才能动人心魄，引起强烈的感情共鸣。在社会文明高度发展的今天，这一特征更为可贵。随着社会的发展、文明的进步，现代人的心理更需要欣赏和感受这种原始、古拙、纯真的美。

苗族刺绣之所以具有这种风格，不仅由于它凝聚了苗族姑娘真挚、朴实的情感，还在于她们能运用圆浑的构图、稚拙的造型、艳丽而又和谐的色彩以及充满幻想的表现手法，恰到好处地体现这一情感。在这里，那经过简化、夸张而变化的形象，那超越现实的色彩，使苗绣造型是那样的稚拙、生涩，而恰恰是这种稚拙与生涩的表现手法，反而抓住了客观描写对象质朴的精神气质，使其艺术造型不受束缚而显得自然、生动。

第五章 湘西地区传统技艺之苗族银饰

第一节 湘西苗族银饰的发展与演变

一、湘西苗族银饰的历史渊源

苗族银饰是苗族人民在长期的生活实践中发展形成的一种民间手工技艺。苗族银饰是苗族民族性的重要表征，是苗族的一种普遍性文化现象。这种文化现象的产生和发展与苗族本民族发展的历史性和现实性不可分割。马克思曾说："人们自己创造自己的历史，但他们并不是随心所欲地创造，并不是在他们选定的条件下创造，而是在直接碰到的、既定的、从过去继承下来的条件下创造。"因此，苗族银饰是苗族先民在长期社会实践中不断创造和积淀的文化结果。同时，澳大利亚人类学家格迪斯在研究人类发展历史时做出了一个著名的论断："世界上有两个苦难深重而又顽强不屈的民族，他们就是中国的苗族人和分布于世界各地的犹太人。"苗族是在不断迁徙的苦难中成长起来的伟大民族。苗族银饰正是坚忍顽强的苗族人民奋斗的生动写照，是"老鸦无树桩，苗族无故乡"这句苗谚的诗性反映。

苗族自古以来就是一个爱美的民族，喜欢打扮与装饰。在原始时代，只能以野花、树叶、贝壳等简陋材料来装饰自己。据民间传说，当苗族先祖蚩尤发明冶炼和制作劳动工具和兵器时，苗族银饰才应运而生。

随着部落战争不断发展和升级，蚩尤部落因败北而被驱逐。为了生存，苗族的先民进行了艰苦而漫长的迁徙。经过艰难的迁徙，苗族部落的一个支系最后定居于湘西的崇山峻岭之中，他们找到了一个较为稳定的生活、生产场所。为了不忘先祖和故地，他们就在自己的衣饰上绣制苗族的历史印记，创造了一系列的特殊图案，以便寻根祭祖，寻找自己本民族的同胞兄弟并团结起来对抗外族部落的进攻。到了后来，随着冶炼技术的发展和金属的普遍使用与推广，银饰才在众多女性艺术的基础上逐步形成和完善。

苗族银饰源远流长，其发展可以追溯到五千年前。苗族史研究表明，苗族先民起初生活在相对丰饶的黄河流域和长江中下游平原一带。苗族先民们是在经过四次大规模的迁徙后，来到了"两湖"、黔中、黔西北和云、桂、渝、海南岛等那时较偏远的地区。据《史记·五帝本纪》载："帝乃征师诸侯，与蚩尤战于涿鹿之野。"蚩尤是人们公认的苗族祖先。同时，历代人们都认为蚩尤是金属兵器的创始人，世人称他为兵主，也即兵祖。《世本·作篇》记载："蚩尤以金作兵。"这里的金实指金属，即青铜器。可见，在很早的时候，苗族先祖已掌握了一定的冶炼技术。后来，经过几番"征战"，蚩尤战败，被迫迁移，之后苗族先民又被历代封建王朝歧视镇压，逐步迁徙到偏远山区，以图东山再起。连年的战争和艰苦的生活促使苗族先民不断提高冶炼技术，他们利用该技术制作了劳动工具和兵器。秦汉至唐宋时期，湘西苗族的兵器已开始用金银来装饰了，如范晔《南齐书》卷五十八载："蛮俗衣布徒跣，或椎髻，或剪发。兵器以金银为饰。"随着生产力水平的提高和冶炼技术的发展，苗族人民注意到银的熔点和比重都低于黄金，易于铸造和携带；延展性好，易于制作各式各样的饰品，同时不易被腐蚀，且银光闪闪，动之则发出清脆的响声。由于银的这些优点，苗族先民选用银作为装饰材料也就成了可能。

长期以来，在民间习俗中金银就是财富的代表和象征。从《苗族古歌》所描述的苗族人民对金银的重视和偏爱程度可以看出，苗族人民把银作为财富的象征，如"金银实在多，装满柜和箱，拿来造柱子，撑天不摇晃；拿来造日月，挂在蓝天上；天地明晃晃，庄稼才肯长。"在苗族史诗里，金银还成为神秘和英勇的化身，也是生命力的象征，成为苗族人民的亲密伙伴。可见，金银在苗族生活中扮演着重要角色。我们知道苗族人民一直颠沛流离，生活条件十分艰苦，又长期遭受历代封建王朝的镇压与迫害。但是，这样的现实条件并没有消磨掉苗族人民的意志，反而激起了他们不屈的斗志。他们不愿意被别人看不起，而是尽自己的能力来彰显民族的自豪感。银是贵金属，是财富的象征。一直以来，苗族人民佩戴银饰以多为美，以重显富。清嘉庆年间的《龙山县志》道："苗俗……其妇女项挂银圈数个，两耳并贯耳环，以多夸富。"清同治年间，徐家干在《苗疆见闻录》中记载："喜饰银器……其项圈之重，或竟多至百两。炫富争妍，自成风气。"这种现象既是一种夸富心理在起作用，又是民族自信心的一种体现。因此，苗族银饰的兴起是苗族自信心的折射和反映，也是苗族在漫长的发展过程中民族认同感和凝聚力形成的外在文化标志。

二、湘西苗族银饰的演化历程

随着时代的发展，银饰也相应地与时俱进。这种演变体现在形式和内容诸方面。材料上由过去的单纯白银到白铜、白铝等多种替代金属；制作加工上适应现代的审美演变，出现了丰富多彩的新样式，或在传统工艺基础上出现创新，增加新的花色品种，不同地区间的银饰风格互相融合；审美总体上说是越做越精致，越做越好看。

余未人先生通过对古籍的筛查和对苗族老人的访谈，认为明朝以前在苗族地区都没有银匠这一行当存在。余未人先生指出，明代史籍中开始出现关于苗族佩戴银饰的记录，郭子章在《黔记》中称"富者以金银珥耳，多者至五六如连环"。黄金因其价格昂贵，一般平民百姓难以拥有，而白银就成了苗族饰品的唯一原料。余先生的观点是令人信服的。

苗族银饰以其种类繁多、造型精美形成了一种独特的极具审美的银饰文化。从佩戴部位上大体可分为头饰、颈饰、胸背饰、腰饰、手饰、脚饰等六大类。其中，前三类是主体部分，后三类是辅助部分，在某种情况下，还可有可无。

如前所述，银饰出现了不同的时代性特征，总体发展趋势是由简至繁，由少至多。从分布区域上看，湘西不同的苗族地区又各有特色，体现出地区差异。花垣、保靖、古丈、泸溪一带的银饰简洁大方。以女性为例，颈饰多平面绞丝项圈，多索纽造型，古朴单纯，头饰上注重头帕的包法，一般较少银帽和银花。胸饰多针筒、围裙链子和挂扣，背饰很少。而凤凰、吉首一带的银饰，以女性为例，则要相对繁杂一些，除颈饰之外，还多头饰，有银帽、银冠。一般裹高帕，帕上插兵器银花，插花鸟装饰银花，花上配红、绿绒线花蕊，工艺上设弹簧处理，背饰多银链和银牌。每逢节庆，只见苗家妇女步移花摇，头顶银光闪闪，叮当不绝。

从文化交流角度看，苗族银饰图案的构成与演变既有外来汉族文化的因子，又有本民族文化的表现。比如，大量的吉祥图纹中，有龙凤呈祥、二龙抢宝、双凤朝阳、麒麟送子、凤穿牡丹、明八仙、暗八仙等，与汉族的同类题材并无两样。苗族本民族的一些图纹主要是花鸟动植物纹样的变形与夸张，或是以上各种不同类型的组合纹样，如牛龙、猪龙、花果蝴蝶、人鱼等。另外，苗族银饰中还有刀、枪、戟、锤等兵器的造型。从图案纹样的造型上可以看出汉族文化对苗族文化的深刻影响。

作为旅游产品，银饰的附加值显然提高了，其价格也呈上升趋势。对民间老百姓而言，他们需要一种物美价廉的替代物，所以白铜、白铝的出现和选择就很正常，尤其是集体需求的大批量产品，如节日庆典里的演员服饰不可能花费很多资金去做纯银的。湘西土家族苗族自治州在 2007 年举行建州 50 周年庆典演出时，苗家赶秋的节目有 800 个姑娘参与，她们的银帽和项圈都是白铝薄片做的，用剪刀就可以剪成形，不过也就用一次。白铜和白铝加工简单，有时候可以以假乱真，也受一般旅游工艺品小店的青睐。现在在湘西的很多旅游用品店里都可以买到这样的工艺品，那些在旅游景点里的服饰道具也属于这类产品。

一般说来，银饰作为女性的主要装饰品，在男人身上用得较少。除部分地区的男人戴项圈、戒指外，湘西苗族地区的男子很少佩戴银饰制品。过去富贵人家有怀表的，为了显示身份和地位，那怀表自然要配一根银链子。但这是绅士的作派，一般人不要那怀表的。普通人家里有钱的，晚辈为表示孝敬，就给老爷爷准备一根银烟嘴的长烟杆，银饰的东西在湘西男人身上大概只有这些。

在苗族银饰的演变中，近年来还出现了一种新品种，即浮雕银画。其采用银饰的加工手段将银片压模成 10～20 厘米大小的装饰画，镶嵌在比较高档的黑色画框里。这种银饰画，鲜见大作品，价格贵，一般人消费不起，携带也不方便。

第二节　湘西苗族银饰的制作原材料与流程

一、湘西苗族银饰的制作原材料

苗族银饰打造的手工工艺历史悠久，源远流长。据史料记载，早在商周时期就出现了银饰制造工艺品。秦汉以后，随着时代的不断发展，人们生活的必需品越来越多，作为装饰品的银器的需求量也越来越大。但是，由于时代和社会进步的局限性，在漫长的历史时期里，银饰工艺的制作和打造比较粗放，工艺水平没有达到很高的境界。唐代是中国历史上文化科学最为发达的时期，各种手工工艺已臻成熟，并达到了较高的水平。特别是在盛唐时期，银饰制作工艺在继承传统精华的基础上，又大量吸收并融合了西方银饰制作的先进技术，在器物品种、器型、色泽以及原材料的使用上，都达到了较高的水平，为这一特殊制造工艺的发展打下了坚实的基础。

苗族银饰工艺的打制是十分复杂的，其工作也十分艰巨。作为一名银饰工匠，不仅要具有良好的心态和品德，也要有娴熟高超的技术，这是制作和打造银饰的基础。银饰原材料选择的好坏，不仅对银饰制作的质量有影响，同时对银饰市场价值有重要的影响。因此，银饰原材料的选择最为关键。因为选择好原材料就可以打制出精美的银饰品，满足高端消费者的需求，为收藏者收藏精美银饰品提供保证。银饰制作的原材料有金质品、银质品、铜质品、铝质品、玉质品等，但以银质品最为盛行，也最为普遍。

（一）金质品

金质品打制的装饰品比较稀少，主要原因是金质品太贵重，材料来源短缺，造价十分昂贵。另外，金质品硬度很强，溶解度也十分高，一般工匠难以承担如此重负，故使用不十分普遍。苗族在普遍使用银饰装饰品的同时，也使用少量的金质装饰品，如金耳环、金戒指、金手镯、金簪、金项链等。这些金质品打造的装饰品，在苗族地区的使用极为稀少。

（二）银质品

银质品由于造价不高，原料来源充足，购买十分方便。另外，银质品的硬度和溶解度都比较低，打制时工程不太复杂，容易制作。在苗族地区，妇女的首饰都以银饰品为主，这基于以下几个方面的因素：一是历史的因素。在"三苗"时代，银饰已开始在苗族百姓中流行。初时，主要在头人和富有人家流行，他们把银质品打制成祭器，如银香炉、银匙、银佛手等，或打制成食器，如银杯、银碗、银筷子等。经过一段漫长的历史时期，银饰品从宫廷走向民间，从祭品和摆设装饰品慢慢演变成人的服饰上的装饰品。在宋、元、明时期，苗族的银饰品发展到了高潮，且不分男女，但与男人比较起来，妇女的银饰品要华丽复杂得多。银饰品品种也由原来的几种发展到现在的上百种，同时装饰品的形式各有不同。二是传统习惯的因素。苗族历史悠久，它和其他民族一样有着十分久远的历史和光辉灿烂的文化。苗民祖祖辈辈最喜爱银装饰品，一代又一代不断地传承发展下来，这已成了他们不可磨灭的传统习惯。在苗族居住地区，离开了银饰品生活就失去了光彩，银饰品不仅是其装饰文化的精华，也是整个苗族文化的高度集中，是永远不可替代和不可磨灭的文化凝固的文明。三是爱美崇美的因素。苗家是一个文明、爱美的民族。银饰品洁白无瑕，纯净漂亮，这正是苗族向往、追求和崇尚的。聪明智慧的苗族人民把银质品打制成各种各样奇丽无比的装饰品来装扮自己的如花容颜，美化自己的斑斓生活。从银饰品的形状式样来看，麒麟、牛羊、骏马、飞禽走兽、花鸟虫鱼等都是他们展示的对象，都是银饰打制的图案。实际上这就是苗族人民对自己的人生和生活高度美化和集中的展示。

（三）铜质品

铜质品比起银质品来价值要低得多。苗家在一开始使用饰品时，铜质饰品比较多，由于铜质饰品的造价不高，而且使用的寿命也不长久，故而不受苗族人民的喜爱和欢迎。随着历史不断发展、时代不断前进，人们对装饰品的要求越来越高，在饰品原料的选择上也更加精细慎重，价值较高而且做工精美的银饰品逐渐代替了铜饰品。因此，铜饰品在苗族的装饰品中逐渐减少。铜质饰品虽然从主导地位退了下来，但它还是没有完全消失，至今在苗族的装饰品中还有少量出现，如铜耳环、铜戒指、铜项圈、铜手镯等。不过，使用这类装饰品的人最主要的是儿童、男人和老年妇女，也有家庭比较贫寒的苗族妇女。

（四）铝质品

铝质品和金质、银质、铜质品比较起来，就要低廉得多。因此，在苗族的饰品中铝质品是很少有的。铝质和银质制作的装饰品完全不能相比，但也有极少数的黑银匠师傅为了赚钱，不讲信誉道德，以铝质品冒充银质品，骗取他人的钱财，使一些不辨真假的苗族妇女上当受骗。特别是进入 20 世纪以后，随着旅游事业突飞猛进的发展，银饰品的销售量大大增加，一些从事银饰制作的不法商人用铝质品冒充银质饰品，为纯净精美的银饰品制作工艺抹黑，同时扰乱了银饰品销售市场，这是值得我们高度注意和警惕的。

（五）玉质品

玉质装饰品在苗族饰品中同样占有一席之地，不过不多见，而是大量使用银饰品来装饰。其原因是玉质品的造价极高，原材料来源十分短缺，同时玉质品质地硬而脆，不易制作精湛细美的各种装饰品。更重要的原因是玉质品坚硬牢实，体积大时，佩戴起来不方便，特别是十分沉重而难以承受，不宜大量使用。但小件玉质装饰品在苗家妇女的装饰中也出现较多，如玉耳环、玉戒指、玉簪子、玉手镯、玉佩等。不过这些都是小件装饰品，大件的和有组合性的装饰品流传下来的很少。

二、湘西苗族银饰制作工艺流程

苗族银饰造型美观大方，内容丰富，多姿多彩，在民族的装饰首饰之林中精美绝伦，一枝独秀。这不仅因为银饰饰品价值昂贵，更重要的是其工艺流程极其复杂，锻造时间跨度长，且精细繁杂。其间只要一道工序失误或不达标，就会使全盘工作毁于一旦，造成不可估量的损失，由此可见其工艺流程的复杂性、艰巨性和重要性。苗族银饰锻造的工艺流程大致可分为三个阶段，即银饰成品的胚胎制作、银饰的半成品加工和打造、银饰成品的焊接与装饰。

（一）银饰成品的坯胎制作

银饰成品的坯胎制作是银饰品的第一道工序，也是银饰品锻制最重要的一道工序。它包括以下几个方面：

1. 原料选择

银饰品的原料选择是极其重要的。因为银本身的质量有好有坏，并不是只要是银就一律是好的。故而银匠师傅在打制银饰品之前，首先要对银进行认真的鉴别和筛选，选出质量上乘的银作为原料。这样才能在进行锻造和打制时不出偏差，为下一步工作做好充分的准备。选择银时，一是可用器物检验质量好坏、重量的轻重和硬度，使选出的银不出偏差。二是从银的色泽方面进行观察和选择。真正的银色泽光滑闪亮，只要用手拿着银对着太阳一照，其光芒闪烁耀眼，光亮四射，这种银即是纯银好银。三是从银的纯度进行选择。银的纯度高低必须通过检测器进行检测，如果没有检测器，可用土办法进行检测。银匠师傅一般用放大镜对着银照就可以看出银里面是否含有其他物质。纯银含杂质甚少或微乎其微。高质量的纯银是不含其他杂质的。如果含有其他杂质，那么银当然不属于纯银。

2. 银子的熔解和冶炼

制作银饰品的银材料选择好以后，银匠师傅就将银进行加工处理。其工序为将银放在火炉内进行烤熔，即把银放在铁盒里面，再将铁盒按顺序在火炉内放好，然后放上木炭。木炭要把铁盒盖满。准备就绪后，炉堂点火。炭火燃烧之后，银匠师傅立即拉动风箱，将炭火吹燃加温，不断地提高其温度，其间不能停顿，以免炉火降温。经过一小时左右，停止拉风箱，炉堂铁盒内的银已经化解熔成银液，这道工序即达到目的。在这道工序中，最重要的是掌握火候，同时要把握冶炼的时间，火候不到家，银就不能熔解。如果熔解的程度不够、冶炼的时间过长、熔解的程度过了头，熔解的银液就会老化而影响银饰品的打制成色。因此，银子冶炼的技艺十分重要，必须不偏不倚，恰到好处。

3. 银饰品的坯胎制作

坯胎制作是银饰品制作的最初阶段。银饰品坯胎制作的工序过程是，首先在银子熔化之前，必须选好盛装银液的器物，如铁槽、铁盒、铁板等。盛装银液的器物选好后，就可以放在火炉旁边的桌子上，将银子熔化后，银匠师傅用铁刷涮起银液铁盒，将银液倒在铁槽里，银液在铁槽内经过冷却后立即变成了长条形的银条，即成为银饰品制作的坯胎。银饰品制作的坯胎有银条、银块、银坨、银砖（长方形和正方形）等几种。

4. 银饰品坯胎的处理

银饰品坯胎制成以后必须经过认真处理和清洗。处理和清洗的方法：首先称好明矾的数量，多不行，少则达不到效果。明矾的数量选定后，将明矾放在铁锅里面熔解，成为绿蓝色的水液即可。待明矾冷却后，银匠师傅将银条或银块放在明矾水里浸泡，二十至三十分钟后，将浸泡的银条取出，再用清水洗刷，银条上的污垢即去除掉，呈现出白净透明的色彩。如果银条上仍呈现黑色污垢，就将银条放在明矾水里再次浸泡，直至将黑色污垢洗净。

（二）银饰半成品的加工和打造

银饰半成品的加工和打造是银饰品进入制作阶段的一道工序，也是银饰品成为成品的最重要的一道工序，它包括锻打、锤揲、压模、冲模、镌刻、鎏金、镂空、抽丝、炸珠等多道程序。

1. 锻打

锻打是打造银饰的首要程序。银饰的坯胎制成洗净后，银匠师傅就将银条在大型铁木砧上进行锻打。这道工序极其重要，需要耐心细致。一条直径两毫米或大致直径为一厘米的银条，要经过千百次反复锻打才能成为一块银片。在锻打的过程中，银匠师傅手握铁锤上下使劲，必须要掌握分寸。力量过轻，则花的时间长，且又难成银块或银片；力量使用过重，银块或银片就会被锻成废品，不能使用，故成一大损失。因此，对银条进行锻打时，力量使用必须十分均匀，过重过轻都不好。把银条锻打成银片或银块，其好坏会影响银饰品的制作，所以其锻打的技术成为关键因素。

2. 锤揲

锤揲是绝大多数器物成型前必须经过的工艺过程，又称锻造、打制，出土金银器皿中称"打作"。其方法是先锤后打银板片，使之逐渐伸展开，成片状。银板或银片打成后，再将片状薄银置于模具之中打成各种形状，也可用这种方法制作装饰花纹。一些形体简单的饰物可以一次直接锤制出来，如梅花、牡丹、蝴蝶、蝙蝠等轻型银饰品。而复杂的饰物必须先分别锤出各个部分，然后焊接在一起，如银帽、花冠、银凤冠等大型银饰品，都是首先锤打制成数十乃至百余件的小饰品，然后再焊接装置而成的。用锤揲法制造饰物要比锻造所用材料少，也不像铸造饰物时需要多人分工合作。这种方法常用于质地较软价值又较贵重的银器制作中。在苗族银饰或银器中，用银子制作的银碗、银盘、银碟、银杯、银壶等都是用锤揲技术制作而成的。

3. 压模

所谓"压模"，就是将要打制的银饰品放在先已制好的模具中，如飞禽走兽的模具、花鸟虫鱼的模具等。具体来说，如要打造一只凤凰鸟，就应首先将制好的银片放在凤凰模具里进行打压，即得到凤凰鸟的银饰品。又如，要打制一朵牡丹花的银饰品，就将银片放在牡丹花的模具中用电动机打压，即得牡丹花的银饰品。实际上，苗族银饰品中绝大多数样品都是通过压模而成的成品。可见，压模在银饰品的打造中所起的作用极其重要。压模有两种形式：一种为阳压，一种为阴压。所谓阳形压模，就是将银片通过先制好的凸形模具进行压制；所谓阴形压模，就是将银片通过先制好的凹形模具进行压制。除了以上所说的阳压和阴压之外，还有平压、竖压、倒压、夹压等多种方式，不过以阳压和阴压为最多。苗族银饰的模具多至数十种乃至几百种，绝大部分的苗族银饰品都是通过各种成形的模具打造出来的。因此，压模是苗族银饰制作最关键最重要的一道工序。

4. 冲模

冲模在银饰品的制作中也是不可缺少的工序之一。所谓冲模，是指银匠师傅在制作银饰品的过程中使用阴阳双层模具打制银饰品。做法是将制作好的模具分上下两层合盖好，然后将已熔解的银液分别倒进阴阳模具里，待银液冷却后，将阴阳模具打开，就可以得到应该打制的银饰品。冲模主要是制作小件银饰品使用的模具。因为小件银饰品多而复杂，制作起来工序流程太多太复杂，同时所花费的时间也特别多，所以多用冲模方式制作。更重要的是冲模制作小件银饰可以节约原料，防止和减少银饰品制作中造成的浪费。冲模可以节省时间和原料，加速银饰品的制作进程。通过冲模制作出来的银饰品还要再一次进行加工处理。因为银子原料通过熔解后，释放出一些污垢和杂质，制成的银饰品不够纯净透亮，必须把这些成品放在明矾水里进行浸泡和清洗，除去污垢和杂质，保持银饰品的纯净透亮，保证银饰品的质量。

5. 镌刻

银饰品制作完成后还要做一些补充、修理、加工的细微工作，例如，镌刻等。所谓镌刻，是指在银饰品打制为成品后，但还未成为最后的成品时的一道加工工序。如打制凤凰和彩龙的同时，凤凰的羽毛和龙身上面的鳞片就不可能呈现出来，这就需要银匠师傅进行进一步的加工处理。这是一项极其细微而又复杂的工序，必须要有耐心。加工时，银匠师傅用钻子在图上细心镌刻，把一片一片的羽毛镌刻出来，羽毛显得逼真而又漂亮。特别是打制龙和鱼的图案时，所要花的时间就特别多。因为龙和鱼的身上都披着密密的鳞片，银匠师傅就必须细心地把微小而又密又复杂的鳞片一片片地镌刻出来。这是一项复杂而又细微的工序，弄不好就会使银饰品成为废品，损失很大。可见，银匠师傅所从事的工作是多么的艰苦。银匠既是苗族银饰文化的制造者，也是苗族银饰文化的保护者和传承者。

6. 鎏金

鎏金是各装饰品制作不可缺少的一项极其重要的工艺程序。鎏金工艺流程技术在我国历史特别悠久。早在商周时期，我们的先祖就把这一技术应用在青铜器的装饰方面。盛唐时期，这种装饰品的技术大量地应用在银器装饰方面，当时称为"金涂""金花""镀金"或"金镀"。其方法是首先将成色优质的黄金捶搽成金叶，剪成细丝，放入坩埚中加热烧红，按照一两黄金加工七两水银的比例加入水银混合成金汞，俗称金泥。这是鎏金的第一步工序，也是关键的一道工序。金泥制作成功后，将金泥涂抹在所要鎏金的器物的表面，然后在火上烘烤器物，水银过热蒸发，金留存于器物表面，鎏金器遂成。由于鎏金是一个极其细微而又复杂的过程，不是一道工序就可以成功的，所以必须经过多道工序方可完成。若要加厚鎏金层，可按照以上方法反复地进行几次。鎏金工艺可分为通体鎏金和局部鎏金两种，一是刻好花纹后再鎏金，如苗族银饰品中的凤凰纹饰和金龙纹饰；二是鎏金后再刻花纹，如苗族银饰中的簪花、铃铛、吊串、花面、花束等。在以往苗族的多种银饰品中，多为局部鎏金，通体鎏金的很少。例如，苗族儿童的狗头和猫头花帽，前面上装饰着十八罗汉佛像，每个佛像都是通体鎏金。随着苗族人民生活水平的日益提高，需求和审美观念的改变，苗族银饰中越来越多的饰件都是通体鎏金的。再如，苗族银饰的接龙帽和花帽，上面各种各样银饰品都是通体鎏金的，看起来美观大方，使银饰品的制作更加趋于实用性和观赏性。

7. 镂空

镂空又叫作透雕，是银饰品制作工艺中不可缺少的一道工序。一般来说，苗族银饰品的小件物品只需要镂雕（即将银饰品中复杂的部分去掉）或穿孔即可，但银饰品中的大件物品必须要经过特殊的制作方法，才能达到其效果。例如，大件的接龙帽、银帽、银花帽、银项圈上面的花纹，银手镯上面的纹饰等，要凸显出其花纹图案，必须要通过镂空这一道工艺流程，才能完成其工艺程序。银饰品的大件制作更需要镂空，如银盒、银碗、银壶、银筒、银护腕等。这些银饰银器制作好后，上面有各种各样装饰的花纹，这些花纹与物件融为一体，必须通过银匠进行镂空工艺程序后，花纹图案才显现出来。因此，镂空在苗族银饰品的打造制作过程中，是极其重要而又不可或缺的一道工序。所谓镂空，就是在已经制作好了的银饰品中用钻子或镊子，将其多余的部分除掉，将其需要的部分用花纹或图案显示出来，同时可以将其残缺的花纹图案去掉，保持花纹图案的清晰与和谐。

8. 錾刻

在众多苗族银饰品的制作中，錾刻也是一道重要的工艺程序。所谓錾刻，就是银匠师在已经打造好的器物上进行加工处理，即在制作好的银饰品表面进行装饰处理。具体方法是用小锤在器物上轻轻地敲打，既要耐心细致，也要观察分析，将需要的部分留下，不需要的部分除掉。这是一项极其精致的工作。在苗族银饰品的打造和制作工艺流程中，錾刻一直作为细部加工最主要的工序而被使用。例如，在银饰打造或锻冶的过程中铸造器物的表面刻画，贴金包金器物的部分纹样也经常采用此种方法。由于錾刻工艺具有独特的装饰效果，其在现代金器和银器饰品中还仍然使用。

9. 抽丝

抽丝在银饰的制作中是一道复杂而细小的工艺程序。银饰的各种大小饰品都是单件独立存在的，而要把各种大小饰品器物装饰和连接在大件饰品器物上面，就必须依靠粗细不同的银丝来串联。例如，要制作一顶银花帽，花帽的饰件是由各种不同大小的器物饰件串联组合成的，像各种花纹、凤凰、龙、狮、虎、鱼、雀鸟、鸳鸯等图案的饰品或零件，必须首先用银丝把它们串联或焊接起来。因此，银丝在制作饰品特别是大件饰品中是极其重要的小零件。银丝有大、中、小三种类型：大的银丝直径在 1 毫米左右；中等银丝直径在 0.5 毫米左右；小的银丝直径在 0.1 毫米左右，这已是极细小的银丝了。银丝越小，工艺越复杂，制作过程越艰难。要抽一根极为细小的银丝，必须要进行数十次乃至上百次的工序，这是需要极大的耐心才能做到的，如果稍有偏差或稍不留意，银丝就会因断裂而成为废品。抽丝是将已制作好的银条投进抽线器（也叫银丝抽盘或钻盘）中，银匠师耐心而又细致地进行作业。抽丝盘是用铁制作而成的，分为大、中、小三种铁盘模具，模具上钻有很多眼孔。如要抽较粗的银丝就用大型抽盘，抽中粗的银丝就用中型抽盘，抽细小的银丝就用小型抽盘，这样一来，银匠师操作时就可省时省力，达到预期的效果。在银丝操作抽丝的过程中，有的将抽丝孔钻在一块铁板上，按照银丝粗细而分别钻有大、中、小三种眼孔，操作时都在一块抽丝铁板上进行。这种方法只有少数银匠师使用，大多数银匠师在抽丝时都是使用三种抽丝板进行操作的。这种分工制作的银丝当然要比单一的抽丝板保险精致些，质量也能得到保证。

10. 炸珠

在银饰品打造和锻冶的过程中，炸珠是一道重要的工艺程序。在很多银饰品或器物上，银匠师在进行装饰剪裁时，需要无数细小颗粒的银珠嵌在器物上。特别是大银饰品，如银帽、银披肩、银凤冠等饰物，上面除镶嵌有各种飞禽走兽、花鸟虫鱼图案外，还镶嵌有无数光闪闪的银珠。这些银珠镶嵌在银帽、银凤冠上面，摇曳抖动，闪闪烁烁，像无数水珠在闪光，灿若云霞，艳丽无比，起到陪衬和画龙点睛的作用。若离开或缺少了这些细小银珠，银凤冠就逊色多了，会显得单调浅薄，其观赏价值和实用价值就要低劣一些。银饰炸珠的制作方法是先将白银原料熔化，熔化好以后再把银液倒入盛有清水的瓷盆中，由于银液的温度要比水的温度高许多，银液遇冷后，立刻分解在水中，结成大小不等的颗粒状，即变成银珠。这一工艺程序我们把它称为炸珠或凝珠。银珠炸制成形以后，将银珠从水里携上来，如发现银珠上有黑色的污点或者银珠上粘有微量的污垢，必须将银珠放在明矾水里浸泡，待污点褪尽后，再将银珠取出来，得到白净闪亮的银白色珠子即可。苗族炸珠工艺由来已久，早在唐代时就开始盛行。开始时炸珠是用手工操作，即把白银熔化冷却后，放在先已制成的孔模具里锤打。用这种方法制作的炸珠成功率很低。通过实践，匠人们发现把银液倒在清水中，炸出来的银珠子又快又好，成功率很高。此后，炸珠工艺得以长久地一代代在苗寨中传承下来。

（三）银饰成品的剪裁与装饰

银饰品打制成后，各自都是以个体出现的，要想把这些单独的品件装饰成一套整体的银饰品，还必须经过剪裁和装饰这一道工艺程序，方能成为一件件成形的银饰品。这是一项耐心而又细致的工作。银饰品的剪裁与装饰要经过剪裁、焊接、衔接、修饰等几道工序。在实行和完成最后几道工序时，银匠师必须把银饰品件应构成的图案构思设计好。以银饰的接龙帽为例，构成接龙帽的银饰部件有大小几十种乃至百余种，这么多的部件各自装在什么位置，是有其严格规定的，安装部位错了，这件银饰品就成了废品，其损失是十分严重的。接龙帽在帽上装饰有多条龙形纹，它以龙形纹图案为主体，其他配以凤凰、鸳鸯、蝙蝠等部件，以及花鸟虫鱼各种纹样部件，大大小小百余种。可见构建组成一顶接龙帽，其工艺程序有多复杂。

1. 剪裁

剪裁又叫剪辑，也是银饰品中很重要的一道工序。大件银饰品都是通过多种小饰品组件组装而成的。各种单件银饰品的打造和制作称为毛坯品或次成品。

例如，制作一件凤凰纹样图或龙形纹样图，毛坯出来以后，它是融入在一块银片板上面的。如要得到其纹样图，银匠师就必须对这些毛坯品件进行耐心细致的剪裁，把与纹样图案无关而又多余的部分剪裁掉，留下需要的纹样图案。因此，很多小型银饰品件都是通过银匠师巧手的剪裁而成形的。这类需要剪裁的银饰品件特别多，如花、草、虫、虾、蜜蜂、苍蝇、蚊子、鸟雀等都是要通过认真修剪后而定形的。这说明了剪裁是极其重要的。

2. 焊接

在苗族银饰的制作中，焊接也是一道重要的工序。因为各种大小银饰部件制作成功后，在打造制作大件银饰品时，就要把大大小小需要装饰的部件焊接在器物的表面。例如，苗族银凤冠的制作就是把百十余种纹样饰件图形按事先规划好的焊接上去，即成一顶由多种品件组成的银帽。可见，所谓焊接就是按照银匠师首先设计好的图案，然后按照设计的图案进行规划，把器物的部件以及纹样同体连接成整体。具体方法是，通过加热使焊药熔化，把被焊部件与主体器物粘结牢固。银帽、银花帽、接龙帽、银凤冠这些大件银饰品，组装时十分复杂，组装的小部件数量特别多，少则数十件，多则一两百余件，要把这么多大大小小的部件焊接上去，其工作的复杂程度和工作量是很繁重的。银饰部件的焊接不能使用高温度的电焊，这样会把焊接的部件烧熔化成灰粉。因此，银饰部件的焊接只能使用一种药物配方才不至于损坏部件。这种药物叫作焊药，焊药的配方和组成，其主要成分一般与被焊的相同，再加少量硼砂混合而成，也有用银与铜为主合成的焊药。焊接使用的加热器是装有煤油的锅壶，煤油火点燃后，银匠师用一根专门制作的铁管，用嘴含着铁管不停地吹，被焊接的部件溶化后就和整个器物连成一体了。

3. 铆接

在银饰部件的制作中，一些小件或大件物品需要通过焊接这道工艺来完成装饰，但也有一些部件是无法用焊接的方法装上去的，如器把、提梁等部件就无法焊接上去，必须用另一种方法把它连接到器物上，这就需要使用铆接方法。铆接法就是把接件和主体件凿出小孔，然后用穿钉把它钉牢。铆接法在银饰的制作过程中是经常使用的一道重要工艺工序。例如，苗族银饰的大件饰品银帽、银凤冠、银披肩、银佩等，这些大件银饰品均由无数小部件组合而成。小部件之间的联结和串联，一是通过焊接的方法完成，二是通过铆接的方法完成。需要通过铆接工艺程序来完成的银饰品主要有器把、提梁、银佩的串结、银帽各小件联合穿附等。因此，铆接也是苗族银饰品制作中不可缺少的工艺程序。

4. 镶嵌

苗族银饰品打造和制作的工艺程序不仅方法种类繁多，而且工艺程序极其细致，分工十分明显，各种工艺程序之间相互影响而又各有独自的操作程序。镶嵌是一道过渡性的工艺程序。大件银饰品如接龙帽、银花帽、银凤冠是由上百个小部件组合而成的，在组装时，银匠师早已有一个通盘计划。银匠师按照设计好的构图图样，使用镶嵌这一工序，把需要装饰的部件，一件一件地镶嵌到规定的部位。镶嵌好后，再进行焊接或铆接，制成一顶完整的银帽。一般来说，镶嵌在银帽上的物件都是起重点装饰的作用。它所使用的材料主要有玉、翡翠、绿松石、玛瑙、琥珀、水晶、珍珠、象牙等，这些用于镶嵌的材料在苗族银饰中也经常使用。不过因其价格昂贵，主要在富贵人家的银饰品中使用，而一般的银饰品中极少使用。

苗族银饰品制作除了镶嵌等工艺程序外，还有点翠、珐琅等工艺。所谓点翠就是将彩色鸟羽（一般为蓝、绿两色）填入银饰框成的图案。点翠银饰往往是镀金的，这样的银饰非常精致、漂亮。随着时代不断发展，苗族人民的生活水平大幅度提高，人们对银饰品的需求量大大增加，同时银饰品的装饰制作推陈出新，镶嵌和点翠的银饰品不断涌现，给苗族银饰品市场增加了一道亮丽的风景。

5.修饰

修饰是苗族银饰制作中的最后一道工序。其方法是把已经制作好的各种银饰品，通过人工加工处理，使银饰品保持洁净。因为各种银饰品的制作都要经过大大小小的多道工序，所以银饰品中会或多或少地沾染上一些尘土和污垢，必须清除洗涤掉。同时，银匠师通过仔细观察，将银饰品中多余的部分修理掉，以保证其完整性和纯洁性，增强其观赏价值和市场价值。

第三节　湘西苗族银饰工艺特征与审美

一、湘西苗族银饰工艺特征

作为传统手工艺品，苗族银饰的制作全部靠手工操作，在湘西几乎都在家庭手工作坊里完成。

从加工材料看，传统的银饰加工材料是白银。20世纪80年代以前，白银属于国家调拨物资，其供应数量有限。20世纪80年代以后，白银敞开供应，除了白银以外，白铜、白铁、铝等材料也被普遍选用。如果是银条或银锭，加工的时候依靠高温进行材料分解。铝等其他材料一般不用分解，可直接加工。主要加工设备有小火炉、小铁锅、铁砧、铁锤等，锻制时一般烧木炭。加工工具有各种钻子、錾子、凿子、钳子、镊子等，还有各种模子。模子主要用于产品的浇铸和压模成型，大体积的银片、浮雕图案等用得较多，平面的银花、银扣、胸链、针筒和戒指、耳环等一般不用或少用。大型的银饰制品如项圈、手镯，一般靠打制，主要工具是锤子。造型比较复杂的银饰如八仙人物、龙凤图案、儿童帽子上的菩萨等主要靠模子浇铸，然后打磨上光。

二、湘西苗族银饰审美特征

从审美特点上看，苗族银饰体现出三个方面的艺术属性和审美特色——以大为美，以重为美，以多为美。

凡是盛大节日必有群众的盛装银饰相伴。在苗族人们的心目中，银属于家庭的主要财产，一套盛装，全套银饰有的多达几千克，往往要花费上千元甚至上万元。在姊妹节来临的时候，全套盛装的苗族姑娘在芦笙堂里，戴着银饰展示自己的美丽。芦笙堂的首次亮相也是成年的象征，宣告姑娘从此进入一个新的人生阶段。银饰在这里既代表着一种资格，又代表着一种符号。我国其他的少数民族地区，银饰也往往是每个家庭必备的装饰物，也是家庭的保值物品，其他财务如果烧毁则什么都不会留下，而银饰在烧熔后还可以再次使用。家里的银饰越多，分量越重，就表明该户人家的经济状况越好，所以银饰也往往成为民间斗富比阔的重要物品。银因其产量丰富，色泽好，易于加工，在民间被广范采用，成为大众化的最佳选择，这也使银饰的制作技艺达到了相当高的水平。在民间传说中银有试毒、防毒功能，所以有银制的餐具和茶具。苗族笃信银器能驱邪逐魔，民间还传说银可以避邪除妖，所以银成为一种广受各民族欢迎的饰品材料。例如，云南纳西族的七星披肩，除了刺绣图案外，常用银制的北斗七星装饰；云南基诺族妇女胸前的围兜上饰有银币、银钮、银牌；景颇族和藏族的服饰里也有大量的银饰，形状各异，成为服饰的核心所在。

正因为以大为美，苗族人民在盛大节日时，有的穿上重达几十斤的银饰，烘托出隆重的节日气氛。银衣以直径十余厘米的两片半圆形银片在背部合为中心，周边三四圈银衣片，呈放射状排列，显示出大气繁复的审美特色。由于银饰使用的普遍性及广泛性，再经由漫长的历史发展，银饰制作形成了一门独特的民间手工技艺。

银饰的特点体现在工艺精细、纹样丰富、造型独特、功能复杂等各个方面，与民间工艺、民俗生活、节日庆典互相交融，形成独具特色的银饰文化。

总之，苗族银饰可以说是苗族民族文化的综合载体。一方面作为物质财富，它象征着家庭的富有；另一方面，作为精神财富的象征，它更具有耐人寻味的文化含义。苗族银饰作为民族的标志，它起着维系苗族某个社区及其某些具体分支群体的重要作用。中国的苗族主要分布于云南、贵州、海南和湖南西部等地区。在同一民族同一支系中，人们往往佩戴同样的银饰，银饰成为族群的识别符号。银饰作为崇拜物，它把同一祖先的子孙紧紧地凝聚在一起；作为婚姻标志，它给人们的婚恋生活带来良好的秩序；作为巫术器物，它从心理上给人们提供生活的安全感和依赖感。因此，苗族银饰已不是单纯的装饰品，而是根植于苗族社会生活的文化载体。

第四节　湘西苗族银饰的重要价值

一、湘西苗族银饰的历史价值

苗族银饰的变化直接反映了苗族社会的发展变迁。目前，苗族所见到的最早涉及金银的口碑资料是《苗族古歌》中记载的关于苗族先民运金运银、造柱撑天、铸日造月的传说。1957 年，河南信阳长台关战国楚墓发现 5 件错铁带钩、2 个圆柱形、3 个扁条形，满身镶嵌金银三角云纹和斜条卷云纹。这些证明最迟在战国时期"苗族的楚国"就开始使用银饰物。《新唐书·南蛮传》记载，贞观三年（629），苗族首领谢元琛入朝进贡的装束是"以金银络额"。明代郭子章《黔记》中的"富者以金银耳珥，多者至五六如连环"是史籍中正式出现苗族佩戴银饰的记载。"清道光年间，湘西苗族妇女……项戴银圈，手戴银镯，耳贯银环三四圈不等……头饰则以网巾约发，贯以银簪四五支。"说明苗族银饰最晚在唐代已经出现，明清两代逐步普及。这与我们在山江进行银饰调查的结果一致。据山江黄毛坪村二组银匠、湘西州级苗族银饰传承人麻茂廷介绍，大约在清朝后期，麻茂廷高祖麻善友师学习苗族银饰制作技艺。后来，此技艺传至其祖父麻喜树、父亲麻清文。麻茂廷 11 岁跟随父亲麻清文学习银饰制作工艺至今。可见，山江苗族银饰加工技艺及佩戴银饰至少也有 200 年左右的历史。中华人民共和国成立前，国民党西南大逃亡时，大量银元流散民间。当时山江赶集，人们不是把少数银元收在内衣荷包里，而是用裰襟和背笼，几十块、上百块地带到市场上进行交易。富户嫁女创造了"三十斤银子一个新娘"的纪录，一般农家女也能头戴一顶凤冠，颈套三个项圈。20 世纪 50 年代初期，是落实党的民族政策的黄金时代，从普通的翻身妇女到参加革命工作的妇女干部，都乐意穿花衣、戴银器，把自己打扮得像美丽的仙女。20 世纪 70 年代，"割资本主义尾巴"使山江银饰作坊处于"地下工厂"状态。改革开放后，1984 年至 1985 年期间，山江银饰制作开始回温，但 1985 年至 1995 年又处于萧条期，主要是苗族对自我的认同感不足和青年人追求时尚逐渐被汉化的结果，银饰制品无人问津。随着苗族民间传统节日不断恢复，特别是在民族文化旅游大潮冲击下，2005 年山江旅游收入突破了两百万元的大关，人们对银饰的需求大大增加。山江镇所在地黄毛坪村就有 10 多家银饰作坊，赶场时，拥有 100 多个银饰销售摊点，接待了成千上万的客人。银饰生产和销售已经成为山江的一个经济亮点。苗族银饰的盛衰变化直接反映了苗区的社会变迁及苗族人民的生存状况，折射出中国社会的变迁。

苗族银饰的造型、图案荷载了苗族的历史变迁。苗族是一个只有独立语言、没有独立文字的民族。苗族的起源、迁徙和发展的轨迹，没有文字作全面的记录，主要从歌谣传说、工艺美术和有关史料反映出来。其中，苗族服饰最为重要，被称为"穿在身上的史书"，是一份没有文字的历史文献。作为苗族服饰组成部分之一的银饰，荷载了苗族的历史和发展。苗族银饰种类繁多，造型独特。单就山江苗族银饰来看，从佩戴部位上大体可分为头饰、耳饰、颈饰、肩饰、背饰、胸饰、腰饰、肚饰、手饰和脚饰十大类。成人类头饰有银盆花、凤冠、搜三、桐子花三枝，银梳、银簪、银耙、银莲蓬等；儿童类头饰有双龙抢宝、单狮踩莲、福禄寿喜、八仙赐福、罗汉避邪、银扮吊链等。耳饰包括青年人的瓜子耳环、石榴耳环、龙虾耳环；老年人的吊须大龙头、绞丝耳环、茄子耳环、韭菜边、菱形环、圆环耳环等。颈饰有空心花纹项圈、实心绞丝项圈（1～3根套）、挫花板式项圈（3根套、5根套、7根套）、特定保命项圈。肩饰有纯银披肩、绣花披肩。胸饰分为银围兜、镶银围兜和悬挂银链三类。镶银围兜上镶嵌着银棋盘、银花扣、银花朵、银寿字、银蝴蝶等；悬挂类有大花胸链、小花胸链（半边型、双狮型、单狮型、羊奶型）、大针筒、小针筒、半月吊等。银腰带有的是两个银蝴蝶连接着五根银链子，有的是大花腰带上镶银花。手镯有纹丝镯、麻花镯、空心镯、龙头镯。戒指有连环戒指、印章戒、镶珠戒、锉花戒等。苗族银饰的造型、图案沉淀了苗族社会的重大历史事件、苗族的迁徙历史以及重大的历史变革。

苗族银饰记录了苗族历史上的重大事件。例如，在凤凰山江流行的银凤冠，将龙、凤、鱼、虾、蝴蝶、桐子花、草、吊铃等各种造型图案集为一体，可谓是花团簇锦，富丽堂皇。山江流行的凤冠实际上是苗族历史上建立的三苗国和"苗的楚国"时期，苗族妇女在宫中戴过凤冠龙帽等金银首饰的印证。楚国灭亡时，宫廷中熊氏一支苗民逃进武陵山脉，带走了华丽的银饰，这就是山江果雄戴凤冠的真正原因。当然，现在的"凤冠"的式样不可能是楚国时期的原样，其有了很大的改进和发展。与凤冠配套使用的是"搜三"，由"官刀""长矛"和"花棍"共同组成，是苗族人民纪念勇武善战的英雄祖先蚩尤的物化形式。苗族银饰遗存了苗族曾经强大而富足的历史。

有歌云"鸟儿无树桩，苗家无地方""桃树开花，苗族搬家"，其形象地说明了苗族被迫迁徙的历史状况。在湖南凤凰山江和腊尔山苗族地区很少有种荷采莲的农活，也没有养马驯狮的场所，但是荷叶衬花、骏马雄狮和凤冠银盆是山江和腊尔山地区苗族姑娘最钟爱的银牌头饰。这种装扮由祖辈相传，把历史的农耕喜悦、古代的建国功绩、不断的迁徙历程都融进了自己的心灵和银饰中。山江及湘黔边界的苗族银饰中，独有三枝桐子花戴在盛装姑娘的头上，反映了祖先开发湘西和黔东、种桐榨油、丰衣足食的生活历程。苗族银饰记录了苗族社会发展的轨迹。苗族银饰中的花果图案和牲畜纹饰记录了苗族作为农耕民族、水乡儿女的生活。在凤凰山江苗族家庭博物馆展室里陈列了各种各样的银扮童帽。童帽上装饰着银制的双龙抢宝、单狮踩莲、福禄寿喜、八仙赐福、罗汉避邪、银扮吊链等。"翻身做主""国家主""抗美援朝""热爱和平""互助合作""祖国花朵""自力更生""勤俭节约""人民公社""幸福生活"等银字帽徽和银扮等，记录了苗族人民解放新生、当家作主以及社会重大变革的种种历程，浓缩了苗族人民从蛮荒走来，向辉煌走去的奋斗史、发展史。苗族银饰以其民间活态的存在形式，弥补了官方历史之类正史典籍的不足、遗漏或讳饰，有助于人们更真实、更全面、更接近本原地去认识苗族已逝去的历史。

二、湘西苗族银饰的文化价值

（一）苗族银饰反映了苗族的宗教观念

苗族银饰中出现最多的造型有蝴蝶、龙、凤、狗等图案。蝴蝶图案在苗族银装饰的每一个佩戴部位都有出现，小的佩戴饰物有蝴蝶鞋扣，银腰带上有蝴蝶扣绊，大花胸链上有蝴蝶银花，镶银围兜上镶嵌的银蝴蝶，银披肩、银凤冠上到处都是彩蝶飞舞，极富灵动之美。苗族为何如此钟爱蝴蝶？这与苗族的宗教信仰有关。苗族是一个多支系、多成分融合而成的民族，原始崇拜较多，遗留在银饰中的符号也较多。苗族古歌《枫树歌》中说蝴蝶妈妈从枫树心里出来后，与水泡交配产下12个蛋，从12个蛋里孵化出姜央兄妹和雷、龙、虎、蛇、象，以及凶神恶鬼等，蝴蝶妈妈是人、神、兽的共同祖先。其中，黄蛋生姜央，姜央是龙蝶的后代，是苗族和人类的先祖。苗族对祖先的崇拜真实生动地展现在苗族银饰中。再如，独特的牛角头饰和古老的龙、凤、狗图案，是苗族牛图腾、鸟图腾及犬图腾崇拜的具体体现。凤凰苗族保留了古代的苗姓，苗姓以鸟为代表，所以鸟图腾崇拜的对象不少，如龙姓崇拜喜鹊、吴姓崇拜乌鸦等。大量变体的神像、佛像、八仙、罗汉、神符则是楚地民族和湘西苗族特有的楚巫文化、苗巫文化的象征，打上了深深的地域文化的烙印。苗民最先发明巫教，崇拜万物，祭祀多神。凤凰苗族银饰中古老神秘的饕餮纹和多姿多彩的蝴蝶形纹蕴含着苗族崇拜祖先、祭祀族祖蚩尤和分支先祖蝴蝶妈妈的深情。苗族特别钟爱龙，节假喜庆都要玩狮舞龙，与龙同欢共乐，祈福求瑞。但是，他们决不把龙视为皇权的象征，没有不可侵犯之尊。各种绣品，可以随意用三爪龙、四爪龙和五爪龙。如果龙有不轨，或发雨兴风作浪，或扣雨释放旱魔，苗族就按先礼后兵的处世原则，先到水井或河边"谢机"（祭龙）求雨。不达目的时，则请法师"奴绒"（捉龙）问罪。风调雨顺后，放龙归位，和平共处。苗族老人谢世，要请法师到水井取龙水陪葬，安葬在龙脉的恰当位置上。挖坑称"挖井"，下葬称"下井"。苗族深信死者灵魂将随龙水通往龙宫，或永远安息，或投胎再生。苗族喜欢龙，特别喜欢龙的原始形象，无论是蚯蚓还是蛇蝎，无论是鱼类还是虫蝶，只要在关键时刻或关键地方，都可以赋予龙的真身、龙的灵性。银饰中的龙头耳环、龙头手镯、二龙戏珠、二龙抢宝等各种龙的形象都显现在苗族银饰中。

山江苗族"接龙帽"既是苗族执行宗教仪式的不可或缺的道具，又是苗族文化的大观园，"接龙帽"可谓集苗族银饰工艺之大观，全帽为纯银制品，重5斤。帽口直径6寸，由银皮衬银丝焊接而成。帽高1尺2寸，分四层，每层结构各异。顶层为可动花球，由9朵银花、18束彩线花蕊和3把银刀插配成，可自由旋转。次层为不动花环，由9朵银花，18朵花蕊合成。中层为帽体，帽前分4层装饰。自上而下，牛头两边是蝶恋花，双马奔腾中间有一面照妖镜，然后是九星齐辉、双龙戏珠；帽后装饰也分4层，自上而下是3个神像、3个元宝、两鸟对花、双凤朝阳。帽体两边各有三块并排的花牌。左牌外沿到右牌外沿距离1尺5寸。6块牌上钻刻着蝴蝶采花、喜鹊闹梅、狮对八卦、凤戏牡丹等图案。下层为花串，帽前两边各2串、帽后5串，共9串。每串长2尺5寸，分9层用银链穿3个蝴蝶、8种花果，配8个吊针。9串共27只蝴蝶、72件花果、72个吊铃、252根吊针。

"接龙帽"是有接龙习俗的湘西苗族独有的配饰。"接龙"，苗语谓之"然戎"，即邀请龙，也叫"希戎"即敬龙，是湘西苗族三大祭典之一。品行端正、人才端庄俊美的"奶嘎搭"（龙女）与数十位年轻貌美的"侍女"组成接龙队伍。"龙女"头戴接龙帽，左手撑着花伞，右手环抱银壶，缓步紧跟苗祭师。接龙队的姑娘们，头顶龙凤呈祥的凤冠，身穿五颜六色的花衣和百鸟朝凤的百褶裙，耳戴金龙环，颈挂银项圈、银链，右手撑着花伞，左手拿着洁白的毛巾，按苗祭师的铜铃声和锣鼓点子，有节奏地前后左右摇动，跳起接龙舞。以女色献媚龙神，以期得到龙神的护佑。"接龙"突出了"人龙一家""人龙合一"的理念。苗族银饰接龙帽特制的三对银牌以及"三"字倍数的频繁出现，明显透露出苗族"一分为三、三生万物"的哲学观，显示了苗族文化的成熟性。

（二）苗族银饰是苗族节庆文化的精魂

苗族服饰分为便装和盛装两种。便装为苗族女性家居和劳动所穿；盛装为苗族女性在特殊日子如婚礼及苗族重大节日中所穿，而苗族银饰是苗族盛装中的精华。苗族高度发展了人类的节日习俗，一年中有相当多的节日聚会活动。例如，川黔滇地区的"赶苗场""花山节""四月八"，湘西地区的"招龙""三月三""四月八""六月六""赶秋节"，黔东地区的"苗年""鼓社节""吃新节""姊妹饭节""龙船节""芦笙节""爬山节"等，不胜枚举。苗族通过节日来祭祀祖先、祈祷或欢庆丰收、纪念重要的历史事件和英雄人物。节日更是苗族姑娘争芳斗艳、展示智慧与财富的大好时机，是苗族青年男女社交、择偶、缔结姻缘的大好机会。苗族的节日如果没有苗族女性的盛装就没有了节日的灵魂，苗族男女在参加节日歌舞盛会时，一定会把最美丽、最豪华的服饰展示给众人，其中富丽精美的银饰是整个节日的精魂。银光闪耀，银铃叮当，载歌载舞，热闹隆重，欢快浪漫，充满诗性，苗族的这种浪漫特性自古有之。苗族古歌《涉水爬山》记录了苗族人民虽在不断地跨江跨湖、涉水爬山，不断迁徙，但一旦五谷丰登、六畜兴旺、生活安定，他们就"要祭苦难的祖宗，要行欢乐的鼓会；要使祖宗看到高高兴兴，要使儿孙看到欢欢喜喜"。于是，"女的穿罗穿裙，男的穿绸穿缎；大大的银珈银圈满胸满颈，大大的耳环吊起碰面碰肩；大大的银镯银戒指戴满左手右手，大大的头巾围了一圈又一圈"。苗族人民在劳动生产和宗教仪式中用歌舞把自己迷失在这些对象里，获得了很强的美感。苗族服饰是与苗族节日、仪式、舞蹈等融为一体的，苗族的盛装可以说是专为节日聚会而设计的。苗族服饰艺术的精华集中体现在银饰上。台江县施洞的苗族特别重视银饰。

据不完全统计，全套的银饰有五十多件，共三四百两重。其中，头饰十八种，造型和纹饰都很讲究。颈胸部银饰十三种，其中有八种是项链。手部银饰中十四种是手圈。衣饰有几十个银响铃和许多银雕片。这样从头到脚，全身"银错银甲"，不愧为"银裹玉女""白色仙子"。湘西苗族接龙时，主持人戴着大银帽，披着银披肩，穿着镶银衣，共重三四十斤，活像一尊"银菩萨"、一条"活白龙"。银饰成为人们欢乐的象征，表达了苗家人对幸福吉祥的渴望和对光明的祝福。

（三）苗族银饰体现了苗族的生存智慧

20世纪90年代，当采集的苗族服饰样本出现在台北国立美术馆展厅时，受到了来自台湾各界的称颂。主持该项展览的罗麦瑞女士用"欢乐民族"来形容苗族的特性。中国苗族绝大多数集中分布于云贵高原及其边缘地带，属于山地民族。贵州东部、东南部和南部以及广西北部地区属于云贵高原的边缘地带，地势西北高东南低，海拔由千余米逐渐降至400米左右，清江水、都柳江、盘江等河流流经其境。这里四季分明，降水充足，物产丰富，景观秀美，是黔东地区苗族的家园。与这个区域的地理条件接近的是湘西、湘西南、鄂西南、黔东南、黔西北等苗族地区。湘西重要的河流有沅水、澧水、资水等。气候温暖湿润，植被茂密，林木资源丰富。苗族以山地耕猎和山林刀耕火种为传统生计，同时有一定数量的人口从事山地耕牧或丘陵稻作生计，商品经济不发达。并且，苗族在几千年的历史进程中先后经历了五次大的迁徙，"苗族的全部历史，就是不断被压迫被驱赶，不断改变生活环境，不断适应新的环境的历史"。特殊的历史、落后的生产方式决定了这个民族的命运与自然休戚相关。大自然是他们赖以生存的物质基础，为他们提供了取之不尽、用之不竭的资源。大自然不仅是他们的物质家园，也是他们的精神家园。他们对大自然的馈赠满怀"感恩"，满怀关爱，因而他们在处理人与自然、人与人、人与社会的关系以及人自身的灵与肉的关系中，形成了一套特有的思想观念、行为方式和处理方法，形成了特有的生存状态，保持着一种生态的平衡性。这种生态平衡观蕴藏在苗族服饰中，并使苗族服饰独具特色。苗族银饰的造型主要来源于苗族的现实生活、历史传说、远古神话、图腾崇拜以及大自然的秀丽山川和花草鸟兽。苗族银饰中到处可见伏羲、女娲、蚩尤、盘瓠、仰阿莎、蝴蝶妈妈、龙公龙母等神话传说中的故事人物形象及苗族祖先的身影和遗物。牛、龙、象、虎、狮、鹿、狗、兔、鼠、鸡、凤、鱼、蝙蝠、蝴蝶、蜜蜂、虾等动物造型奇特而夸张；牡丹花、石榴花、梅花、桃花、荷花、茶花、菊花等植物造型独具韵味和魅力。苗族银饰作为苗族服饰的重要组成部分蕴含了苗族人民崇尚自然和谐、达观浪漫的审美意识。

苗族的生存智慧，借用荷尔德林的诗句就是"诗意地栖居"。所谓"诗意地栖居"就是"审美地生存"。特定的生活环境及与自然和谐共生的生态观养成了他们乐天知命、安然豁达、自由达观的人生态度。苗族人很少屈服于男尊女卑的束缚和包办买卖婚姻制度的限制，一般通过对唱苗歌、互赠信物、自由恋爱而结成连理。湘西苗族"赶边边场"，互相对歌、认识、考验、赠物、定情。"姑娘送我织龙带，花带送哥情在怀。带捆我俩做一双，捆你和我做一块。""花带叠像高粱叶，缠绕细腰重叠叠；不愿借哥说没带，不肯却道未带得。""哥要借物妹就把，借你银戒拿回家。留哥一样做信物，莫嫌物贱质又差。"男女谈婚论嫁无论有无媒人撮合，都要互送戒指作为纪念。按凤凰山江习俗，男女双方定亲时，男方需送女方一顶凤冠、一副手镯、两根项圈、一根胸链、一副耳环五件套定情物。钱荫榆赞叹："苗族人民活得酣畅，活得彻底，活得真挚。这充满激情和生机的艺术节奏，将撕裂一切矫饰和虚伪，将纯真带给未来。"苗族人民的浪漫特性、积极乐观的人生态度和生存观念在苗族银饰中得以充分体现。苗族的生存智慧对改善当下人类的生存状态可以提供某些启示和参照，具有实践意义。

苗族银饰是苗族文化的生动表现和象征，忠实地记录了苗族文化发展的进程，蕴含苗族传统文化的精髓，原生态地反映了苗族的文化身份和特色，散发着苗族的思维方式、审美方式、发展方式的神韵，体现出苗族独具特色的历史文化发展踪迹，展现出鲜明的文化价值。

三、湘西苗族银饰的艺术价值

苗族银饰审美意蕴醇厚，具有艺术价值。苗族银饰艺术作为一种文化的物化形式，自始至终反映了苗族人民的审美情趣、审美观念、审美理想、审美意识。苗族银饰既是一种社会物质生产活动的产品，也是苗族精神生产活动智慧的结晶，它的审美意识与苗族的社会背景文化观念长期保留了一种交融互渗、浑然一体、不可分割的关系。苗族人民以其精湛的工艺和独到的审美眼光，在银饰中浓缩了自然界一切有形的物象和苗族人民对美好生活的憧憬，体现了一个古老民族沉重的历史和深厚的文化积淀。可以说，苗族银饰是苗族审美观念的直接物化，将自然美、怪诞美、灵动美、和谐美、繁富美生动地融合在苗族银饰中，体现了苗族银饰丰富醇厚的审美意蕴，具有极其重大的艺术审美价值。

苗族银饰的艺术价值主要体现在两个方面：一是苗族银饰的外在美；二是苗族银饰的内在美。

苗族银饰的外在美表现在苗族银饰的造型和构图上。从苗族银饰的构图和造型上看，它们大多以再现自然物为主，画面丰富多彩且富于变化。其造型抓住了形象的主要特征，在写实的基础上夸张、变形，同时借助粗细不一、长短不齐的线条，大小不等的面，似是而非的形，使之既富于变化而又和谐地组合在银饰图案之中。其艺术审美有极强的生命力，展现出苗族银饰图案独特的艺术魅力和美学价值。通过认真分析山江苗族银饰各种代表作品的图样，发现有两个明显的特点：或朴实好本，或极度夸张。这反映了苗族审美视觉和造型方法的独特性。它追求对事物的完整表现，不局限于视觉定点及物象构造的科学性，而是以对事物的全部感受与意念来表现客观对象，是将现实主义与浪漫主义相结合，以浪漫夸张为主，以大量的抽象符号和夸张变形为特点。这种总的文化造型导向，充分反映了苗族的各种文化内涵。

在装饰手法上，苗族银饰图案最突出的一个特点就是幻像与真像交织、抽象与具象手法并用。它常常是将现实的世界打散，将具体的对象肢解后重新构成新的艺术形象和审美空间，表现出一种我们只有在现代艺术中才可能见到的抽象构造意识，如苗族银饰上的对鱼纹，纹样像汉族的太极，含义却有所区别。鱼因多子在苗族艺术造型中往往是一种生殖观念的表达，对鱼纹实际上是一种生殖符号。而用芒纹将鱼纹团围其中，把对鱼纹置于如日月的核心地位，这就加倍赋予了对鱼纹特殊的价值。一个简单的纹样不仅具有特定的符号意义，更具有被人们顶礼膜拜的偶像意义，体现了现代艺术的审美追求。

苗族银饰图案结构严密、有序，大小、疏密、粗细、动静对比恰当，点、线、面构成元素处理得体，纹样视觉效果既简单又丰富，体现了装饰与艺术共融的统一性，表现出本民族独特的审美情趣，显示了苗族原始古朴的崇尚意识，也反映出渗透和交融其他民族和近代艺术的多姿多彩的和谐美，它是苗族历史、文化、艺术、信仰的再现。

苗族银饰的内在美表现为苗族银饰蕴含了苗族独特丰厚的文化内涵，即通过苗族人民的审美情趣、审美观念、审美理想所表达出的对美好生活无限的追求和向往。苗族银饰图纹的美学价值主要从记录苗族的历史、文化习俗，反映融会在宗教信仰中的哲学思想和具有超时空的恒定性的艺术魅力上得到体现。银饰的动植物图纹反映了苗族的文化习俗；图腾图纹中折射出苗族原始古朴的思想；自然景物的图纹中，也同样表现出苗族的文化习俗和崇敬自己的理念。这些形成了苗族人民的审美情趣和民族性格特征。苗族银饰图纹的美学价值是珍贵的、永恒的。

四、湘西苗族银饰的经济价值

苗族银饰体现了苗族社会的经济发展，具有经济价值。就凤凰苗族银饰而言，最先风行银饰的是阿拉地区。因为凤凰的开发是沿锦江从麻阳向铜仁发展的，到安静关时峰回路转，开发了阿拉一带，再从阿拉沿龙塘河下到沱江。所以，阿拉的苗族银匠从麻阳将成熟的银饰制作技艺带到了阿拉一带，那里背靠铜仁、麻阳，面向山江、腊尔山，交流物资，学习技术，为苗族银饰发展创造了良好的条件。中华人民共和国成立后，国家开始落实党的民族政策，为了满足苗族人民的需求，国家专门安排平价银做首饰。山江作为苗山的门户、民族贸易的中心，得到了经济发展的良机，苗族人民生活水平普遍提高，普通苗女甚至女干部都争着打扮自己。近几年来，民族文化旅游业的兴起为苗族银饰的发展带来了机遇。特别是在民族文化旅游大潮的冲击下，山江5年来（2002—2007年）的旅游收入突破了两百万元的大关，且每年以20%以上的比例增长。2003年夏天，宋祖英回乡参观苗族博物馆时，有2 000多名着盛装的苗族妇女迎接她。她对陪同返乡的著名导演夏岛说："你看我们的民族多么美，个个都成了银菩萨大美人。"一个普通苗女一套盛装（包括银饰）最少要5 000元，2 000人的穿戴最少值一千万元。难怪银匠龙米谷2005年的收入突破5万元大关。龙米谷，男，59岁，小学文化，黄毛坪村一组组长。龙米谷12岁时，拜山江镇东旧村张成龙为师学艺。现他与妻子、小儿子三人每天工作10多个小时，专门从事银饰加工工作，其田地让给他人耕种。他不带徒弟，手艺只传给家人。龙米谷加工的银装饰品种类多，做工精细，上门订货的人络绎不绝。广西、贵州、凤凰周边乡镇火炉、吉信、腊尔山等地都有人上门订货。尽管是冬天，全家人从早晨7点要工作到下午6点，夏天从早晨6点要工作到深夜2点，还是供不应求。山江苗族银饰用品摊位已达到150多个。各地游客争相购买这些做工精细、造型独特的苗族银饰品，苗族银饰生产和销售已经成为山江的一个经济亮点，如果发展成为一个产业，将更大地促进苗区的经济发展和社会繁荣。经济繁荣带动了银饰的生产，银饰的生产又促进了经济的发展。因此，在积极抢救与保护非物质文化遗产的前提下，遵循"保护为主，抢救第一，合理利用，传承发展"的原则，可以对非物质文化遗产加以合理利用，适当将其转化为经济资源，合理开发利用其经济价值。从这个意义上说，苗族银饰具有重要的经济价值。

长期以来，苗族与汉族、侗族、水族、布依族、彝族、土家族、瑶族、白族等十几个民族毗邻居住或杂居相处。历史上，苗族与这些民族发生过各式各样的族际关系。在各民族的文化互动中，苗族吸收来自不同民族的文化要素，又对相关民族的文化形成了深远的影响，形成了"你中有我，我中有你"的局面。这些现象在苗族银饰中都有一定的表现，如麒麟送子等构图造型。由此看来，苗族银饰在我们的眼中不再是单纯的工艺品，其价值在苗族肥沃的文化土壤中，在苗族图腾、宗教历史与民俗生活的包围中，得到了极大的拓展。作为民族的外在标志，它起到了维系苗族内部的作用；作为崇拜物，它有一种凝聚力；作为宗教器具，它给人们以精神抚慰；作为人生礼仪标志，它维护着社会良好的秩序；作为愿望的表达，它为人们提供美好生活的憧憬；作为一种载体，它反映了各民族文化间的交汇与互动，促进民族的融合与繁荣，促进社会的和谐与发展。

苗族银饰锻制技艺被列入首批国家级非物质文化遗产名录，表明了社会对苗族银饰的广泛认同。这种认同感将极大地激发苗族人民的民族文化自豪感，为民族文化的保护和传承提供动力。

第六章　湘西地区传统技艺之土家织锦

第一节　湘西土家织锦的发展与变迁

一、湘西北当地先民的原始织造

湘西北酉水流域是一块古老而神秘的土地，已发现的龙山县里耶、保靖县四方城、永顺县王村等新石器时代文化遗址可以证明，早在4000多年前的原始社会，这一带就有人类栖息。从自然条件看，这一带也是原始人类理想的活动场所。在出土文物附近的龙山里耶"溪口"，有很多用土语称谓的地名，如"里耶"（劈地）、"墨岔"（开天）、"泽头比桃"（溪口）、"阿撮"（岩屋）等，都是土家本土原始文化区域。所以，许多专家学者认为，"创造这些原始文化的人类集团的一部分应是土家族的古老先民。"即湘西北当地先民。早在石器时代，他们就懂得利用野生纤维进行"织造"。从近十几年来的湘西北酉水流域考古资料表明，龙山县被称为"织锦之乡"的苗儿滩商周遗址，发现了大量的石纺轮、陶纺轮、网坠和骨针等原始织造工具和彩色陶片等物品。

二、湘西土家织锦的发展与变迁

明清以后，土家族的织造技艺有了进一步提高。特别是棉的普及和推广为土锦的发展提供了良好的契机。在这之前，土锦只能以麻纤维和蚕丝为主要原料，而麻纤维相对费工费时，且柔性不够。蚕丝由于原料有限，且成本昂贵，难以普及。直到清康熙年间，土家族地区还少见棉花。

清代同治年间，土家族诗人彭施铎描绘溪州土司王古都老司城的繁华场景，在一首《竹枝词》中写道："福石城中锦作窝，土王宫畔水生波。红灯万点人千叠，一片缠绵摆手歌。"昔日被称为"城内三千户，城外八百家"的福石城中，土家织锦早已深入到千家万户，家家都是以土锦作"窝"床,用土锦当被盖。土家人如此喜爱土家织锦，其普及之广，影响之大，正是土家织锦千年不衰、繁荣昌盛的一个重要原因。

20世纪30年代，土锦就已远近闻名，并走出国门。据1939年《龙山县志》记载：土锦"近有征往长沙、南京及东西各国备品列者（展览），惜千数百年来不知改进……"中华人民共和国成立以后，土家织锦得到了党和国家的重视。1957年土家族被国家确定为单一民族，土锦随之被称之为"土家织锦"。随后土家织锦被推向全国，为世人所关注。党的十一届三中全会以后，由于民族政策的落实，土家织锦再一次得到重视。20世纪80年代，随着湘西旅游业的逐渐兴起，龙山、永顺相继办起的以龙山县民族织锦厂为龙头的一批商业性企业作坊曾"红火"一时。1988年，龙山县民族织锦厂顾问、土家族织锦老艺人叶玉翠被授予"中国工艺美术大师"的荣誉称号。

湘西土家织锦在南斯拉夫国际博览会获金奖。但由于没有把握好市场规律和价值规律，"企业作坊"先后被市场淘汰，土家织锦又重新回归山寨农舍。

2003年，国家确立了以湘西北西水流域为中心的土家族原生态文化保护区，省州县各级政府及相关部门积极努力，为创立这个国家级品牌的民族瑰宝做了大量卓有成效的工作。2005年，土家织锦被湖南省评定为全省民族民间十大优秀文化遗产，并列入国家级非物质文化遗产代表作名录。近年来，吉首大学、云南大学、武汉科技学院等院校纷纷来湘西北创办科研教学基地。2005年深秋，中国工艺美术学会织锦专业委员会年会暨土家织锦研讨会，在西水河畔的历史文化名镇龙山县里耶召开，吸引了国内外众多著名的专家学者前来考察研究，对土家织锦评价极高。

综观上述，在数千年的历史长河中，土家织锦通过土家人民世世代代的辛勤劳动创造，孜孜不倦地不断充实完善传承。我们已经可以清晰地从浩瀚的历史烟波中看到其源其流，以及自身从简单到复杂，从原始到成熟的这样一条漫长而曲折的发展脉络。

土家织锦在长期的进化过程中，兰干细布—溪峒布—土锦—土家织锦是其发展的主流，而且因人文、自然的种种因素，它发源于西水流域，并生根、发芽、开花而结出了丰硕的果实。同时，伴随土家织锦的成长，土家族自身也得以不断的融合、成熟。不可忽视的是在土家织锦的发展历程中，周边各种文化的影响起到了举足轻重的作用，"楚锦"的图纹、"蜀锦"的织造、"僚布"的技术等都大大充实和促进了土家织锦的完善成熟，最终成就了今天的晖煌。因此，从酉水流域土家织锦的演变过程，我们可以看出它既有民族历史的成因，又属经济文化的范畴。它既是土家织锦的发展史，又是土家民族形成过程和土家地区生产力发展状况的缩影。

云锦是贵族的，宋锦是文人的，蜀锦是官方的，只有这个带"土"字的"西兰卡普"（土家语，"西兰卡普"是一种土家织锦）才是真正意义上劳动人民自己的东西。虽然它也曾经为历史上皇家贵族所钟爱，成为贡品，但西兰卡普始终保持着平民本色，一直在土家族民间传承发展。在中华民族的织锦大家庭中，土家织锦一直保持着本民族、本地域独特的工艺特征和艺术魅力，独树一帜，让世人刮目相看。

第二节　湘西土家织锦的制作工艺

一、土家织锦制作工具与材料

纺车是中国古代用来纺纱的一种工具。它分为手摇纺车、脚踏纺车、大纺车等几种类型。我们的祖先很早就使用"纺砖"进行纺纱，在我国许多新石器时代遗址里，都曾经发现过大量的这种原始纺纱工具。土家织锦所用为手摇纺车，高约70厘米，宽40厘米，厚30厘米。由木架、锭子、绳轮和手柄4部分组成，另有一种锭子装在绳轮上的手摇多锭纺车。手摇纺车通过传送带把纺锤（锭子）与大轮子连接起来从而使纺锤（锭子）高速运转，以完成加捻牵伸工作。

织机是土家织锦所用的织机。它是一种古老的纯木质腰式斜织机。斜织机的"斜"，是指"站（经）面"，与水平的机座形成50～60度的倾角。织机民间称为机头，传统的腰式斜织机长约1.67米，宽约67厘米，高约1米。清嘉庆《龙山县志》有"机床低小，布绢幅阔不逾尺"的记载。其主要构件有

（1）滚板：为一厚木板，左右对称开槽。相当于现代纺织机械中的整经轴，作用是缠绕整理完的站（经）线，在织的过程中边织边放站（经）线。

（2）综杆：为一竹竿儿，竿儿上缠有均匀的提综线套，每个线套穿入一根站（经）线。作用是往复提起站（经）线，以形成开口，便于进喂。

（3）踩棍：由"鱼儿"的杠杆作用连接综杆，双脚踏动控制，以便完成站（经）线的提升开口。

（4）竹筘：筘由四根长木条和多根细薄竹片制成，竹片间距相等，一般每分米60眼（羽）。筘主要是控制成品的站（经）线标准密度，使锦面和花色相吻，并打紧布面。

（5）梭罗：采用杂木制成，横截面为锐角三角形，呈30度左右，两端削成手柄状，梭口长度比布幅略宽。梭背开有深槽，内装加固的喂（纬）线（即梭罗线）竹管。梭罗主要作用是穿喂（纬）线和打紧喂（纬）线，所以称"布刀"。

（6）滚棒：为开有细槽两端做成小正方形的木件，主要作用是卷收半成品及绷紧站（经）线的织花面。滚棒的绷紧程度由操作者的身体控制。所谓"腰裹织机"就是由生产者腰身控制而得名。

（7）篙筒：竹筒，用于站（经）线的分组。

（8）挑子：竹、牛骨或铜铁制作，一端方正，另一端尖而且微翘起。用于挑站（经）线进喂（纬）线。

（9）撑子：又称竹绷，楠竹片制，用于打花时撑开绷平织花面。

（10）鱼儿：又称布鸽，木质，打花时提起站（经）线的连动装置。

明清以前，湘西北土家地区没有棉，一切织物均为麻纤维和蚕丝。明清以后，棉的普及和推广为土家织锦的发展提供了良好的机遇。目前，土家织锦织造材料主要有棉线、棉纱、蚕丝（蚕丝头）、腈纶线、毛线、人造丝以及染料等。

棉线用来牵经线。棉纱、蚕丝（蚕丝头）、腈纶线、毛线、人造丝主要用来做纬线。棉纱做纬线，常采用多股并捻，根据需要合并成一股，多染成深红、靛蓝或黑色等。

染料分植物染料、矿物质染料和化学染料几种，主要有红色、玫瑰红、紫色、蓝色、黄色、橙色、绿色、灰色、黑色等。

二、土家织锦制作工艺流程

土家织锦民间称为打花，主要有土花铺盖（土家语"西兰卡普"）和土家花带两大品种。西兰卡普在土家织锦中最具代表性和典型性。它采用"通经暗纬，断纬挖花"的工艺，又分为"数纱花""对斜"平纹素色系列和"上下斜"斜纹彩色系列两大流派。"数纱花""对斜"平纹素色织锦是在普通平纹布面上，以喂（纬）线挖花而成，色彩不多，图纹受土家民间"十字挑花"的数经纬工艺影响，质地较斜纹彩色织锦薄，成品明暗对比强烈，起花部分凸出成浅浮雕感。原生地主要以永顺为主。

"上下斜"斜纹彩色织锦是西兰卡普中的主导品种。它是在"对斜"平纹素色织锦上发展起来的，质地较厚，非常结实。它的图纹构成和色彩构成都更趋成熟，单个纹样复杂，且完整丰满。为适合纹样或带状纹样展开，也有棋格状或散点状四方连续。其色彩以黑色及重色为主，十分浓艳富丽。"上下斜"彩色斜纹组织结构工艺相对复杂，原生地主要在龙山、保靖、古丈三县，永顺县的西部亦有分布。

西兰卡普的工艺比较复杂，全部是手工技艺，其主要工艺流程如下：

（一）纺捻线

利用纺车纺轮将脱籽棉花纺成棉纱，再将棉纱两或三根并捻成棉线。棉线用于站（经）线和加固用的梭罗线（暗纬）。而不捻的棉纱染色后，做喂（纬）线。

（二）染色

先将棉纱绵线经碱水或石灰水煮沸脱脂，清水掠干后待染。

1.白色

用石灰、牛粪这类呈碱性的物质浸泡或煮沸，然后多次拍打，再在水中反复冲漂和晒漂，直至漂白。

2.红色

红色使用最普遍。一般多用土红煮制，土红就是本地的一种红泥巴，价廉易得，但不易固色。也有将高粱叶的壳熬汁制红，但这种红色彩较淡。用猫抓刺或茜草（俗称紫草）的根，煮熬取汁，用汁水加少许碱煮布，都能得到漂亮的红色。

3. 玫瑰红

苋菜是一种常见的蔬菜，比较普遍，先取汁水，然后染色。

4. 紫色

紫苞是山间坎边的一种藤类果实，色艳而垂，取其汁水用之。

5. 黄色：黄栀子是一种小灌木果实，用熬煮的方法可获得艳美的黄色。也可用一种叫黄荆条的小灌木皮，煮染成黄色。民间用的较多的是以一种多年生长的草本植物，俗称酸酽，取其根熬水煮成黄色。

6. 橙色

椿树是一种常见的乔木，其皮煮水可染得橙色。

7. 翠绿

洞又刺及黑苞刺是山里的落叶灌木，取其第二层内皮熬水取汁，煮布略加桐壳碱灰，布先成黄色。选冬天晚上有霜时，将煮成的黄布置于露天草皮之上，染成绿色。所以，民间又有绿布、露布、六布之说。

8. 灰色

取糯谷稻草灰同布煮加碱，得灰色。

9. 黑色

用蓓子成粉熬水，放少量碱，煮布时需加明矾，成黑色。

10. 蓝色

蓝色用靛青，工艺复杂。先用大青叶制作靛青（蓝），再用靛蓝进行发缸制成染液。添加石灰水和糯米甜酒，当染液出现绿色时最佳。冷染时以浸泡的次数多少来决定蓝色的深浅，浸泡的次数多，蓝色较深亮色。浸泡的次数较少，可得月蓝（即浅蓝）。染后将染件悬挂于通风处，让空气氧化显色，再加醋固色。

11.青蓝色

民间称蒸青。将用靛青已染好的蓝布放于捣碎成水状的新鲜猪血中浸泡，晾干后火蒸，再将布浸入靛蓝中得黑中带深蓝的青蓝色。

以上染色均为冷浸染或热煮染，染色时一般都必须添加碱性的石灰水、桐籽壳灰或草木灰水助染。染液的酸碱度一般以手试感觉到打滑即可，pH值约9～10为宜。添加媒染制剂是使植物染料的色素在棉纱上固着并显色，因许多植物染料本身就含有媒染因子，不同的媒染剂可显出不同的颜色，通常使用的媒染剂铝、铁、铜、锌等属金属盐类。实际上民间的所谓媒染剂比较简单，明矾是铝媒染剂，而铁锈加醋就成铁媒染剂，等等，这些媒染剂大多来源于自然。染色后的织物纱线大多数还需露天放置2～3天稳固。蚕丝的染法与棉质大同小异，但往往需反复次数更多，还需加明矾固色定性。

染色后的织物纱线会经过以下几个工序，才能形成织物成品。

（1）倒线。利用纺车将棉纱（线）倒在竹筒上，便于牵线。

（2）牵线。用三根以上的光滑竹、木竿儿插入地下，将倒在竹筒上的站（经）线固定排列，竹筒不少于16个，然后往复牵线。该工序要求起端站（经）线排列次序不变，并用"花岔岔"（8字套）分组。如果按32根/手为单位计算站（经）线，一尺二幅宽的织锦（40厘米），需牵站（经）线数为40厘米×3道/厘米×4根/道=480根（480根+32根/手=15手）。

（3）装筘。依牵线时的站（经）线顺序及分组，依次将站（经）线用挑子穿入筘眼。

（4）滚线。将已装筘的（经）线进行梳理，卷上滚棒。该工序要求梳线及卷棒时张力均匀，以保证今后操作正常及产品质量。

（5）捡综。将综杆一端分开，用长约8厘米的竹条撑开综杆。将一棉线用近8字形的套结，循环缠住综杆和站（经）线。该工序要求按穿筘时站（经）线顺序进行，一根也不允许错。

（6）翻篙。将综杆和花岔岔互换位置。

（7）捡花。将站（经）线分为三层，把将来准备起花的那一层清理出来。

（8）捆杆上机。站（经）线用分站（经）杆分组，用绳索捆扎联动机构，调整综杆与杠杆"鱼儿"及踏杆的位置。站（经）线头端打结上滚棒，调试撑子力度。

（9）织布边。试织一段对斜（平纹）布头，以固定控制织锦面。

（10）挑织。挑织时先将束腰的绊带（一般多用宽布带或牛皮绊带）套腰后，拉紧站（经）线，心计默数或参照现成的纹饰，选色喂（纬）线用挑子挑起成束的站（经）线，数纱夹色喂（纬）线，梭罗（布刀）打喂（纬），带投梭穿梭罗线（即暗纬）。织造时身体微微后靠，脚踏分站（经）杆，一手提综，另一手投梭插梭罗，每一喂（纬）向的粗色喂（纬）挑挖完成后即错综过喂（纬）打喂（纬），如此循环。

在织造过程中，织物为三层站（经）的错综过喂（纬），即上下各半分站（经）后，再将面站（经）分成对半。挑织夹色喂（纬）全是从织物背面完成的，俗称反织法。呈"挑三压一"的顺序织入，织造时背面线绒头似乎是杂乱无章，正面复纱跨度小而均等，纹饰井然。

在织造过程中必须因势利导，有极强的程序性和相当的偶然性。挑起成束的站（经）线，数纱夹色喂（纬）通常全凭经验和感觉。因此，同一图案，不同的织锦也会有不同的细微变化，不会完全相同。

土家织锦是一种限制性很强的手工技艺，工艺和技巧决定着织锦水平的高低。一定对象的制约使土家妇女能充分掌握利用材料、工具和工艺制作过程的规律和特征，并发挥技巧的技术性能，展示出织锦艺术特有的技艺美感。

土家花带是土家织锦中的一个小品种。主要用于背带、腰带、裙带，等等。宽约二寸（约6.6厘米），窄约二指，有素色和彩色两种，但多以素色为主，采用"通经通纬"起"经（站）花"手段是中国最古老的织造方式之一。土家花带与西兰卡普的反织法不同，它是正面编织，且不受场地、时间的限制，一切均在织造人的双膝间完成，因此往往成为西兰卡普的基础和前奏，也是土家妇女中普及面最广的民间传统工艺之一。

土家花带的织造大多用线，工艺流程中的纺捻线、染色与西兰卡普相同，倒线仅数量上不同。

三、土家织锦织造步骤

（一）牵站线

将倒好的站（经）线成圈形套挂在织造人的双膝上，用篙筒分组，装上提综线。

（二）织边

试织一段无花的边，以固定控制织锦面。

（三）提综

将下层站（经）线提至上层。

（四）捡花

由于无筘，站（经）线密度太大，所以捡花多用手捡数线，也有用挑子挑线。

（五）送喂（纬）线

喂（纬）线在挑子上缠绕一圈后，顺势由挑子带过，连续不断。显花处喂（纬）线在下，由站（经）线显露起花，这与西兰卡普由喂（纬）线起花相反。

第三节　湘西土家织锦工艺的图纹构成与色彩表现

一、土家织锦的图纹构成

（一）几何造型和直（斜）线的强化

传统的土家织锦以平纹"对斜"和"斜纹""上下斜"为基本织物组织。平纹"对斜"组织的经纬组织点都一样多，而斜纹"上下斜"组织则是依靠浮起的组织点构成斜向的纹路。土家织锦用这两种织物组织交替、结合，加上经纬线的粗细、质量的变化而丰富多彩。"织物组织是构成图案的物质形式，同时织物组织也左右着图案的形成"。土家织锦因其织物经密大于纬密，表面细致精密的图形受到了限制，就只能出现大量的几何图形，以弥补造型的不足，并兼顾织造工艺特点和纹样构成的有机结合。

土家织锦的图纹构成最为显著的特征：其一，图纹以单一形态的连续对称而重复出现；其二，纹样以单一形态的演变、升华而千姿百态。

平纹"对斜"是土家织锦组织的原始织物形式。平纹在经纬密度相同时，纬花必须配合平纹结构，花纹的边缘线只能在纬线浮起时起花。否则，花纹就会变形。因此，其组织点的走向只有垂直、水平和45°斜三种，而这三种结构走向最适宜于表现方形、兰角（之字）形、菱形等几何形体。所以，直线与斜线在这里就成了唯一的艺术语言。而直（斜）线又是最原始和最简单的视觉形象，直（斜）线在视觉心理上有庄重、挺立、坚毅和静态的感受，它虽没有曲线那种活跃的运动形态，也不可能产生相对复杂的多维形象，但以此而形成高度几何化图形连续变化和重复，容易形成有如"之"字形的支架结构，从而产生稳定而大器、静中有动并庄重不俗的冲击力。

传统意义上的斜纹"上下斜"组织结构是土家织锦中的主导系列，在形成纬花的同时，组织浮起点自然形成倾斜夹角都小于45°，从而构成横向大于纵向的菱形和近似菱形的几何图纹。它不仅全面继承了平纹织物形式带来的种种特点，还大大丰富了土家织锦整体的图纹表现力，逐步形成了上家织锦的独特艺术语汇。

（二）连续对称的重复变异

第一，土家织锦的图纹以单一形式的连续对称而重复出现。例如，四十八勾、猫脚迹、桌子花、船船花、实毕、燕子花、玉章盖等之类都是以"之"字形的二方连续或菱形的四方连续组成。而秤勾花、马毕、阳雀花等之类又是以横向或直向二环连续、单向反复移动形成的。因为这种单一的连续对称及重复出现，从而产生一种均齐的对称平衡和庄重之美。对称均齐的构成是几千年来中华民族最明显的装饰特征之一，作为中华民族大家庭中的一员——土家族，将这一装饰特征进行了强化，并在土家织锦上推向了极致。

第二，土家织锦的图纹又以单一形态的演变、升华而千姿百态。在"四十八勾"

系列图纹中，有"八勾""十二勾""十六勾""二十四勾""四十八勾"，还由此而演化而成的"双勾""单勾"及"箱子八勾"之类的特色勾纹。纵观这些勾纹，不难发现它们都是由最基本的"八勾"单一形态为中心原型，以菱形状向四边逐层扩散。这种单一形态的中心扩散，又称为扩大对称，最容易形成图纹画面的统一稳定。钩状的重复出现，层层丰富，深色勾形成后，空隙处也就形成浅色勾、深浅都是勾，互相依存。这种构成有些类似中华道家经典的"八卦"太极图，黑白相生，互相转化，你中有我，我中有你，自然而和谐。

以上这些看似简单的直（斜）线几何形体和重复变异，体现了土家人民审美心理的需要。正如里格尔所说的那样："人类在二维平面上发明的轮廓线才标志一种真正创造性活动的开始，离开三维写实，走向二维错觉，这是十分重要的一步。它把想象从严格遵从自然的掣肘中释放出来，让形成的修饰组合有了更多的自由。其实，这里所谓"简单"的重复变异，更准确地应理解为被"简化"了的丰富性，而对自然物象的简化与平面装饰的变异往往成为从自然的真实到艺术升华的重要标志。"四十八勾"系列图纹就是这个被高度几何化后的"自然物象图案"的经典。这类似主体形式存在的钩状纹样，多为棋格状的菱形适合纹样，并以散点排列的四方连续和二方带状连续重复展开，可大可小，灵活多变。钩状方向的变化具有强烈的力量对比，统一的角度转折形成了规范的程式，产生了鲜明的形式美感。以近似菱形的八勾为中心，以此对称地向外缘逐渐推移递进，勾勾相连，层层色变，从而形成一种强大的向外张力，十分壮观。但"四十八勾"具体表示什么，众说纷纭，主要有太阳说、蛙神说、地母女阴说、螃蟹说、蜘蛛说和云纹说等多种诠释。不过人们已经不在乎四十八勾的具体形象了，它只作为一种土家族的文化符号，以独特的方式蕴含着本民族的文化心理和审美习俗，而表现在土家织锦的图纹之中。

二、土家织锦的色彩表现

土家织锦素以色彩厚重艳丽而著称，以设色自由浪漫而见长。千百年来，土家族生活在气象万千的武陵山区，受山区自然景物的影响，土家织锦在配色上常常借鉴于艳丽的山花、锦鸡的羽毛、天际的彩霞和雨后的彩虹等大自然的色谱，信手拈来。同时，也受制于宗教习惯的影响和生活实用功能的需要，有相当的倾向性，也具有灵活多变的随意性特点。

（一）忌白尚黑

目前，所见到的百余种土家织锦的传统图案中有一种奇特的现象：几乎没有一种用白色来作底的纹样，也没有成块的白色出现。即使有一类叫"大白梅""小白梅"的植物类图纹，主体纹样是一组菱形的梅花。按理说白梅花应该以白色为主，但织锦中的花头并不采用纯白的色块，而是以浅蓝、淡黄之类的浅色代替，或以粗犷深重的靛蓝作花蕊，使花瓣的白色边线退居到次要的地位。白色在酉水流域土家人的认知中有"不吉祥"的因素，在日常生活中也多"忌白"，白头巾、白衬衫等都是不常穿戴的服饰。而与之毗邻的侗族织锦则常以白色为底，织成白与蓝、白与红棕搭配的素锦；邻居的黔东南苗族可在织锦中随意选用白色，特别是在没有土家织锦的清江流域或澧水流域的土家族同胞，他们对白色的态度也截然不同，他们认为，白色有"纯洁""高尚"之意，包白头巾、穿白衣成为一种时尚。

与"忌白"习惯对应的就促成了另一种倾向——"尚黑"。它几乎涉及土家人服饰、用品、家什等各个方面。传统的土家族男子服饰从头到脚全是黑色装束，妇女的服饰也以黑和深蓝为主。作为以生活实用品为主要目的的土家织锦，西兰卡普只能算是半成品，它还必须用三块窄幅土家锦平行缝备，并在它的四周镶以 30～40 厘米的黑布作边。如此，黑布不仅耐脏，色彩也不"火气"，更趋于协调。其中，最具特色的"台台花"盖裙，在一米见方的黑色家机布上，仅有三面三条约 15 厘米宽的暖红色土家织锦条镶饰而成，黑与其他色彩的面积比例几乎是 10:1。因此，能使锦面色彩艳而不俗，清新明洁，绚丽悦目，同时大块深重色的骨架衬托，其他色彩更容易"显"艳。

"忌白尚黑"的习俗主要成因首先是源于土家族的原始宗教信仰。"忌白"是"赶白虎"民俗的延伸，它是"忌白不忌黑观念的核心"。

另外，在生态方面，传统土家织锦的染料基本都是由本地出产的天然矿、植物染成，相对固色性能普遍较差。所以，土家织锦的被面一般都很少洗涤，以免脱色。在所有的色彩中，只有两种色不易毁，这就是靛蓝（包括煮青）和黑色。靛蓝经反复浸染，可得到接近黑色的深蓝色而被称为青，而青即近似黑的意思。靛蓝和黑色不仅易得，色彩还经久厚重，因此这些也就成了酉水土家人大量使用黑、青色的另一个客观原因。

（二）原色的对比与复色的互补

土家织锦的传统习惯色有自己的制作方法，光绪《龙山县志》中就有"绩五色线为主，文彩斑斓可观"的记载。这"五色线"在通常情况下，应该只是一种泛指，即多种颜色的意思。但也有人认为"五色线"就是专指红、黄、绿、蓝、黑五色。不过在古老的土家织锦中，我们看到的并不止这五种色，还有紫、橙、棕（赭）等间色、复色，也有少量的白色。其实，在土家民间人们所说的紫色，是以紫苞（即狗屎苞）得之，它与茜莱染出的玫瑰红都归于大的红色范畴而橙色以椿树皮煮出的就归于大的黄色范畴；棕色（赭）是红、黄过之而得；白色即"没有"。因此，从这一点来讲，色彩仍然还是大的"五色"。除以上这些观念意识之外，土家织锦还与当地的原产矿植物染料的种类及工艺技术有关。

红色是土家织锦的主要色调，因为传统的土家织锦基本都是作为姑娘的陪嫁品，在色彩效果上追求一种强烈、兴旺、跳跃的"热闹"效果，鲜明响亮。红色又通常被人们理解为强烈、温暖、活泼、神圣，是血与火的颜色，是象征光明和智慧的圣物。酉水流域很早就是楚南之属地，楚巫习俗影响至深，而"楚俗尚赤"，所以土家山寨中最受人尊重的"梯玛"就是身着全红的长袍。而土家地区供奉的诸神也都有敬献红布的做法。土家人崇红尚黑，红配黑就成了象征甚至直接与生命本体息息相关的永恒主题，在酉水流域盛行不衰。

原色的对比是土家织锦中最常见的色彩搭配方式，运用红、黄、蓝三原色，并延伸以红、黄、绿、蓝、黑。将一对对相互独立而又鲜艳的原色放在一起，通过对比、色彩的面积、构图及其他一些特定空间因素共同构成整体效应。"蛇花""椅子花""大刺花"等都运用了明度较高、对比强烈的色块相互映衬，红与绿、黄与紫、橙与蓝这些对比色，镶嵌在黑、深红（棕）等厚重色彩中，而对比色彩的边缘或周围则用灰色或白线与面交错其间，从而形成线包面、面夹线的穿插，使用图案不仅极为明快，还更为细腻精致。同时，其他复色作为适当的填充，极大地丰富了画面的表现力，并使每一个画面都具有一个基调，在一个主色的前提下，既鲜艳悦目，又统一协调。

土家织锦还善于运用色彩秩序化的退晕手法使对比色得到和谐，色彩的渐变，层层的推移，使之具有强烈的节奏变化和对比效果。如果对比色无序排列组合，是杂乱无章的，甚至非常刺眼。但土家织锦能恰到好处地以秩序排列，在明度、冷暖、纯度中选取某一方面进行渐变推移，从而产生统一、秩序的美感，这就是民间艺人们通常讲的"退晕"手法。这种手法在"椅子花""大刺花"等方面都比较突出。"椅子花"在粉紫色调中，红、黄、蓝、绿这些不等的色块相互对比，并共同镶嵌在深色的底子上。连续排列象征着椅面的大小色块及色条有序穿插，而这些大小色块之间都以粗细不同的同类色镶边。有一种由深到浅的明度渐变及由冷到暖的对比和谐。而"大刺花"中那种类似色彩的过渡，层层推移的变化，使画面更形成了一种多维秩序的美感。

第四节　湘西土家织锦的社会属性与人文色彩

一、土家织锦的社会属性

土家织锦自晋唐成型以来，至今已有1500多年的历史，集中体现了土家族织锦工艺体系的基本特征，充分展示了中华民族文化的创造力。同时，又具有自己鲜明的个性特点。

（一）原生性

土家织锦在湘鄂渝黔边区虽都有不同程度的分布，但原生地却只在湘西北酉水流域的永顺、龙山、保靖、古丈四县数十个土家族聚居乡镇，而且这些地方是全国土家族中至今仍有民间家庭自发织造风尚的唯一地区。目前，湘西北周边区域甚至全国大多数的土家织锦手工技艺都源于这一带。

（二）代表性

土家织锦不仅是土家族传统文化的代表，还是中华民族传统文化中的杰出瑰宝。中华人民共和国成立以后的几十年中，湘西土家族织锦曾六次在国际各类展事中获得极高的荣誉。1985 年由上海科教电影制片厂在湘西土家族苗族自治州拍摄的《土家织锦》，由中国驻外的 150 多个大使馆作为中华民族文化的代表在全世界进行宣传推介。1986 年受日中友好协会之邀，湘西土家族苗族自治州民间工艺品及土家族织锦东渡扶桑展出，在日本引起轰动。1989 年，时任国务院总理李鹏将湘西的土家织锦作为国礼赠送给时任美国总统布什及其夫人。

（三）文化艺术性

土家织锦是本民族文化的重要载体。土家族无文字，而土家织锦以自己独特的方式蕴含着土家族的文化心理，显露着不同时代的文化积淀。同时，对传承和展示中华民族博大精深的传统文化有着深远的意义。

土家织锦不仅有多个品种、多种表现形式和表现风格，更有极其丰富的图案纹样，数百余种的七大类图纹全部来自生活，全方位地反映了土家人崇尚自然、追求和谐人生的理念。然而，在土家织锦的传统图案中，大多数的图纹仅凭视觉是很难辨认出它所要表现的物象原型的，几乎都是"抽象"和"半抽象"的意象造型。它简练、率直、刚劲、得意忘形，从而形成"名存形异"的艺术特色。因织造工艺的原因，土家织锦坐标纵横的向度决定了图纹只能直线发展，从而使其自然地具有几何形简化物象特征，"直线造型"也就成为土家织锦的重要表现形式。

结构对称的平衡，抽象的装饰美，主体色调的运用，使锦面艳而不俗，清新明洁且绚丽悦目。特别在色彩的配置上，土家织锦采用随心所欲的手法世代相传，讲究"色从心生"和"显色"，强调个人的色彩领悟，十个人织一种图案，会出现十种不同的色彩效果。这与严格的图纹传承形成"一张一弛"的鲜明对照。这些构成的形式和色彩的组合都是源于土家人本体生命的自然反映。

（四）民俗人文性

土家织锦传承着浓厚的民俗特点，影响着土家人的生活、生产及宗教信仰的方方面面，土家人从小就与土家织锦结下了不解之缘：婴幼儿时盖织锦，长大懂事织织锦，结婚陪嫁选织锦，夫妻恩爱伴织锦，舍巴摆手披织锦，敬祭先祖供织锦，当了外婆送织锦，人生去世葬织锦，"火把酒"后接织锦，生生死死都不分不离。因此，它体现着一种人文精神。土家织锦不仅是一种生活用品和文化的载体和符号，更是生命的徜徉，是物与人的统一，土家织锦与民俗的结合已经成为土家人生命中的一部分。这种以人为本、天人合一的境界，正是中国传统精神的集中体现。

（五）科学性

土家织锦在织造工艺选用上，既有"通经断纬"的西兰卡普"纬花"，又有"通经通纬"的花带"经花"。特别是在同一织物上，在一水平喂（纬）线的图案上，或同一垂直站（经）线的图案上，同时采用和间隔采用平纹、斜纹两种不同的基本组织结构"起花"。例如，椅子花，两档头为平纹，主体图案以斜纹为主，但在其中水平纬线上又相间有平纹起花，而平纹与斜纹组织之间以"跳"半颗基本单位而过渡，科学而复杂，民间有"四十八勾名堂大，最难岩墙椅子花"之说。这大大增加了土家织锦的表现力。

土家织锦千年的传承均在社会最底层的土家族妇女中进行，织造全凭口传心授的"模仿记忆"。用最简单的原始口诀，就能完成如此复杂的几百种图纹，即每递增一根喂（纬）线，图案以增减10颗基本单位，即使在少数特殊情况下，也最多只"加5"，不仅操作简单方便实际，还大大提高了织造效率。

二、土家织锦图纹的人文价值

土家织锦的传统图纹约有409种。其中，"上下斜"斜纹彩色织锦图纹200余种，"对斜"平纹素色织锦图纹150余种，土家花带图纹50余种。图纹涉及动物、植物、生活生产用品、天文现象、文字、几何勾纹及其他综合类等各个方面，内容十分丰富。其被称为"高度浓缩了的土家族文化""研究土家族文化的活化石"。

在土家织锦的各类纹样中，工艺最有魅力的要数被民间称之为"美不过的岩墙花"。它取大山中岩石墙面结构的纹理和植物花卉组成，其色调变化丰富，冷暖转化自然，造型取其意而得其神。多种织物组织结构在同一图纹中互相穿插排列，一时斜纹，又一时平纹，工艺复杂而合理，从而构成了一种特殊的肌理畅想曲。

"扎土盖"是土家织锦中最常用的纹样之一。"扎土盖"是汉语"万字格"的土家译音。"扎土盖"万字格既可单独成型，又可将万字纹分解成各种勾纹，大量作为陪衬和填充物使用，成为土家织锦突出的装饰特点。"万字流水"以"扎土盖"中纹为主体排列组合，变形分解，字字相连，勾勾相扣，流畅且视觉动感极强。它表示了土家族源远流长、生生不息、永不衰竭的美好愿望。"万字格"也是中华民族传统的古老装饰纹样之一，隐喻着民族源远流长的文化历史渊源。

土家织锦是土家族传统文化的杰出代表，在整个民族工艺文化中占有重要地位，对见证中华民族多元文化具有独特的价值。

（一）文化艺术价值

土家织锦体现了湘西北土家族的文化传统和文化渊源，充分反映了土家族的审美情操和民族意识。敬重先祖英雄，崇拜天地自然，以独特的方式显露出土家人的物质文化属性。早在20世纪30年代，湘西的土家织锦就已在多国展示，之后更多成为世人了解土家族的品牌形象。土家织锦是研究土家族文化的重要窗口。

土家织锦数百种纹样不仅潜藏着民族渊源的轨迹，还隐喻着民族文化的意义。它形成了特殊的直观化的艺术语言，构成了深层民族文化心理结构的寓意。鲜明的色彩选择，明显地具有人类学文化内涵的色彩象征。它所含有的整体构成和色彩的表象意义，如直线造型，对称扩张，尚黑忌白，极色平衡，等等，都不同程度地影响着土家人的审美习惯和艺术趣向。

土家织锦因其材料和工艺的制约而形成其独有的技艺美感，这给我们今天的艺术创作带来了启迪。限制造就了千差万别的各种艺术形式，创造者的才能在限制中有了用武之地。织锦作为有目的地向人类提供具有实用和审美的造物活动，在限制中不断发展创新，并提升出高度熟练、自成体系的专门化的织造技巧，体现了创造者的因地制宜、因势利导的高度创造性的技艺美感。

（二）社会历史价值

土家织锦的历史渊源和发展也是湘西北土家族聚居区社会发展历程的缩影。从当地先民的原始织造到兰干细布，再到斑布、溪峒布，最后定型为土家织锦，这一过程正好印证了土家族从原始走向现代，融合多部族聚集发展成为单一民族的历程。同时也是酉水两岸土家族聚居区生产力发展的写照。它以丰富的图纹形式讲述着古老文明的历史进程："窝毕"（蛇花）和"实毕"（小动物）等是原始渔猎时代的代表，"神龛花"和"六乔花"等是刀耕火种农业的痕迹，"土王一颗印"和"老司衣"等是800年土司统治的见证，"福禄寿喜"和"万字流水"等则是改土归流后汉文化的融合。至于"四十八勾"和"台台花"，更是以独特的静态形式、民俗活动和精神心态三个空间层次，展示了土家族人们的原始宗教的信仰和崇拜，被称为"写"在织物上的土家族历史。

（三）民族学价值

土家织锦与土家族语言、土家族民俗共同构成了土家族最显著的标志，影响着整个土家族聚居区。而土家织锦又是其中唯一能固定时空、跨越历史长河的平面直观的视觉形象。

土家织锦与土家族民俗息息相关，它已渗透于土家人生活生产的方方面面，并成为其中不可分割的一部分。土家人婚嫁的六道程序都是由土家织锦联系起来的，西兰卡普成为姑娘人品价值的标记，从而民间就有了"养女不织花，顺如（还不如）莫养她"的习俗。所以土家织锦的形成发展和价值取向都离不开民俗民风。反过来，土家织锦的兴衰也直接影响着土家族民俗民风。现实告诉我们：在湘鄂渝黔的土家族聚居区里，土家族语言、民俗活动"舍巴日"消亡的地方是绝对不可能生存土家织锦的。这就是至今原生态的民间织造只能生存在湘西北酉水流域的根本原因。因此，土家织锦对土家族的认同性和增强土家族的凝聚力都有着积极的意义，是联系土家人物质生活与精神生活的纽带。

人类的非物质文化与生物界一样，充满了多样性和复杂性，而多样性是自然界和人类文化的本质，是万物和谐相生的必要条件。土家织锦是我国少数民族众多非物质文化的重要组成部分。因此，保护好土家织锦符合文化多样性的原则，有利于人类文明的进步与发展。

（四）科学价值

"经花"是中国最古老的织花工艺。而土家花带却给现代人展现了一个"通经通纬"的"经花"典型，有织造"活化石"之称。由于西兰卡普"通经断纬"的织造技术的限定，同一图案、同一种色彩在直线方向呈现基本一致，体现了汉唐的"经锦"遗风。西兰卡普的腰式斜织机与两千多年前汉代的斜织机惊人相似。其杠杆原理、综线的运用等都为今天研究织造科学和织造历史的进程提供了现实依据。

土家织锦传统的原材料均采用纯自然的天然物质，特别是染织方法，科学而地道，可以保护环境生态平衡，对大自然不但无污染，有的反而有净化的功能。不少植物染料本身就是中草药，可以食用、药用。例如，黄栀子就有泻火除烦、清热利湿、凉血解毒、消肿止痛之功效，所以染色的织物不仅色泽鲜美，对人体还有一定的保健作用，有益健康。靛蓝染色用的是消炎祛湿的大青叶，大青叶也是制造板蓝根药物的原料。在当前化学染料给人们生存环境带来污染时，提倡天然染料加工有利于生态平衡，回归自然。

土家织锦的手工技艺十分精湛和科学，因其站（经）密大于喂（纬）密，所以纬花的构成斜线都小于45度，形成了横向大于纵向的菱形的图纹语汇。特别是在同一水平喂（纬）线上，同时运用"对斜"（斜纹）和"上下斜"（平纹）两种不同的组织结构，并上下、左右相间"起花"，其工艺实为罕见，有较高的科学借鉴和参考价值。

（五）传承利用价值

土家织锦在中国工艺文化中居于重要地位，它集各类织锦之长，兼容包纳。在21世纪的现代社会里，它能避开现代文明的冲撞向现代生活靠拢。20世纪80年代，由湖南省工艺美术研究所负责设计、龙山县织锦厂承担制作的大型壁挂《张家界风光》，以150平方米的巨幅，响亮艳重的色彩和强烈的视觉冲击力，悬挂于长沙火车站之候车厅，为世人所关注，成为古老传统手工技艺服务于现代文明之典范。多年来，广大的工艺美术工作者与民间艺人苦心研究，挖掘开发了床套、壁挂、沙发靠垫、挂包、服饰等八大系列数百个土家织锦的花色新品种，并在全国重大展赛中频频获奖。民族民间的工艺文化、自然本源的织造材料、新颖实用的生活用品越来越受到现代人们的青睐。从某种意义上讲，土家织锦的手工技艺目前还不会被现代工业化生产所模仿和取代。土家织锦如何能成为与现代工业平行共存的民间织造，有待于其进一步的研究和开发。

手工技艺是人类文明的基础，现代计算机是人脑与人手的延伸，是人类智慧的源泉之一。马克思主义学说认为，人的进化，手起到了至关重要的作用。所以，在人类进入"后工业社会"的今天，重提手工价值有着重大的现实意义。因此，发掘、抢救、保护、发展好土家织锦这一民族瑰宝对促进民族的团结、构建社会主义和谐社会都将产生重要的作用。

三、土家织锦图纹的人文精神

（一）四十八勾——远古先祖"图腾"的崇拜

四十八勾是土家织锦中最具代表性的古老图纹之一。其中心部位近似菱形及八个勾组成的"蛙纹"，钩状以此对称地向外缘逐渐推移递进，勾勾相连，层层色变，从而形成一种强大的向外张力，十分壮观。四十八勾有驱秽避邪、消灾纳吉、祈子求昌、兴旺种族的含义，是"生殖信仰"和祖先崇拜的另一种表述方式。有时甚至具有某种类似本民族"图腾"的功能而被视为神物，渗透着超自然的神灵幻想，成为万物有灵的物化形态。所以，民间有"四十八勾名堂大"之说。

在以父系社会为主体的土家族氏族社会里，女性（母性）的地位是从属的。所以，以女性为主体创作的土家织锦中，更多的将母爱、多子、避邪驱疫的渴望和企求融进小小的四十八勾之中，世代相承，逐渐"演变成相对稳定的观念符号"，并广泛流传。"作为观念性存在，这些符号也通过集体意识的渗透作用深入到每个社会个体的意识之中，成为一套家喻户晓的共同语汇"，成为大家都认同的大众符号四十八勾——"蛙人合一"的图腾。"西兰卡普"是姑娘嫁妆中必不可少的首选，汉语的本意就是打花铺盖，这就说明土家织锦的主要用途是做被面。而嫁妆铺盖正是婚嫁夫妻团圆洞房的必备之物，是恩爱之基地，繁衍后代之温床。因此，每当姑娘出嫁前，土家人就必须花大量的精力来准备西兰卡普作为嫁妆，而最有意义、最漂亮且难度最大的四十八勾，就自然成了姑娘显示自己才能的理想图纹。她们将对未来幸福生活的向往，强烈的感情与大胆的想象随同民族传统文化的符号织了进去。这不仅表达了个体或群体生存发展根本利益的自然要求，更表现出热切的生命欲望，显露着粗犷的原始冲动。

四十八勾更为直接地展示表现在土家族的祭祀活动中。摆手舞是土家族祭祀、歌舞、交际的重要形式，也是土家民族文化传承的主要途径之一。正式的摆手活动必须在供奉有土家族先祖"八部大王"和"土王"神位的"摆手堂"才能举行，而且还要由神人合一的土老司"梯玛"主持。简易的摆手活动可以在一村一寨，甚至一家一户中开展，场地随意，程序相对也简略。所以，在酉水流域一带的许多土家村寨，也有在自家堂屋"神龛"的"家先"（即本家祖先的神位）前面安放一张桌椅，再在桌椅上搭设一块四十八勾的西兰卡普。摆手就在四十八勾前，或围绕四十八勾展开。显然，在自家"家先"中只设有"天地君亲师"位和本家历代祖先的神位，而没有土家族供奉的"族神"。因此，这时的四十八勾已不再是普普通通的织锦被面，从某种意义上它代替了神圣"摆手堂"的功能，起到了"扮演"土家先祖"神位"或民族"图腾"的角色。有的地方即使是在"摆手堂"前跳摆手，也还有在神坛前把四十八勾西兰卡普供奉在三张椅子上视为神物。正因为四十八勾图纹是蛙的形象，是"倮"意义上的延伸和表述，它具有兴旺种族、祈子求昌、驱秽避邪、禳灾纳吉的寓义。同时，它更是神圣的，象征着民族的先祖，神灵的意愿。酉水流域的土家族目前虽没有明确的"图腾"标志，但这里的四十八勾却有着类似"图腾"的性质和作用。它是土家族远古的崇拜，只是在历史的进程中被"淡化"和"转移"，朦胧地保留在土家人们的心中。

四十八勾是土家织锦中最具代表性的古老图纹之一。至今在该地域的土家族民间还流行一种小孩戴的"克麻帽"，据说这种帽子因有庇护保佑孩子的作用而深受喜爱。

由此可见，土家织锦四十八勾系列图纹所表现出来的这种精神是土家人物质文化和精神文化结合的产物。蛙文化不仅是"图腾"崇拜，还是"生殖信仰"，它对本民族人口繁衍、艺术发展和社会进化进步都产生了深远的影响。历史的发展使一些文化内涵隐藏于某种物化形态之中。在以农耕经济为主体的土家族社会环境中，四十八勾"实现了对原始文化的超越和人类在审美创造中的自我复现"。所以，"主体的观念向客体的历史的渗透，在漫长的文化传承过程中表现观念逐渐固定化、规范化，以至使某些客观对象成为特定观念的替代物，成为有意义地代替另一种事物的东西"。这就是我们今天看到的土家织锦中四十八勾图纹，以及这些图纹所带给人们的文化诠释。

（二）台台花——酉水土家族儿女的"摇篮曲"

盖裙是酉水流域土家族儿童的特定用物。它是在一米见方的黑色家机土布上，三面各约15厘米宽的土家织锦"台台花"镶饰而成。它是外婆家"看（望）月"时必须送给小外孙的两件礼物之一。它不但美观漂亮，而且实用。平时在家里，它是包裹婴儿的褓褓；出门游玩，它又可作贴身背负的软背兜。特别是把它覆盖在婴儿的窝窝背笼（摇篮）上，既可保暖、遮光，又有防范白虎，保护小孩生灵的功能。

"台台花"是盖裙上的特定装饰图纹，土家织锦因其工艺上的限制，正面复纱跨度小而均等，它只适合表现斜线、水平线和垂直线组成的图形。清"改土归流"以前的传统图案几乎全是令人看来是带有"抽象"和"半抽象"的几何纹。它们简练、率直、刚劲，达到了得意忘形的境地，也形成了土家织锦"名存形异"的艺术特色。"台台花"是"改土归流"以前的图纹样式。除"小船"和"水波纹"之外，那一组看上去似"面纹形"的几何菱形无法知道是什么：在一个较大的菱形图形内，一条三波的线位于两个对称的小点上方；一个近似矩形置于中间；下部是一个倒置的菱形。据许多织锦老艺人说，他们把这两个对称的小点叫"阳雀眼睛"，意指它跟"阳雀花"图案中的眼睛织造相似。而对这个菱形是什么却一无所知，也只能从有"眼睛"的启示中感悟这是"脑壳"（头），所以就必须从另两个有确切名称的图案上来综合考虑。

盖裙流行于湘西北酉水流域的龙山、永顺、保靖和古丈四县的土家山寨，是一种地域文化现象。盖裙的图案选择只能用"台台花"一种，其他的都不可以。而用"台台花"也只能用于盖裙一种，其他的也不可以，这就更为盖裙蒙上了一层神秘的色彩。

"台台花"锦呈长条状，本地汉语方言把"条条"读成"台台"，故称"台台花"。"台台花"是二方连续式的组合纹样，整个"台台花"图纹以桃红、浅绿、淡黄等娇嫩的色彩为主，小块而艳丽的锦条包围着盖裙大面积的黑色，素雅中显出几分生机。它由"补毕伙"（土家语小船）、"泽哦哩"（土家语水波浪）和"阳雀眼睛"的"面纹形"三种基本纹样组合构成。

这三种基本纹样形成了一个有机的整体，不可分割。因此，整个图案上表明：其合成寓意跟《舍巴歌》中的人类起源的传说及湘西北民俗"旱龙船"是一脉相承的。二方连续的水波浪接连不断，与七天洪水泛滥相对应；水面的小船纹，是洪水中葫芦化为的"船"；占主导位置的菱形面纹形处于船的正中，面纹形上分别换以不同的颜色，形成红色、淡绿（淡黄）色，这与"旱龙船"中"布所""冗妮"的红、白脸以及兄妹俩在这个传说中的主要位置是一致的。由于传统土家织锦用色有"忌白尚黑"之俗，忌讳成块的白色出现，"台台花"中的白脸才织成淡绿（黄）等浅色。图案中的洪水、小船、面纹三种形象各自分开，互不遮挡，但又贯通一气，主次分明，形式和内容在这里得到较为完美的契合。

著名的民俗学家钟敬文先生指出："不将民间艺术当作民俗现象来考察，不研究它与其他民俗活动的联系，也就使民间美术失去了依托，不可能对民间美术有深层的了解。"盖裙是一种服饰，属民间美术范畴，同时更是一种民俗用品。因此，"台台花"必定与湘西北土家族民俗活动分不开，与图纹中蕴含的民族意识有着密切的关系。

"赶白虎"是湘西北土家族颇具特色的民俗活动，民间有"白虎对户坐，无灾必有祸"之民谚。"台台花"与"赶白虎"习俗同时发生于湘西北酉水流域绝不是一种偶然巧合。它印证着土家族先民与其后裔相承袭的文化渊源，反映了这一支土家人憎恨白虎、崇拜祖先和渴求子孙繁衍的心理特征。"台台花"在民俗中的相应关系构成了其空间结构，使物态形成在民俗活动中得以展示，并实现其功能。所以，"台台花"盖裙的运用与"赶白虎"的民俗有着内在的联系，是"赶白虎"民俗的组成部分，它所有的民俗含义是其他图案难以代替的。但是在其他一些文献资料中常常可看到将"台台花"说成是"白虎图腾"的议论，有的甚至大胆地将"台台花"改名为"台台虎"。在此，我们不想花太多的墨笔去阐论是非。只是诧异一个盛行"赶白虎"的民俗的民族，仇恨白虎达到谈虎色变的民族，怎么会把最忌讳的克星精美地镶饰在盖裙上，让它日夜威慑和啃噬着后代的魂魄呢？

所以，由于"台台花"特殊的文化内涵，土家人把这一组合图案一直作为儿童的拟用品而不随意乱用。随着时代的变迁，图案在形成时所表现的具体内容在历史的烟波中逐渐被后人忘却，保存下来的只是它特定用途的美丽的躯壳。尽管至今"台台花"出现了几种略有差异的构图，但它始终保留着水纹、船纹、面纹三种基本图形和排列的方式，它犹如一首古老而深沉的摇篮曲，伴随了土家族一代代子孙，从远古走到今天。

第七章　湘西地区传统技艺之土家族木雕

第一节　湘西土家族木雕的类型

据土家族木雕的考古记载，至巴国时期时还未出现真正意义上的木雕，因此从木雕制作年代角度来分类，可从战国后期开始，将土家族木雕分为早前时期（战国晚期至汉魏时期）木雕、唐宋时期木雕、土司时期木雕、改土归流至民国初期木雕、现代木雕。

一、战国晚期至汉魏时期木雕

这个时期目前有记载的木雕有考古发现的漆木梳、木雕花纹剑鞘、木刻品残件等初级木雕制品，此时油漆已开始大量使用。

春秋战国时期（巴国时期），漆木器出现并且制作工艺已经达到了一定的水准。据《土家族区域的考古文化》记载，被专家称为巴人墓葬的涪陵战国墓葬中发现了朱红色漆木棺的痕迹和漆木器。其作者邓辉在书中描述："漆木器，漆奁已残破，圆柱形，盖为铜铸成，透雕双龙双凤，奁底用三足，仍为铜足。"专家学者从精美的随葬品推断，此墓葬应是巴部族中的"王"墓。同时，出土的乐器、兵器、生活用具均有各类精美的花纹雕刻，如旋涡纹、绳索纹、竹节纹、花蒂纹、云卷纹、虎纹等。保靖四方城遗址出土的不同风格的青铜剑中，柳叶剑上有木质痕迹，"剑身与格上均有朽木痕迹可见，原有彩绘，属巴式剑"。由此可见，战国时期已出现木质器具，油漆已开始使用。至此，同时期的铜质器具已出现了透雕手法，真正意义上的木雕尚未出现，但木雕依附的载体已开始被使用。"巴国巴人时期，作为木雕另一个载体的杆栏式建筑已经成熟，建筑上的雕刻装饰应该也同样是在高等级的阶层中存在，大量的还是比较低级、简陋的建筑，而工艺木雕尚处于初步发展阶段。"

从史料记载来看，此剑鞘和木刻品残件是在土家族聚居区发现的年代最为久远的木质雕刻品。大宁河西岸的南门湾地区发现的崖墓中，有用楠木整木挖成的粗糙棺木，盖与棺用子母榫卯扣合，内有铜剑及其木质剑鞘。

汉魏六朝时期，文化遗址中发现了大量陶器、铁器、漆木器等生活器具，但漆木器多朽烂，只有极少量实物。古丈县发掘的汉墓中有漆木器具的残漆皮。同时期发掘的汉墓中还有砖雕，上有车轮形、圆卷形等纹饰。大庸城区的汉代墓葬中还发现了钱币，由此可看出此时土家族聚居区的经济已有所发展，只有社会经济发展才会带来艺术文化的发展。川东地区的汉墓中发现了与经济生活密切相关的遗物，家畜、田产、服侍俑、扶琴俑等，由此可联想当时富足闲适的美好民间生活。同时，出土的陶器中有少量植物藤蔓纹饰和钱纹的组合，藤蔓组合纹饰后来成为土家族织锦西兰卡普的传统纹样，而类似战国时期短剑的图形后来也常出现在土家族雕刻中，由此民族文化和艺术的源起和传承可见一斑。

这些时期木雕制品已作为生活实用品广泛出现在普通土家族家庭，但木质雕刻技能低下，木雕还未成为独立的艺术形式，可视为土家族聚居区木雕艺术的初期发展阶段，故将战国晚期至汉魏时期都统称为土家族木雕制作年代的"早期时期"。社会的生存环境和文化影响了艺术的起源与发展，考古发现战国时期的墓葬中普遍存在大量兵器，这也印证了巴人尚武的民族文化精神，所谓"巴人勇猛，知兵善战"。这种尚武精神也孕育了当时的审美观念，土家族先人把对木质雕刻的喜爱运用到了兵器上。从出土剑柄、剑鞘的精致雕刻和彩绘，可以遥想在那个战火不断、硝烟四起的残酷年代，土家族先人刚烈的外表下依然保持了一份崇尚美好的柔情。

二、唐宋时期木雕

湖北恩施土家族苗族自治州考古发现了两宋时期的大量漆木器，虽然这些漆木器已残破不全，但仍可从残留的漆器看出其内红外黑，十分精美，由此可看到后来土家族聚居区喜用红色和黑色的依据。恩施来凤县境内发现的"仙人洞"，为用木材制造于高崖绝壁上的房屋建筑，"所使用的木材宽40多厘米的大木枋和粗圆木（直径在 20 多厘米）为楼枕木，其上平铺木板为地面，洞外口原用木板装成房间半壁，木枋、楼枕皆用榫卯结构，楼枕超出壁板 50 厘米，枕木头向外，雕饰成"龙头"形状，远视如放置的器物。"推断其可能属于宋元时期，此"龙头"形状木雕被视为土家族聚居区发现的最早的建筑构件雕刻实物。另外，"仙人洞"内有金器、青铜器、铁器、瓷器、漆木器等多种遗物，漆木器有木勺、浆、漆器的残漆皮等均属同期物品。

从唐代到宋代，朝廷对土家族聚居区实行羁縻政策，在土家地区设立羁縻州郡，任用当地首领进行管理，以维持地方安定。同时朝廷也制定了进贡制度，"在羁縻制度下，各羁縻州峒定期向朝廷进贡方物，或直接送到京师，或送到中央王朝指定的地方"。从马克思主义政治哲学来看，社会存在决定社会意识。政治制度作为一种社会存在，决定了作为社会意识的文化。羁縻时期进贡制度带来的频繁来往，不仅维持了当时中央王朝与地方民族首领之间的正常关系，还从一定程度上促进了土家族与汉族的文化交流，中原汉族文化进一步传入土家族聚居区。土家族在这一时期社会经济得以发展，生产方式以采集、渔猎为主，还有刀耕火种的农耕。土家族手工业也有一定发展，土家织锦已作为贡品进入宫中，深受汉族人民喜爱。此时汉族建筑已发展到了鼎盛时期，唐代汉族建筑高大挺拔，气势宏大，宋代汉族建筑秀丽淡雅，富于变化，砖瓦、琉璃、木雕、油漆已大量使用，精美绝伦。土家人也吸收了中原地区的建筑和雕刻艺术，使这个时期的土家族木雕得到了较大发展。例如，位于恩施巴东县的秋风亭建于北宋，"秋风亭为石木结构，两重飞檐，赤柱彩瓦，雕梁画栋，四角尖顶，高 20 余米，颇为壮观"。但当时普通土家民居建筑依然比较落后，陆游在《入蜀记》中记载，"晚，泊巴东县，江山雄丽，大胜秭归。但井邑极于萧条，邑中冰百余户，自令廨而下皆茅茨，了无片瓦。"可见此时土家族建筑构件木雕的制作虽已出现并有所发展，但只应用在社会高级阶层中。

三、土司时期木雕

土司时期指从元、明时期一直延续到清代改土归流之前的约 500 年时间，中央王朝加强对土司的政治控制，土家族与中原汉族的文化交流也空前增多，是土家族文化发展的重要时期。土家族的雕刻艺术，不论木雕、石雕，还是砖雕，均得到大力发展。土家族建筑构件木雕由于建筑的兴旺，已有较高的水平，家具木雕已普遍进入寻常土家族百姓家中。此时，傩面具木雕也有所发展，雕刻更为生动立体。

这个时期历代土司为彰显权威大兴修建，以土司衙署为中心，建造土司祠堂、练武场、土司陵园、三清观、关帝庙等土司建筑群，追求宫殿式建筑形式。例如，位于湘西永顺的祖师殿，据《永顺县志》载："祖师殿建于后晋天福二年（公元937年），重建于明代。正殿柱大数围，上架木枋处无斧凿痕迹，相传为工输子（鲁班）显灵所建"。"今存建筑为重檐斜山顶、木架构、大柱三十四根，柱础为明代柱础，承重为一斗三升双下昂的宫廷式建筑风格。高20米左右，占地面积约250平方米。建筑雄伟而壮观"。全殿均为木质结构，斗拱古朴雄伟，梁架结构特殊，整个建筑不用一个铁钉，让人叹为观止。"永顺老司城彭氏宗祠中（当地人叫太庙）曾有木质雕刻的历代土司，或文或武，各具神态，可惜已不复存在"。摆手堂和土司城作为土司时期最有代表性的建筑，也保存了很多土家族祖先木雕，雕刻工艺别具一格。贵州印江民族博物馆收藏有土司时期的木质马鞍，做工精细，有彩绘浮雕花纹，可见当时木雕技艺较唐宋时期已有很大发展。土家族区域历来信鬼崇巫，宋元以后傩戏盛行，所谓"无面具不成傩"，木质傩面具雕刻也随之发展，较之早期显得平面的浅雕刻，更多综合运用了浮雕、透雕等技法，傩面具雕刻成为土家族木雕艺术的重要类别之一。这个时期，土家族木雕制作基本形成了自己的独特风格，已发展成为成熟独立的艺术形式。

四、改土归流至民国初期木雕

改土归流至民国初期是土家族木雕艺术的高峰期，不仅表现在实用领域，还发展出艺术类的观赏性木雕。这个时期已开始制作观赏性木雕。每一种制度都是一定历史条件下的产物。清雍正年间，朝廷意识到土司制度一方面给生产力的发展带来阻碍，一方面不利于多民族国家的稳定，决定对土家族聚居区进行改土归流，废除"汉不入境，蛮不出峒"政策，大量汉族人移民至土家族聚居区，向土家族聚居区传播施肥、灌溉、田间管理等生产技术，推行先进的农耕生产方式，使土家族在生产力、手工业等各方面有了长足的进步。同时，重视发展学校教育，施行科举制度，此时期的土家族木雕中也多有琴棋书画、文房四宝、状元及第等图案。土家族聚居区经济快速发展，民居建筑的大量修建带来了建筑木雕的繁荣，梁枋、廊檐、门窗等部位木雕随处可见，家具、宗教木雕等也出现了大量精品。滴水床、太师椅、花轿等日常生活用品无不精雕细刻。由于汉文化的影响和朝廷的控制，汉族的宗教信仰也逐渐进入到土家族的信仰系统中，民间佛寺、道观兴起，也开始出现菩萨、八仙、关公等各类神灵的木质圆雕小神像，也出现了神龛制作。神龛文化也是由汉族带入土家族聚居区并被土家人接受的一种文化形式。另外，土家族的宗教活动傩戏中使用的傩面具也是由木质雕刻而成的，制作精美，雕刻刀法娴熟流畅，造型圆润饱满而富有神韵。

这一时期，伴随着土家族聚居区经济从未有过的快速发展，土家族建筑木雕、家具木雕、器物木雕、宗教木雕逐步发展到了高峰，全面展示了土家族木雕艺术的灿烂辉煌，木雕达到了前所未有的繁荣。

五、现代木雕

民国中后期以后，随着经济发展给社会带来的重大的变革，家族各种用途的木雕均日益减少。西方现代艺术入侵也使民间传统文化陷入低谷，装饰风格日趋简洁。这个时期制作的木雕不再追求精致繁复，而是崇尚简洁。"土家族聚居区建筑构件、家具器物木雕装饰上呈现出简单化的趋势，繁复的雕花门窗被简单的格式门窗取代，庄重繁复的太师椅造型逐渐简化，高度降低，雕花减少，最后演变成了家靠背椅，更随意，也更简单"。

随着近年来古董收藏和拍卖市场的持续升温，流传下来的木雕制品受到越来越多收藏者的青睐。而这也带动了现代木雕装饰的潮流，出现了不少木雕爱好者。现代制作的木雕，根据购买者的喜好和需要，有的仿古繁复，有的简洁明朗，展示了不同风格的美。现代土家族木雕在日常生活中多用于门窗、家具、工艺装饰品等。此外，土家族聚居区为弘扬民族文化，发展区域经济，打造了民族风情旅游景点，新建了民族文化交流场所，修复了古建筑，这都离不开现代土家族木雕的制作。

第二节　湘西土家族木雕的技法分析

　　木雕的发展是一个长期的过程，土家木雕也不例外。木雕的技法绝不是一朝一夕之间就产生的，它可能是伴随着人们对木雕的认知及其题材内容等要求而逐渐出现的，通过对技法的了解，有助于我们了解木雕形成与完善的过程，对更全面地认识和解读它有重要作用。从表现出来的技法看，土家族木雕技法主要有圆雕、浮雕、透雕和线刻，但从目前对土家族木雕的有限历史资料来看，很难考证每一种雕刻技法在土家族木雕中出现的先后顺序。笔者推测"线刻"为最早出现的技法。一方面，有学者根据考古资料分析推断土家族木雕起源于早期的"刻木"，并且早在武陵山区新石器时代就有了大量具有"刻"的功能的工具。在杨家嘴遗址中发现，夏商周时期，最早的雕刻实物是苻圆涡纹刻画的骨筷；另一方面，从操作技巧和难易程度上来看，"刻"是"雕"的基础。因此，可以推测"线刻"应该是最早出现的木雕技法，之后才有了圆雕、浮雕和透雕。

　　土家族作为勤劳、勇敢、智慧的民族，非常善于吸收外族先进文化，在雕刻的技法上也善于学习和借鉴其他民族的传统技术。在此基础上，土家族逐渐完善了本民族的雕刻技法，形成自己独具一格的风格与技法。

一、圆雕

　　圆雕是指前后左右各面均施以雕刻，完全立体，有实在的体积感，从任何一个角度来看都具有观赏性。圆雕多用于神仙、菩萨、历史人物等，从庙宇里供奉的神像来看，雕刻水平参差不齐，有的做工粗糙，人物表情木讷呆滞，有的做工细腻，人物神采飞扬、活灵活现。

二、浮雕

　　浮雕是把图案以外的地方剔除并留出底板料，利用凹凸和透视来表现景深效果，只能从正面欣赏。根据其对造型压缩的程度不同,浮雕又分为浅浮雕(半浮雕)和深浮雕(或高浮雕、半圆雕)。

浅浮雕雕刻耗时较少,多用于隔扇绦环板、家具花板等部位,雕刻对象以吉祥花草、吉祥器物、祥禽瑞兽居多。风格简洁明快,清新疏朗。

深浮雕相对浅浮雕更为立体,耗时更多,常见于雕花床、花窗、太师椅和洗脸架的板心,多表现人物故事情景题材,也不乏动物花卉。写实与写意皆符之,形象生动,稚拙朴实。

三、透雕

透雕又称镂空雕,大致分为两种表现手法:一种是在浮雕的基础上,镂空竹后底板,有单面雕和双面雕之分,窗户门扇多用这种雕刻手法,便于通透采光;另一种透雕是并不镂空背板,而是在竹板前面一层做镂空雕刻,通过这种镂空与浮雕相结合的方式,体现出层次感,层数越多,表示木雕艺人的技艺越高。土家族木雕多为多种雕刻方法相结合,如在一个木雕造型中,有深浮雕、浅浮雕、线刻、透雕,其中透雕既有镂空背板的雕刻,也有不通透背板的雕刻。有的是浮雕与透雕结合,根据具体的造型需要而定,灵活搭配。

四、线刻

线刻是以线为主体的雕刻技法,用于门窗、家具器物上,造型清新、简洁、明快。线刻是木雕技法中最为简单的一种,是其他几种技法的基础,多与其他几种雕刻技法同时使用,起到辅助作用。

第三节　湘西土家族木雕的题材分析

土家族木雕题材取材广泛,形象生动,意蕴深远,饱含着土家人的精神信仰和美好期盼。笔者将其归纳为四个方面:花鸟虫兽类、人物类、器物类、文字造型类。

一、花鸟虫兽类

土家人信奉万物有灵,土家族聚居区恶劣的环境和气候给他们带来了灾难和困苦,同时赋予了他们生存和发展的基础。相比之下,勤劳乐观的土家人对大自然的热爱和感恩超过了对其的恐惧。大千世界的繁花绿叶、水族虫鸟、家禽走兽被认为是带来吉祥的灵物,成为受土家人欢迎的木雕题材。花枝繁茂美丽,鸟儿花间嬉戏,鱼和虾水中畅游,营造出繁花似锦、生机盎然的景象。牡丹花开象征富贵荣华;孔雀开屏象征地位尊贵;梅花、菊花寓意品质高雅;石榴多子,寓意子孙满堂。"蝠"与"福"谐音,蝙蝠被当成幸福的象征,受到土家人喜爱,常见于花窗四角或主图四周、隔扇绦环板和家具花板部位,或有浮雕,或有透雕。这些题材往往被搭配使用,代表不同的含义:鸳鸯戏水寓意夫妻恩爱,婚姻美满;凤穿牡丹寓意祥瑞、美好和富贵;喜鹊与梅花组合寓意"喜鹊登梅,喜上眉梢";莲花与鱼搭配,取其谐音"连年有余";松树、仙鹤组合寓意"松鹤遐龄";蜜蜂、猴组合寓意"马上封侯";鲤鱼跳龙门寓意金榜题名;蝙蝠、鹿、兽、喜鹊组合为"福禄寿喜";等等。龙、凤作为中国传统文化的代表更是无处不在。

这些题材的雕刻也最能体现土家族木雕的最大特点,即画面中的雕刻对象不遵循实物的原始比例,也不在意近大远小和近实远虚的自然透视原则,而是根据表达的需要来构图,打破空间和时间的约束。

二、人物类

人物类图案是土家族木雕中使用最多的题材,不论历史故事、神话传说还是世俗民情,都成为土家人的雕刻对象。土家族是个开放的民族,善于汲取外族文明的养分,三国、水浒、说岳和封神等故事都来自汉族,因此湘西土家工匠中流传着"唐三千,宋八百,雕不尽的列国传"。这些人物类木雕质朴写实,表现内容非常广泛,对民众起到了一定的教化作用和知识传递作用。

在人物的雕刻上,土家族木雕艺人善于以意造型,以神聚形,尤其是在浮雕和透雕作品中不太讲究焦点透视,而是采用传统中国画的散点透视原理,把平视透视的人物放在最重要的位置，配以鸟瞰透视的环境，画面中人大景小，人大马小，人物头大身小，身体各部位长短也不按正常比例刻画。

只作大体轮廓的雕刻，粗略交代五官位置，不作精细雕刻。但人物的冠纶、胡须、服饰雕刻非常到位，比人物面部精细得多，旨在突出人物造型的稚拙、明快，表现人物形态的传神，夸张和变形的手法将人物和环境完整体现在同一画面，使构图更为饱满。竹板施以红色，雕刻部位及边框施以金色，视觉效果上更加层次分明，丰满华丽。对于这种造型风格，有些研究者猜测这可能是由于作者未曾受到过正规的美术训练，以致掌握不好人体比例，但笔者并不认同这种观点。

三、器物类

土家人生活中使用的许多器物，不论琴棋书画、文房四宝，还是生活用具，都能在土家族木雕中找到踪影。琴棋书画、文房四宝等多出现于书香门第，寓意学识高雅；团扇意指团圆；花瓶取其谐音寓意平安，瓶中插月季花，意为四季平安；瓶中插麦穗，意为岁岁平安；瓶中插三只戟，取谐音寓意平平安安，连升三级。这些器物与土家人的日常生活息息相关，如此表现在木雕上，无不映射出土家人的生活情趣，无不彰显土家人的价值观和世界观。

四、文字造型类

文字造型通常与动物组合，通过将文字抽象变形赋予其韵律之感，搭配动植物的纹饰而成，或巧用动物本身的姿势造型组合成吉祥文字，颇为巧妙，突出吉庆祥瑞的主题。用得最多的是"福""禄""寿""喜"，这是土家人历来向往的美好祝愿，吉祥之意不言而喻。抽象变形的文字犹如龙凤飞舞，富含韵律之美，但也呈现了原本的文字笔画结构，再巧妙结合各种具有独特含义的物象和纹饰，整体质感浑厚、颇具气势，表达出浓厚的求吉纳福思想。除此之外，亦有不少"渔樵耕读"的文字造型。

土家雕刻繁荣时代，土家族尚处于农耕时代，从官宦人家到寻常百姓，都崇尚农业生产和读书入仕，这是获得人生幸福的唯一途径，寄托主人金榜题名、光宗耀祖的理想，因此土家族雕刻也多以此为题材。

第四节　湘西土家族木雕的使用范围和功能

一、使用范围分类

土家族木雕艺术是实用的艺术，土家人的衣食住行都离不开木质用具，而有木质用具的地方就必定有雕刻。从实用角度来看，可将其划分为三类：建筑装饰类木雕、家具器物类木雕、宗教器物类木雕。

（一）建筑装饰类

土家族木雕在建筑上应用广泛，土家族聚居区不论民居、戏台，还是摆手堂、祠堂、寺庙，都能看到大量造型独特的木雕装饰。从梁枋、梁柱、斜撑、挑头、斗拱，到窗户、隔扇、门楣、吞口、走廊栏杆、雀替、挂落等，土家人都特别讲究雕刻造型。土家族木雕技艺精湛，具有浓厚的地域特色。

不同部位的雕刻手法亦颇有讲究，如梁柱为了承重，只做简单的线条雕刻或不做雕刻，以避免减损木料的承载力；梁柱上多浅浅雕刻上升状鸟兽，或游涡花纹，人神面部雕刻往往在柱子的中上部位，这样的构图设计使沉重的柱子具有往上提升的视觉效果。梁枋、雀替等对建筑结构有支撑功能但不做主要承重之用的部位多使用浅浮雕、深浮雕、透雕或圆雕，故雕刻更加细致立体，形象更为生动，内容多选用龙凤麒麟、花鸟植物、祥禽瑞兽、吉祥器物、钱币珍宝、云气海水等，如双龙戏珠图、鲤鱼跳龙门图、岁寒三友图等，同时与云纹、回纹、水波纹等纹饰搭配使用。

走廊栏杆等部位多使用透雕或半透雕，走廊栏杆为更大面积的造型，多以几何纹样构图，如井纹、回纹、扇形纹等，中间也可搭配相对简洁的图案雕刻，如龙头等，既保持通透采光，又在结构上使廊柱坚实稳固，起到防护作用。

为了透气采光，窗户和隔扇的雕刻常用透雕与深浮雕结合的雕刻技法，既符合窗户门扇的实用功能，又美化了土家人的生活，体现了建筑木雕的精髓。绦环板、裙板、花板属于隔扇的一部分，不是通透的部位，故多使用深浮雕、镂空雕。窗户和隔扇是建筑木雕使用题材最为广泛的部位，常用龙、蝙蝠、喜鹊、鹿等象征吉祥的动物图案，也常见福、禄、寿、喜文字造型。除此之外，各种历史故事、神话传说、世俗民情等场景和文字造型均有完美呈现，造型质朴，雕刻手法古拙而精细。最常用的搭配方式为"井字形""万字格""如意纹""回纹""乱劈柴"等传统纹样，中间镶嵌一小块雕花板或花窗四角镶"蝙蝠"起"点暗"作用，增添了花窗的艺术感。当室外阳光洒到通透花窗上，在室内地面或墙上投射出花窗纹样，投影线条或直或曲，或疏或密，甚是好看，为生活增添了不少情趣。

（二）家具器物类

木质雕花家具在土家人的生活中也占据了重要的位置，如桌、椅、凳、几、案、屏风、床、鞋帽架、衣柜、梳妆台、洗脸架等，花轿、抬盒、挑盒等在土家人娶亲时也是必不可少的。窗户和隔扇的木雕是土家族建筑木雕中的精华，而家具上的木雕与之相比较，有过之而无不及。笔者在调研期间接触到了湘西土家族苗族自治州博物馆收藏的旧时土家族木雕家具精品。

（三）宗教器物类

自古以来土家人崇拜自然、敬奉祖先、信鬼崇巫，因汉族文化的影响，岳飞、关公等人物也成为土家人心目中的英雄。

傩面具在土家族聚居区俗称"脸壳子"，雕刻的是傩戏中的傩公、傩母、先锋娘子（或先锋小姐）、甘生八郎、开山莽将、和尚、判官等神仙人物，每个傩面具人物都有自己的生平事迹，其因不同身份、性格展现出不同形象，而土家族艺人对这些形象早已烂熟于心，在大胆的想象之下尽情发挥，夸张与写实结合，浮雕、透雕、线刻等雕刻手法综合运用，刀法简洁明快。局部精雕细琢，整体展现出朴拙、粗犷的艺术风格。耳、鼻、嘴等部位都要用心精细雕刻，然后进行打磨去粗。一些人物还有头饰雕刻，如傩母头戴凤冠，雕刻相对精致华丽，显出其崇高的地位。

有的傩面具不着色彩，只在外表涂上清漆，有的傩面具则施以色彩，更为生动。

傩面具上色手法为平涂，没有明暗之分。先对面积相对较大的脸部上色，再是五官等细致的部位。土家族对色彩的选择很有讲究，傩面具上色多用红、黑、白、黄四色，用色饱和绚丽，色彩明快而对比强烈，浓艳欲滴却又艳而不俗，与土家织锦的设色有异曲同工之妙。土家织锦多用极色，底色常用的是大红、深蓝、墨黑，图案则是鲜艳跳跃的亮色，对比响亮，清新可喜。土家族傩面具设色还善用白色与浓重的底色制造强烈反差，一方面充斥着浓郁的宗教色彩，另一方面形成刺激的视觉冲击力，唤起人们的恐惧心理。例如，开山莽将的面部着色运用了夸张的手法，以黑色为底，而头、嘴、脸、眉毛和头饰均用红色，黑色突起眼珠周围的眼眶部位，牙齿用白色涂绘，鼻头和脸颊部位均用白色圆点点缀，在红、黑两色的衬托下，形成了对比强烈的效果，视觉上更具震慑力，凸显开山作为武将人物的威猛形象。先锋面具的着色运用了写实手法，以接近现实的土黄为底色，黑色勾勒眼睛、眉毛的线条，嘴部用红色描绘，头部用花朵、植物叶子的图案装饰，清秀的面容和微笑的表情中透着亲切感，展现了先锋小姐美丽贤惠、正直善良的人物特征。王兴业在《从傩面具的艺术特色看民众的审美情趣》中指出，我们说民间艺术的设色不是纯粹服务于视觉审美感受的，也包含历史的、文化的、宗教的积极参与。

土家工匠通过自己丰富的想象力，巧夺天工的雕刻，饱含感情和象征的设色，赋予了面具灿烂的生命活力。土家族傩面具作为土家傩戏不可或缺的一部分，除了增添了傩戏的感染力和趣味性外，其本身也因独特造型和丰富内涵而成为木雕艺术中的一个门类，自然被赋予了独特重要的历史、文化和艺术价值。

二、湘西土家族木雕的功能

功能即事物或方法所发挥的有利的作用。土家族木雕来源于日常生产、生活，最初是无主题有功利性的。土家族木雕艺术被称为实用的艺术，土家族木雕作为一种客观存在的实体，实用功能不言而喻。它又是一种客观存在的艺术形式和艺术实体。随着社会的发展，教育、宗教象征、装饰审美成为土家族木雕最突出的功能，渗透在土家人生活的方方面面，起到了不可忽视的作用。

（一）教育功能

土家族木雕艺术的教育作用主要是指土家人在日常生活中，通过对木雕制品的制作、使用和观赏，接触到雕刻内容反映的知识和信息，潜移默化地受到木雕所传递出的真、善、美的熏陶，从而影响到他们的审美追求、世界观和价值观。

土家族是有语言无文字的民族，对文化的传承手段先天不足，但土家族通过丰富多彩的其他艺术形式加以记载表达，木雕就是一种很好的载体。土家族木雕艺术是实用的艺术，日常生活中被频繁接触和使用，这更赋予了它成为从物质到精神传递的载体的先天条件。土家族木雕艺人通过不断的创造，又使土家族木雕凝聚了不同时期土家人的思想，成为传承土家族文化艺术的最好载体之一。土家族木雕作为土家族文化记忆的重要物证传递着土家人浓烈的情感、丰富的历史文化知识、民族的传统伦理道德，成为传统礼制下最有效的教育手段。

古人讲求藏礼于器，器以载道，寓教于物。土家族木雕就很好地做到了这一点。在建筑、家具、日用品等木雕装饰中就有不少内容是关于伦理、道德、礼教、儒家伦理故事的传说。特别是以流传甚广的"孝道"文化为主题的木雕，如《二十四孝》，就被木雕艺人广泛采用，中国人提倡"百善孝为先"，对父母要孝敬，对老人兄长要尊敬，这是社会公认的伦理。《诗经》中有："父兮生我，母兮鞠我。抚我畜我，长我育我。顾我复我，出入腹我。欲报之德，昊天罔极！"这是儒家仁德的根本，几千年来，"孝"文化在人们的思想中已根深蒂固，这是中华民族的美德，其在民间有如此大的社会基础，正是由于人们对"孝"的认可。"孝"文化也是封建社会奴化国人的一种方式，汉代以来的历代君王就提倡以"孝"治天下。"事父母能竭其力，事君能致其身"，以父权来衬托君权的神圣至上。唐代张彦远曾说："夫画者，成教化，助人伦。"木雕能让人们长期耳闻目染，久而久之，无形中受到影响，可见"孝"文化对安邦治国起到了一定作用。还有不少体现侠肝义胆、君臣礼仪、仁义道德、尽忠诚信内容的木雕作品，其故事、人物、情结都家喻户晓，如取于《杨家将》《三国演义》中的典型人物及故事，可谓代代相传，经久不衰。

根据马斯洛的需求理论，人类在生理需求和安全需求得到满足后就会追求更高的归属需求、尊重需求和自我实现需求。人的目标和欲望是无止境的，不同时期的统治阶层为了巩固政权，维持社会安定，需要控制民众的欲望，约束民众的行为，尤其针对天性勇猛、民风彪悍的少数民族。土家族聚居区由于受地理环境的制约而长期封闭，民众文化水平也普遍偏低，统治阶层正是充分利用了木雕这一生活中无处不在的载体，既形象又生动地传播精忠爱国的精神，变相地宣扬有利于国家统治的信仰和禁忌，对民众施以无声的威慑力。土家族木雕作品的教育功能虽不像政令、文化教育般强制推行而达到立竿见影的效果，但由于木雕有着在土家人生活中不可或缺的特点，土家人在耳濡目染中逐渐融入了这些标准和观念，起到了潜移默化的教化目的。

这些精美的木雕不仅美化了土家人的生活，更是一种知识的传递，体现了土家人的深厚文化意蕴，起到了传承民族信仰、弘扬传统美德的作用，是寄托美好愿景的载体，教育影响了一代又一代土家人。

（二）宗教象征功能

土家人的木雕工艺有很大一部分被运用在宗教建筑、宗教祭祀仪式、神像雕刻上，赋予其宗教象征功能，如建筑方面的宗族祠堂、庙宇、摆手堂，宗教祭祀仪式的傩戏，神像雕刻的祖先和神仙。

土家人十分看重宗教建筑，尤其是宗族祠堂、庙宇，总是倾其人力、财力、物力、智慧，大量使用木雕装饰，体现着浓厚的巫术色彩和万物有灵的思想。由于土家族处于原始宗教阶段，认为万物有灵、万物皆神，各种附着于建筑、家具上的雕刻图案都是有生命力的物象，都是神灵的显现，土家族宗教建筑木雕亦如此。宗教建筑的木雕中有大量的飞禽走兽、花草树木、俊山秀水。此外，也不乏传统典故、历史神话、戏曲故事和现实生活，取材广泛。雕刻技艺虽比不上湖广会馆精细华美，但透露出民间艺术独特的神秘、粗犷及质朴。

　　土家族聚居区自古被巫文化笼罩，又由于社会经济发展迟缓，生产力低下，原始文化遗留较多，外族文化和变革对土家傩戏的影响较为薄弱，土家傩戏得以自然从容地发展和传承，一直在土家人的生活中占有重要的位置。所谓"无面不成傩"，傩面具作为傩戏不可或缺的道具也被格外看重，甚至比傩戏本身更重要。每个傩面具在土家族木雕艺人的刀下生成轮廓，再被配以强烈的对比色彩，形象地呈现角色的特征，制造强视觉冲击力，唤起人们的恐惧和敬畏心理，充斥着浓郁的宗教色彩，显得威严和庄重，在祭祀表演时增添了傩戏的感染力。土家人有着"信则有，诚则灵"的宗教观念，在土家人的眼里，每个面具被雕刻出来就被赋予了生命，就是神和祖先的化身，饱含着土家人的情感与精神寄托，因此土家人对傩戏面具如同对神和祖先一样敬重。尤其是傩戏面具中的凶神，被雕刻得丑陋、狰狞、怪诞，土家人认为他们越是丑陋、狰狞、怪诞，就越是能够与神相通，越能威慑到作怪的妖魔，实现土家人的平安、长寿、求子、丰收等愿望。土家族傩面具蕴含着深厚的土家族宗教文化，承载了土家人驱鬼逐疫、缅怀祖先的心愿，也成为传承民族传统意识和宗教信仰的重要载体，代代相传。

　　神像雕刻在土家族的寺庙和百姓家中都很常见。土家人有祖先崇拜，这些祖先里的土王、八部大神、向王等都是木雕雕刻的对象，土家人认为这些早期祖先的灵魂可以庇护本民族，将祖先木雕置于庙宇、祠堂定期祭祀。另外，还有土家人供奉最勤的土地神和白虎，逢年过节，重大喜庆，都要敬土地神、敬"白虎"，土家族各地都有土地庙、白虎庙，有的人家中堂上供有木雕"白虎"神位，土家人相信通过顶礼膜拜能求得平安，避免自己和家人可能遭遇的灾难。另外，土家人家中常有福、禄、寿三星木雕摆件，雕刻精美。

　　从土家族木雕艺术的宗教象征功能角度来看，它是功利性的。因为人们有求于神，有求于先人，希望通过祭祀和崇拜达到满足自己愿望的目的，于是创作出如此多具有宗教象征功能的木雕。而且土家人相信这些木雕雕刻得越精致，越神似，越威严，就越能打动神灵，越能带来更大的物质和精神利益。正是这种原始直接的功利性宗教目的刺激了土家人对宗教象征功能木雕的大量需求，激发了土家族木雕艺人巨大的创作热情，从而很大程度上促进了土家族木雕艺术的创作和发展，才涌现出了丰富的被赋予浓郁精神内涵的土家族木雕艺术作品。

如今，许多传统土家族祭祀活动已逐渐取消，但有些偏远地区仍然保持着传统祭祀风俗，也会制作祭祀用木雕制品，如神像、面具等。现代土家人制作的土家族傩戏木雕面具也属现代土家族木雕范畴。但人们对木雕的民族属性已非常淡化，或是几乎不在意。

（三）装饰审美功能

土家人历来喜欢并且善于装饰。人类对美的追求自古就有，从未间断，并且随着人类对美的认识的深入，审美的内容和内涵也不断调整，对一个民族审美的观察可以看出这一族群的人生观、价值观。

格罗塞在《艺术的起源》中提到，每个原始民族中都有许多东西的精细制造是有外在的目的可以解释的。翡及安人的篮子如果编织得不那么整齐，也不见得就会降低它的用途。澳洲人常常把巫棒削得很对称，但据我们看来即使不削得那样整齐，他们的巫棒也不至于就会不适用。根据上述情形，我们如果断定制作者是想同时满足审美上的和实用上的需要，也是很稳妥的。同样，土家族的很多木制品上面的雕刻即使没有也不影响其实用性。比如，土家族聚居区考古发现的战国晚期至西汉初年的物品中的巴式柳叶剑，即使木质剑柄不饰以雕刻也丝毫不影响其作为兵器的用途；木雕花纹残剑鞘，即使不雕刻花纹也一样可以起到保护柳叶剑的作用；棺木中的漆木梳，即使没有黑底红花的颜色搭配和云纹卷的雕刻装饰，也不妨碍其梳理头发的功能。由此可见，从很早时期开始，土家人就开始不仅追求实用，还通过雕刻与设色来装饰木制品，增加美感，从而带来使用过程中的愉悦感。

土家族信奉万物有灵，认为自然界的灵物有超自然的特异功能，因此喜爱将大自然的一花一草、飞禽走兽，还有生活中的各种器具物品都作为雕刻的对象。

土家族木雕对象中的蝙蝠、鹿、兽、喜鹊、孔雀、鸳鸯、鱼、牡丹、梅花、菊花、莲花、石榴、琴棋书画、文房四宝、镜子、宝剑、花瓶、团扇、吉祥文字等，无不是能给土家人带来吉祥的、象征美好的事物，土家人采用这些对象，通过借形寓意、借音寓意或象征的手法来表达避凶趋吉的愿望。由此可见，最开始土家人并不是由单纯的审美出发，而是出于功利性的目的希望带来吉祥而雕刻。在土家人的眼里，这些富有生命力的雕刻对象能够带来愉悦和吉祥，它们的造型和纹样必然也是美的体现，起到了装饰审美的作用。宗教象征、部落徽章、产业标记以及字形等除掉实际用途以外，都有审美的作用存在。土家人把这些美的对象雕刻在各个地方，既增添了吉祥意味，又富有生活情趣，这也是土家人审美观和世界观的体现。

土家族傩面具除了具有注定的与生俱来的宗教象征作用以外，还有装饰审美作用。我们不仅承认另加饰物为装潢，就是对于一件用具的磨光修整，也认为是一种装潢。这里的"装潢"亦可理解为"装饰"。傩面具的雕刻和设色本身就是一种装饰，面具不能根据台词和剧情而变化，土家族木雕艺人通过这样的装饰来丰富角色表情、彰显角色个性，易于吸引观者的注意力。傩面具的装饰是有针对性的，力求与角色性格特征相吻合。粗细结合的雕刻使面具展现接近角色的轮廓，整体线条粗犷奔放，富有张力，但细节又精致到位，耐人寻味。再在造型怪诞的面具上辅以色彩，使面具角色更加神采奕奕，更突出鲜明的个性。土家族傩面具尤其注重色彩的整体效果，如红色象征忠勇、白色象征奸邪、黑色象征力量、黄色象征善良，傩面具着色没有明暗之分，重彩与淡抹皆用，大部分用色大胆、强烈，用极色搭配造成强烈反差，带来强烈的视觉冲击。装饰纹样极其丰富，如线刻为主的旋涡纹、弧线纹、锯齿纹、曲线纹等；开山莽将头上的角用颜色绘出旋涡纹，象征动感、力量。此外，还常用动物纹样和植物纹样进行装饰。一方面，土家人相信经过这种精心装饰的面具形象更加能够通晓神灵、驱鬼辟邪；另一方面，观者同样会被其怪异夸张的造型和极具视觉冲击力的色彩震慑，强烈感受到一种威严正义、原始稚拙的笑。古代诸氏族的野蛮的神话传说、残暴的战争故事和艺术作品，如荷马的史诗、非洲的面具，尽管非常粗野，甚至狞厉可怖，但仍然保持着巨大的美学魅力。土家族傩面具也正是如此，除了宗教功能，还带来视觉形式的美感，极大地增强了傩戏的艺术观赏性。

土家族木雕不仅具有教育功能、宗教象征功能，还反映了土家人的色彩观念，同样蕴含了巨大的美学价值。这些功能相互之间又是紧密相连、不可分割的。土家族木雕不仅是一种有用的物品，也是一种精神物品。它在宗教象征上给人们提供了精神寄托，带来巨大的精神愉悦，在教育方面给人们带来正面积极的影响，在装饰审美上给人们带来美的精神享受和生活情趣。傩戏面具因宗教而生，首先被赋予了宗教功能，又因其独特的造型和大胆设色而具有极其珍贵的装饰审美功能和美学价值，这种装饰审美功能又反过来促进了其在宗教仪式中的表现力和象征意义，增强了傩面具本身和傩戏的宗教功能。由此来看，这些功能都是相互依赖、相互促进的，不能孤立地看待每一种功能。只有全方位地看待土家族木雕的功能，才能完整地体会土家族木雕的巨大价值。现代土家族木雕的地位已不同于旧时。较之旧时木雕在土家人生活中的不可或缺，现代土家族木雕更是一种追求生活品位的象征，因此装饰审美功能更加突出。

近年来，随着古董收藏和拍卖市场的持续升温，木雕制品受到越来越多收藏者的青睐。一些古建筑和老家具上拆卸下来的木雕花板被喜爱者收购，有的被镶嵌在现代建筑或家具上，有的直接挂在墙上当作装饰。随着这股怀旧风格的日趋流行，土家族现代木雕也得到人们更多的关注。人类的怀旧情结并不意味着开倒车，而是人类感觉到过去与未来本是一体，无法割断，也不必割断。现代的土家族木雕类型已大量减少，木雕多用于建筑、室内装饰和祭祀礼仪。科技的进步使现代的木雕制作工具大大进步，土家族木雕制作开始使用由电脑操控的木雕机器、电钻等现代化工具，多采用机器与手工相结合的制作方式，极大地提高了制作效率。

除了收藏爱好者在拍卖市场或民间收藏者手中购买土家族木雕作为收藏和装饰外，越来越多的城市人喜欢购置或订做土家族木雕家具于家中，被看成对生活品质的追求。我们在对湖南省非物质文化遗产木雕传承人符自元先生的采访中了解到，他的木雕工坊制作的木雕家具和装饰品一半被当地人购买，一半被广州深圳的买家订走，不愁销售。2010 年工坊买入木雕机，开始利用机器与手工相结合制作木雕制品，符师傅坦言木雕机能给工坊节省很多人力，但依然同时坚持制作纯手工的作品。同样的家具，手工制作比机器制作的市场价格高出 2 ~ 3 倍。对符师傅而言，他在乎的不仅仅是价格的差异，还有作为一位民间艺术家对真正纯手工木雕艺术发自内心的热爱，他的木雕家具作品曾在湖南首届家具博览会上获得金奖。符师傅意味深长地说道："纯手工的作品每一件都是独一无二的，制作时有不同的心情，雕出来每一个作品都不同。纯手工的才是真正有价值的！"

第八章　湘西地区的民间印染技艺

第一节　湘西少数民族印染的历史

早在距今六七千年前的新石器时代，我们的祖先已能够用赤铁矿粉末将麻布染成红色。居住在青海柴达木盆地诺木洪地区的原始部落已能把毛线染成黄、红、褐、蓝等颜色，织出带有彩条的毛布。商周时期人们便掌握了染料染色技术，如1974年在陕西宝鸡茹家庄出土的西周辫子股刺绣印痕，其纹样便是由石黄、朱砂等色涂绘的。此外，在陕西华州墓葬中曾发现朱红色的麻布残片，说明当时已经具备染色工艺。到了周代，民间已有专门的染匠从事丝帛染色。《尚书·益稷》记载："以五彩彰施于五色，作服。"《周礼·天官》曰："染人染丝帛。"表明周代宫廷手工作坊中设有专职官吏"染人""掌染草"管理染色生产。当时，人们已经掌握了赤朱砂、石黄、空青、石青等多种矿物质颜色染色技术，植物染料也广泛地运用于织物染色上，如用蓝草（蓼蓝）染蓝色、茜草染红色、紫草染紫色、栀子染黄色等。

春秋时代，练染业有了长足的发展，蓝草的种植已经非常普遍，染坊也大批出现，并逐步形成独立的手工业管理部门。染色技术进一步提高，从涂染、浸染发展为复染、媒染。我国早期工艺著作《冬官考工记》记载"钟氏染羽，以朱湛、丹秫，三月而炽之，淳而渍之。三入为纁（绛色），五入为緅（青赤色），七入为缁（黑紫色）"，指的是不同次数的浸染可以取得不同的染彩效果，它是中国最早使用化学反应原理染色的典型记录。当时，染色技术主要有两种，即石染和草木染。石染是用朱砂、赭石、石黄、空青、石青、蜃灰（白）粉末等矿物质颜色涂染和浸染丝帛，草木染是指用植物染料进行浸染、套染和媒染织物。《荀子》的《劝学》《王制》《正论》等篇中总结了织物染色经验，提出"青，取之于蓝而青于蓝"的科学论断，还比较了紫草（紫色）、空青（青色）、赭色（红色）、涅（黑色）等染料的优劣，这证明了当时的染色工艺已经积累了相当丰富的经验，达到了高超水平。

秦汉时期，我国封建大一统的局面促进了汉与西域文化的沟通和中外丝织技术的交流，印染技术取得了举世瞩目的成就。尤其在汉代，丝织的染色工艺已经有了相当大的发展，汉政府设置了专门管理练染的机构。如工官有"平准令"，主练染，作彩色，宫中设"暴室，主掖庭织作染练之署"。随着印染业的发展，不仅出现了专门开采朱砂矿的大矿主，还出现了以种植栀子、茜草、红花草等染草为业的人。除此之外，秦汉时期凸版印花技术也达到了一定的水平，1971年长沙马王堆一号西汉古墓出土的印花敷彩纱和金银色印花纱足以为证。从出土实物来看，印花工艺已采用了凸版（阳纹）和镂空版（阴纹）两种，色彩已达六种。印花敷彩是印花和彩绘相结合的一种装饰方法，这种方法是先印出地纹，然后依据地纹在上面用笔涂各种颜色添枝加叶。金银色印花纱是一种十分精细的印染作品，花纹由细线组成，流畅而优美。它是用阳纹的凸版刷浆印花，如同盖图章一样在底色上印出花纹。线条弯长细密，纹样全用细密的线条和小点，看上去非常雅致和秀丽。这是我国目前见到的最早的多套版印花工艺。由此可见，我国古代南方印染工艺在汉代已非常发达。

据考证，我国西南少数民族地区在汉代已经掌握了蜡染工艺。他们利用蜂蜡和虫白蜡作防染的原料，将其熔化后在白布或绢上绘出花纹，然后浸入靛缸（主要是蓝色，少数染紫、红等色），最后去蜡显花。这种布古称"阑干斑布"或"阑干细布"。随着西南兄弟民族之间的文化技术交流，印染技术逐渐传到中原内地以至全国各地，还流传到亚洲各国。1959年在新疆民丰东汉墓发现汉代"蓝白印花布"两片。其中，一片是圆圈、圆点几何纹样组成花边，大面积地铺满平行交叉线构成的三角格子纹；一片是小方块纹，下端还有一半体像。这是一份十分可贵的蜡染实物史料。通过以上例证，依稀可寻湖南的印染工艺和湘西蜡染工艺的历史发展线索。

魏晋南北朝时期，印染所用的染料已有所更新。红花染色取代了茜草，栀子、黄栌、黄檗等逐步被地黄取代，木蓝也逐步取代了蓼蓝和菘蓝。此外，又增添了一些新型染料，如虎杖等。在印染方法中，绞缬应用广泛，夹缬染织工艺也得到很大的发展。从新疆阿斯塔那 305 号墓和 309 号墓，先后发现十六国时期的染花绢（绞缬）和北朝时期的夹缬。不难得知，夹缬和绞缬已有相当大的生产规模，其技术已传播至远离中原的新疆地区。

唐代是我国封建社会经济文化鼎盛时期，印染工艺已经相当发达，精炼、染色、印花、整理等都达到了空前的繁荣。据《唐六典》记载，官府掌管印染之事，织染署下设"练染之作有六：一曰青，二曰绛，三曰黄，四曰白，五曰皂，六曰紫……凡染，大抵以草木而成，有以花叶，有以茎实，有以根皮，出有方土，采以时月，皆率其属而修其职焉"。宫中也设染房，张萱所绘的《捣练图》描绘的便是官府专业捣练的操作情景。中唐以后，染缬在社会上普遍流行，主要有夹缬、葛缬、绞缬、拓印以及碱印等，我们从唐代遗存的各种艺术品中，不难寻觅到夹缬和绞缬的痕迹。张萱《捣练图》中所绘的妇女形象，其中几个妇女的衣裙就是用夹缬或绞缬布料所制成的；《虢国夫人游春图》中也有几人身着蜡染衣；《簪花仕女图》中贵夫人的裙边是用印染布料加工制作而成的；从各地出土的唐三彩陶俑实物来看，很多女俑也是身穿碧绿色的小簇白花衣裙；从敦煌壁画及经变故事所绘的大量人物衣着来看，可以发现很多人物身着当时称为"团窠缬"或"山水衲缬"的染缬衣裙。由此可见，染缬技术在唐代极为流行。

南宋时，随着印染业的发展，印染技术也不断提高，染缬加工已日渐专业化，一批专门从事雕造花缬的工匠从雕版印刷行业中分离出来，造就了一代著名的镂刻印花版的雕匠。此时，防染技术也有了新的发展，在民间，有用石灰和豆粉调成浆，作为防染剂代替蜡料防染。《图书集成》卷六百八十一《苏州纺织物名目》讲到南宋宁宗嘉定年间（1208—1224），嘉定安亭镇有归姓者始创药斑布，"以布夹灰药而染青，候干，去灰药，则青白相间，有人物、花鸟、诗词各色，充衾幔之用"。药斑布又名浇花布，就是现今民间的蓝印花布的前身。这种印花布是民间妇女重要的服装面料。

明代设有颜料局，专门掌管颜料。此时，用于染色的植物已达几十种，染料的生产也形成了地域性，如红以京口最为有名，蓝则以福州、泉州、赣州等地最著。许多地区出现了分工很细、各有专职的染房，如蓝坊专染天青、淡青、月白，红坊专染大红露、桃红，杂色坊染黄、绿、黑、紫、古铜、水墨、血牙、驼绒、虾青、佛西金等色。明代套染与固色技术取得了很大的突破，色谱和染色方法众多，仅《天工开物》记载的就有二十多种。当时采用了一种"打脚"（做底色）的工艺，可使染色亮丽，色调浓重。事实证明，从现今明代遗存的丝、棉染织实物来看，虽然历经四五百年，但颜色仍然鲜艳如新，可见其印染水平之高超。

明代印染以芜湖、京口（江苏镇江）最为著名，当时印染彩色丝帛、雕造花版、印染斑缬等技术已非常高超。由于印染生产规模的扩大，蜡染和绞缬已不能适应时代需求，于是人们在实践中创造了"拔染"技术，即利用化学药品褪色的方法，使染印深底白花的印染花布生产率成倍提高。明末清初，民间蓝印花布在我国南方已极为普及。清代，以药斑布最为发达。据《古今图书集成》记载："药斑布俗名浇花布，今所在皆有之。"《常州府志》更具体记述了药斑布的制作方法："浇花布染法有二：以灰粉渗矾涂作花样，然后随作者意图加染颜色，晒干后刮去灰粉，则白色花纹灿然出现，称之为刮印法。或用木板刻花卉人物鸟兽等形，蒙于布上，用各种染色搓抹，处理后，华彩如绘，称之为刷印法。"所谓刮印法，与现在蓝印花布中的印染工艺已十分接近。清朝末年，蓝印花布采用油纸作花版，用豆粉和石灰作防染剂，全部制作工艺与现在的印染工艺基本相同。其实，蓝印花布在我国江苏、浙江、湖北、湖南以及江西、四川等地均有生产。

到了民国时期，民间蓝印花布在湖南已相当流行，并已发展为城乡人民不可缺少的服饰生活用品。不仅在常德、湘潭、邵阳拥有蓝印花布的集中生产地，在湘西各地亦有不少民间印染作坊。据《临武县志》记载："民国时期，县人采用土靛将布染成深蓝色（俗称宝蓝布），方法是将染料加水溶化，再放入白布料同煮，使染色附于布面。"染料是用旱土作物靛叶制成，镇南、香花岭等地均有靛叶生产，制成土靛后，上市销售，当时县城及集镇有印染点多处。民国初年，仅常德地区就有大小印染作坊200余家，从业人员近2 000人。据邵阳印花雕版老艺人曾祥纪在20世纪50年代的回忆：邵阳有8家大的染坊，每家的花布从楼前堆到楼后。连广东、广西和贵州的染坊都到邵阳来买花版。邵阳当时有一个叫德福春的作坊，印染的布料在贵州打开了销路，以后便成为专做贵州生意的作坊，当时湖南印染业之兴旺可见一斑。

第二节　传统印染工艺流程

湘西民间历来擅长印染工艺，蓝印花布在全国都有很大的影响。从印染制作技巧和工艺流程上来看，传统印染工艺主要有蓝印花布、蜡染、扎染三种。

一、蓝印花布制作工艺

蓝印花布制作工艺又称浆染，是把镂空花版铺在白布上，用"抹子"把防染浆剂刮入花纹空隙漏印于布面，干后浸染靛蓝，然后除去防染浆粉，即显现出蓝白花纹。蓝印花布有蓝地白花和白地蓝花两种。蓝地白花布只需要一块花版印花，构成纹样的斑点互不连接。白地蓝花布一般都采用两块花版套印。印第一遍的叫"花版"，第二遍叫"盖版"，盖版的作用是把花版的连接点和需留白地之处遮盖起来，更清楚地衬托出蓝花纹。蓝印花布制作有四大工序：雕刻印版、配料下靛、印染花布、漂滚花布。

（一）雕刻印版

裱纸：刻版用纸多选用皮纸，其特点是纸质纤维韧细，附色能力好，透光度强，质感朴素，遇水干了以后变得硬朗，用野柿子捣汁泡水（称膏子，味涩口）加工成胶合皮纸，就更为结实，见水不溶，不起皮。裱10至12层，糊在墙上晾干，可保持坚挺平整。

描稿：将两至三层纸版钉在一起（一次可雕刻两至三层），用笔在上面一层描绘事先设计好的图样或将已有花纹刷印于纸版之上。

刻版：用刻刀照纸版上的花样镂刻成透空的漏版。刻刀一般有圆口、弧口、平口、斜口四类。圆口刀又叫"铳子"，有大小数种，主要用来铳圆孔。弧口刀又叫"曲刀"，有各种弧度，用于刻月牙和尖瓣。平口刀用于刻直线和尖角。斜口刀则可立刃走刀，能将较长的线条一气呵成。刻花与锉花技法相同。

上油：先用卵石把刻好的花版打磨平整，并打蜡，称作研版。然后刷上桐油或光油，晾干后即可使用。

（二）配料下靛

下料淘靛：将植物靛蓝倒入箩中，在缸水中淘，细靛漏下去，粗草留下来。再把碱和石灰加入水中，成分比例如下：土靛40至50斤，碱水6斤，石灰3至4斤，另加甜酒4斤（起发酵作用）。酿缸后，起黄绿色，再加同样分量的料，至足够为止。

搅缸配靛：下靛后即用木棍搅动缸，然后用缸碗舀起缸水看看是否已成黄色。如缸水呈香油黄则染出蓝色深，叫作"颜色大"，呈姜黄色则染出蓝色浅，叫作"颜色小"。有经验的染匠可用口尝缸水，碱重了涩口，石灰重了呈凉性，便可适量加水。一般每100斤染料可染40至50米布，然后便要加料，不能让靛水虚亏，因为缸水是靠碱和石灰养着的。

（三）印染花布

调防染浆料：刻版和下靛是印染的前期准备工作。具体到印染花布工序时，还需要调制防染浆料，防染浆料的作用是使白布不受蓝靛浸染。其制作方法是用三成黄豆粉、七成熟石灰加水调成糊状。也可用熟石灰拌入水豆腐，发酵后搅匀，调成糊状。石灰和豆粉都要求越细越好，否则染出的白花将不会清亮。

刮浆填缝：用牛骨或木板做的"抹子"将防染浆剂刮入花纹空隙，要求平整均匀。

紧固浆布：将刮有灰浆的白布晒干，在45℃温水中浸泡，在温水中加入适量猪血浆，可紧固灰浆，同时染后呈紫色（湘西人喜爱蓝里带紫颜色），浸泡发软后即可入染。

浸染花布：缸水要求温度保持在 20 ℃左右，白布入缸前，要在缸中间悬挂一个铁丝编织的网状"缸罩子"把水分隔成上、下两部分。然后把白布或经过捆扎或印花的坯布浸在上部，用双手在缸水中操作，使布面全部吸收染液，浸染时下手要轻，不可乱抓或用棍子戳，以免把灰浆刮掉。约 20 分钟后，把布取出，折叠起来放在缸口上的"担缸板"上轻轻挤压，挤出水分，接着挂在架子上氧化，布就由黄变绿，由绿变蓝。第一次染出来的是浅蓝色，氧化后再浸一次，蓝色就深一层，反复浸染 4 至 5 次，蓝色就愈浓重。

（四）漂滚花布

清漂晾晒与滚压花布是印染花布的最后一道工序。每从染缸染过一次布料，捞出后均要洗净晒干，故染坊应备有足够水源的水井或水池，户外竖有晒架。由染匠用长竹竿将湿布挑上晒架，有时布长数十米，晾晒时场面十分壮观。布晒干后多有折皱，便用圆木柱卷好，以脚踩巨石滚压之。压过之布，正反分明，平整悦目。

二、蜡染制作工艺

蜡染：古称"蜡缬""蔼缬"，是以蜂蜡、黄蜡或白蜡作防染剂，在白布上描绘图案，然后入染、除蜡，在蓝底上显出白色花纹的一种印染方法。蜡染有单色染和复色染两种，复色染有套色到四五色的，因不同的颜色容易互相浸润，亦能产生丰富而奇妙的彩色蜡染。

蜡染始于汉代，尤以我国西南少数民族地区盛行，苗族聚居区至今还流传着《蜡染歌》。清末民初，湘西苗族聚居区还有一定规模的蜡染生产，染制门帘、床单、帐檐等。目前，与湘西毗邻的贵州苗族聚居区的蜡染工艺仍然十分发达，而湘西只有少量蜡染生产，主要染制一些旅游工艺品。

（一）蜡染制作的工具

1.布料

蜡染布料以棉布、棉漂白布或棉麻布为宜。

2. 蜡料

蜡染所用蜡料品种较多，常用的有石蜡、蜂蜡、木蜡、白蜡及蜡烛，蜡染时根据需要可单独使用，也可混合使用。

3. 松香

加入少量松香可使蜡液凉后松脆，产生蜡纹，但不能过多使用，否则蜡层易剥落。

4. 染料

染料分两种，即天然染料与合成染料。天然染料包括植物性染料、动物染料及矿物质染料。合成染料是以化学元素人工合成的新型染料，其特点是色谱齐全、黏合度强、不易褪色。

5. 其他

精炼剂（洗衣粉、肥皂水）、促染剂（食盐）、固色剂、漂白剂等。

（二）蜡染制作的材料

1. 画蜡笔

绘制蜡花的工具有毛笔、排笔、蜡刀以及自制铜斗笔。铜制的画刀最为常用，因为用毛笔蘸蜡容易冷却凝固，而铜制的画刀便于保温。这种铜刀是用两片或多片形状相同的薄铜片组成，一端缚在木柄上，刀口微开而中间略空，以易于蘸蓄蜂蜡。根据绘画各种线条的需要，有不同规格的铜刀，一般有半圆形、三角形、斧形等。

2. 加热器

民间常用油灯、木炭、火炉等加热蜡料，现代也用电炉、酒精灯等。

3. 熔蜡锅

铝锅、铝盘、搪瓷锅、不锈钢锅等都可用于熔蜡，但不能太大。

4. 染缸

传统染缸以木桶、土陶缸染织物，现代也有用脸盆、塑料桶代替。

5.其他

用于蜡染的工具还有竹棍、熨斗、计量器、碗、碟等。

（三）蜡染制作方法

制作蜡染时，将白布平铺于案上，置蜡于小锅中，加温溶解为汁，用蜡刀蘸蜡汁绘于布上。绘成后，投入染缸渍染，染好捞出用清水煮沸，蜡熔化后即现出白色花纹。由于蜡受热熔化、受冷凝结的特性，所以在描绘时要具备熟练的技能。蜡太热则线条化开，花纹变形，蜡太冷则不易流动，花纹断续不齐。因此，熬蜡的温度必须适当。因为蜡凝结后收缩或加以揉搓，所以产生许多裂纹，入染后，颜料渗入裂缝，产生一丝丝不规则纹理，形成一种独特的装饰效果，俗称"冰裂纹"。具体染制步骤如下：

（1）平整画布。先将自产的布用草灰漂白洗净，然后用煮熟的芋捏成糊状涂抹于布的反面，待晒干后用牛角在桌面上磨平、磨光。

（2）描稿。将要表现的图案用铅笔、毛笔或石粉在白布上描出草稿，为蜡画做好前期准备。

（3）点蜡。把白布平贴在木板或桌面上，把蜂蜡放在陶瓷碗或金属罐里，用火盆里的木炭灰或糠壳火使蜡熔化，便可以用铜刀蘸蜡，以蜡作画了。

（4）染色。把画好的蜡片放在蓝靛染缸里，一般每一件需浸泡五六天。第一次浸泡后取出晾干，便得浅蓝色。再放入浸泡数次，便得深蓝色。如果需要在同一织物上出现深、浅两色的图案，便在第一次浸泡后，在浅蓝色上再点绘蜡花浸染，染成以后即现出深、浅两种花纹。当蜡片放进染缸浸染时，有些"蜡封"因折叠而损裂，于是便产生天然的裂纹，一般称为"冰纹"。这种"冰纹"往往会使蜡染图案更加层次丰富，具有自然别致的风味。

（5）去蜡。经过冲洗，然后用清水煮沸，煮去蜡质，经过漂洗后，布上就会显出蓝白分明的花纹。

制作彩色蜡染有两种方法：一种是先在白布上画出彩色图案，然后把它"蜡封"

起来，浸染后便现出彩色图案；另一种方法是按一般蜡染的方法漂净晾干以后，再在白色的地方填上色彩。民间蜡染是用杨梅汁染红色，黄栀子染黄色。

三、扎染制作工艺

扎染，古代称为"绞缬"，它是民间常用的一种印染方法，通常是用线在布帛上进行扎结或者将小型的颗粒物包入扎结处进行染色，染好后拆去线结或颗粒物，便会显现出白色的斑点花纹或扎结出的规则几何形。由于染液渗润的缘故，有的花纹还带有自然形成的色晕，别有一番意趣。

用于扎染的布料多为棉、麻、丝、毛等白色或浅色织物。扎染前先得对织物进行漂白处理，漂白织物可增加其密度和洁白度，如此才会使扎染出的图案清晰明快，富有美感。扎染最为关键的技术是扎结，一般来说扎结法可分为三大类：绳结捆扎法、针线缝扎法以及捆缝抓结合法。

（1）绳结捆扎法：指用绳线把染织物有规则或任意折叠，然后用麻线捆紧，因越往后捆布越多，形成塔尖状，故而又称"塔捆"。捆扎完成，将染织物放入染缸浸染，使被捆扎部位不被染液入染，晾干，然后解开线绳，即得蓝白相间的晕纹过渡图案。由于用绳捆扎有松有紧，染料入染便有深有浅，呈现出多变化的、不规则的、具有抽象感的冰裂纹图案，这种方法适合扎成段的布料。

（2）针线缝扎法：指用针和线根据图案需要缝缀，然后放入染液中染色，待干，将线拆去，紧扎的地方不上色，呈现出白色花纹。这种方法能扎染出比较细腻的图案，其技术关键在于用针线缝缀，缝缀得好，染出的图形则清晰明了，否则会在入染时断线，前功尽弃。因此，布、针、线三者间有一定的讲究，布厚线则粗，布薄线则细，同时需要根据图案的特点考虑针线缝缀的松或紧。针线缝扎法又分扎花与扎线两项工艺。其中，扎花最常见的一种俗称"狗脚花"（六瓣，呈尖形），还有菊花（八瓣，呈尖形）、蝴蝶花（六瓣，呈圆形）、双蝴蝶花（圆八瓣，呈双花芯）、海棠花（十瓣，呈尖形）等十余种，其扎法各有讲究。扎线也有绞扎和包扎等不同方法，绞扎因布的折法和针的绞法不同，能产生线的粗、细、强、弱效果，如粗蜈蚣线和单蜈蚣线等；包扎则在布中夹一根稻草，入染后能产生灰线条效果。

（3）捆缝抓结合法：扎染的方法千变万化，不同的方法能产生不同的效果。捆缝抓结合法就是充分利用了扎染、防染的各种技巧，将针缝、绳捆、手抓等各种技法综合并用、有机结合的一种新的扎染法。例如，凤凰县沱江镇刘大炮在捆扎方面摸索出新的方法，其中有一种方法叫抓扎，用双手抓着白布入染，即兴发挥，操作自如，有时能达到意想不到的特殊效果。

第三节　民间印染类别、题材与纹样

一、民间印染的类别

蓝印花布在民间应用极为广泛，湖南民间蓝印花布可分通用花布和专用花布两种类型。通用花布又称"匹料"，可供人们任意裁剪，缝制衣裳，或做被单、门帘等。专用花布又称"件料"，是按照特定用途设计印染出成品图案的件料，如印染成被面、门帘、桌布、兜肚等特定的形状。从印染花布的用途来分，可将其划分成床上用品、服饰用品、室内陈设用品、生活工具用品四大类，具体有被面、床单、门帘、桌布、包袱、饭蓝巾、围裙、兜肚、枕巾、腰带、褥边、帐檐、椅巾等多种形式。

（一）床上用品：被面、床单、枕巾、帐檐、褥边

印染被面、床单是湖南印染款式、图案最丰富的一类。被面、床单在形式上大体相同，只是在形状上稍有差异。被面多为正方形，也有长方形的。正方形被面一般由三块花版拼接而成，即当中一块中心图案，左右由两块完全对称的图案花版连接，印染艺人为便利起见，只需雕一块花版，在漏印时正反运用便可达到效果；长方形被面分双幅（民间称"独幅"被面）、三幅（民间称"七幅头"被面）、四幅（民间称"九幅头"被面）三种，由手缝拼接而成。双幅被面仅有一块花版，三幅、四幅被面花版都只有两块，中间一块印两次，左右花板印四次。床单呈长方形，一般由两块花版拼接而成，花版宽窄刚好与家织布的幅面相等，只需用一块花版，漏版

时正反运用即能完成。被面纹样内容丰富，主题鲜明突出，花纹多表现为吉祥顺意。常见的有四周镶有花边，中心一方形或圆形图案，四面围以四、六、八偶数图形，内容以龙、凤、蝴蝶、鹿、鹤、花卉居多，形式与古代传统"藻井"图案同出一脉，如"鸾凤和鸣""丹凤朝阳""鹿鹤同春""凤穿牡丹""狮子戏球""平升三级""连年有余"等。

枕巾呈扁方形，尺寸有大小之分，纹样由主花形及上下对称图形构成，其风格清新宜人。花布纹样有动物、植物、文字等类型。图案多为轻盈的蝴蝶和活泼的飞鸟、走兽等，如邵阳的大枕巾"太狮少狮"和小枕巾"花蝶"，湘西的"龙凤龟""吉祥兽"等。

帐檐、褥边均呈长条状，是挂在蚊帐前面作装饰专用的。两者虽都用于床上，但帐檐是悬挂，褥边为平铺。图案排列也不同，帐檐是独立或对称式花纹，纹样结构大多分为三组，中间为主题，两边为对称或均衡，有的下方编织抽须，图案为"喜鹊登梅""麒麟送子""凤穿牡丹""双凤朝阳"等；褥边则为二方连续图案，如"蝴蝶""鲤鱼"等。

（二）服饰用品：头帕、衣服、围裙、兜肚、腰带

头帕一般边长在 60 厘米左右，在民间常用于围扎头上，夏天防晒，冬天保暖，有时二层拼接中间加絮后也可当座垫。由于幅面较小，纹样结构比较简单，大多为梅花、葡萄、双鱼等。湘西头帕则较长。湘西苗族成年男女均戴头帕，头帕分丝帕、布帕两种，一般多青黑色。男子头帕稍短，长一丈（3.33 米）有余，妇女头帕颇长，一般为三丈（10 米），最长有七丈（23.33 米）。凤凰禾库、米良一带苗族包扎染蓝色底白色花头帕，俗称梅花帕。

围裙是妇女从事家务劳动时遮盖衣服前襟用的，呈方形，上部有绳带系腰间，图案多为花草与吉祥纹样，如邵阳的印染围裙"如意"。兜肚在南方又称"儿裙"，是儿童围嘴向胸腹部的延伸，罩在童衣外面，使其不被口水、食物污染。武冈市有"长命富贵"兜肚，上印有蝙蝠、双龙和祥云，中心有一长命锁，寓意儿童平安成长。

湖南民间印染与贵州苗族有所不同，用于传统服装的主要为单色染布料，印花

布则较少。

（三）室内陈设用品：门帘、桌布、椅巾

门帘挂在内屋门上，以示内外有别。门帘一般都采用为门帘专门设计的件料，形式多分为独幅、二幅两种，少数也有三幅短门帘的。图案由中心花纹、花边、檐子组成。中心花纹多见"二龙戏球""竹报三多"等题材，湘西则以大花瓶纹样最多，如"富贵清平""吉庆升平""平安如意"等，民间取"瓶"与"平"谐音之意，寓意平安吉祥，用作门帘十分贴切，深受百姓喜爱。桃源和吉首还有一种扎染门帘，如吉首的"吉庆有余"是扎染门帘中不可多得之精品。

（四）生活工具用品：包袱、褡裢、饭蓝巾

包袱布一般为正方形，用1～2块花版印染后拼接而成，有大小两种之分，小的边长在1米之内，常用于走亲戚、回娘家时包裹日用品。湖南印染包袱与桌布似可通用。包袱在南方又称"方巾"，因呈正方形而得名，大都在1米见方，形式为中心一圆形主花纹，一般采用双凤、双鱼、双鹤等喜相逢图形，四角饰以花、蝶、盘长等吉祥纹样，外围环以花边，这种形式在民间俗称为"四菜一汤"布局，如"双鹤寿桃""双鱼庆福""平安富贵""吉庆有余""富贵满堂"等。

褡裢是一种长方形的佩囊，褡裢双层，中间开口，两端可盛钱物，有大小之别，大者盈尺，小者数寸。湘西苗族褡裢多以印花布形式制作而成，也有用平绣或挑花的，长1～2米，宽不过0.4米，视人的高矮定长短，或驮于肩膀之上，或系于腰间。

饭蓝巾又称"盖蓝巾"。尺寸为50厘米见方，花纹布局颇似桌布，但因幅面小，故花纹比较简洁，尤以花草纹样居多，如有一种拔染饭蓝巾，花纹描绘轻松随意，风格清秀宜人。

二、民间印染的题材

湖南蓝印花布的创作题材一般以植物花卉和动物纹样为主，也有简洁的几何图形。以几何学中的点、线为基本元素，采用自然现象中的不同形体，如日月形、波浪形、回旋形，并应用生活中常见的鱼鳞、蛇皮及手工编织纹，以变化的手法组成多种几何纹样。这种形象生动、结构简洁的形体纹样是民间艺人在长期的实践中，利用曲直、粗细、长短等变化手法，结合不同的物象特征，灵活运用，恰到好处地表现物象质感、结构感的结果。无论是风景、人物还是动植物等，都可以利用点、线、面来描绘形象特性，镂刻成各种大小不同的形状，如菊花瓣、牡丹瓣、梅花瓣等。它把自然进行高度的提炼、概括，将自然形象规律化，通过加工整理，使花纹取自自然，但又不受自然束缚。它是劳动人民长期生活经验的积累和智慧的结晶。

民间印染常用吉祥动物为表现题材。中国古代"太师少师"为"公、孤"的首席，意官位显赫。"八宝生辉"中太狮（师）、少狮（师）是权势与富贵的象征。

蓝印花布图纹形象优美，风格独特，创作题材主要有植物类、动物类、自然天象类、文字符号类四大类别。植物类取材于自然界中的花草树木，如荷花、莲蓬、石榴、牡丹、桃花、菊花、梅花、兰草、竹子、枫木等。动物类取材于神话传说与现实生活中的动物形象，如龙、凤、麒麟、狮子、老虎、大象、野猪、鸳鸯、喜鹊、麻雀、蜜蜂、蝴蝶、鲤鱼、老鼠、青蛙、虾米、螃蟹、乌龟等。自然天象类取材于宇宙间物体气象、抽象图形以及现实生活中的生产生活用具等，如日月星辰、石头、云、水、琴棋书画、文房四宝、花瓶、房屋、花篮、龙船以及生产工具等。文字符号类取材于带有中国传统吉庆寓意或具有时代特征的汉字，如八卦图、八宝图、万字纹、窝妥纹、福禄寿喜、步步高升、一生平安等象征性符号纹样。

明清以来随着蓝印花布品种的不断增多，纹样也更为丰富，经过了几代人乃至十几代艺人的不懈努力，蓝印花布纹样品种得到了前所未有的发展，被面、包袱布的纹样设计达到了艺术的顶峰。这些印染图案造型图必有意，意必吉祥。现将湖南蓝印花布主要作品介绍如下。

"龙凤龟"：湘西苗族应用在蜡染中极具特色的图案，多见于桌布、围裙、包巾之上。它由"龙""凤""龟"三种不同的艺术形象组合而成。与汉民族的"龙"是由九种不同的动物组合而成一样，它由龙头、龟身、凤尾组成，并且寓意深刻。"龙"寓意苗族男子像龙一样威猛雄壮，"凤"寓意苗家女子像凤凰一样美丽动人，"龟"

寓意苗族人民像龟一样健康长寿。可以说这一艺术形象是一种意象吉祥物，是一个可以被现代艺术概念解释为"意象变化""复合形""假同构"的复合体。它的创造渗入了强烈的主观意识，有着鲜明的象征意义。

"吉祥兽"：图案多见于门帘、桌布、帐檐等用品之上。"吉祥兽"是由虎头、鱼脊、鱼尾、兽身、穿山甲脚复合组成的一个艺术形象。与"龙凤龟"一样，其也采用了意象复合的造型手法，还运用了"饰纹添加"这一重要表现手段，即在兽身上装饰添加有寓意"丰衣足食"的古铜钱币图案，是人民对幸福生活的向往与憧憬。

"百凤朝阳"：传说凤鸟原是一种简朴的小鸟，它终年劳动，曾在大旱之年以劳动的果实拯救了濒临饿死的各种鸟类，众鸟为了感谢它的救命之恩，各自从身上选了一根最漂亮的羽毛献给凤鸟，从此凤鸟便成了一只极美丽、高尚、圣洁的神鸟，被尊为百鸟之王。《诗经》载："凤凰鸣矣，于彼高冈，梧桐生矣，于彼朝阳。""百凤朝阳"图多以太阳、梧桐、凤凰组成，寓意完美、吉祥、光明、喜庆的生活。

"龙凤呈祥"：中国古代把龙喻男性，象征权威、尊贵，其仪态万千；凤则喻女性，象征美丽、仁爱。两者结合在一起用以歌颂太平盛世，也作为民间结婚之喜，富贵、吉祥、幸福的祝愿。

"五福棒寿"。《书经》曰："五福，一曰寿，二曰富，三曰康宁，四曰攸好德，五曰考终命。""蝠"与"福"谐音，故以五蝠代表五福。民间把"五福"解释为福、禄、寿、喜、财，五个蝙蝠围着一个篆体寿字组成的图案寓意福寿万代。

"竹报平安"："竹报"与"竹爆"谐音。民间传说西方山中身高丈余的山鬼，人若看见必然生病。必须朝夕烧竹，以竹爆裂发出的声音惊吓山鬼，使其逃离。故人们在春节除夕烧竹，以除旧岁，避鬼邪。后来发明了纸卷火药的"爆竹"，并以之代替了火烧竹子。

"八宝生晖"：图案由太狮、少狮、八宝和兰草组成，"狮"与"师"谐音。在古代，"太师""少师"为"公、孤"的首席，意官位最为显赫。八宝即法螺、法轮、宝伞、白盖、莲花、金鱼、盘长等，湖南民间也有用蕉叶、犀角、箫管、宝珠、葫芦、法螺、书画、如意代表八宝的，以此象征吉祥如意。

"鲤鱼跳龙门"：东汉时期传说出没于江河湖海的神仙坐骑是鲤鱼。唐代，皇帝姓李，取"鲤"谐音，象征权贵。民间，鲤鱼又是男女爱情和夫妻多子的象征。李白说："一登龙门，则声价十倍。"古时，用鲤鱼和龙门组成图案，在民间常作为平民通过科举得以高升的比喻，也示意长辈们希望子孙好好学习，望子成龙，荣耀家门。

"瓜瓞连绵"：《诗经》中有"绵绵瓜瓞，民之初生"之句，大瓜谓瓜，小瓜谓瓞，人们将绵绵瓜瓞象征子孙绵延。

"富贵平安"：湘西印染门帘中常以大花瓶配以花卉等吉祥图案，因"瓶"与"平"谐音，花瓶内插上牡丹花，象征富贵平安。

"三羊开泰"。明张居正《张文忠集》卷十二载："兹者，当三阳开泰之候，正万物出震之时。"《宋史·乐志七》载："三阳交泰，日新惟良。"因"羊"同"阳"，"三羊"为"三阳"，以"三羊开泰"作为一年开头好运的吉祥语。

"鹿鹤同春"："鹿"同"六"，"鹤"同"合"。"鹿鹤"在民间寓意长寿不老，"六合"指"天地四方"，泛指天下。以"六合"谐音"鹿鹤"，意在天下同春。

"凤穿牡丹"：凤是百鸟之王，牡丹是百花之王，两者都是祥瑞之物，象征着富贵和幸福。

"二龙戏珠"：由两条龙和宝珠组成。传说龙珠是一种珍宝，可避水火，龙是吉祥动物。此图象征吉庆、吉祥、富贵。

"福寿双全"："蝠"与"福"，"钱"与"全"谐音，仙桃代表寿，以蝙蝠、仙桃和双钱组成的图案，或以老寿星、上飞蝙蝠、下有童子持桃组合等，寓意福寿双全。

"麒麟送子"：麒麟是民间传说中的仁义之神兽，是祥瑞的征兆。俗传积德人家，求拜麒麟可生育得子。古人曰："妇人围龙可受胎，痴心求子亦奇哉；真龙不及纸龙好，能作麒麟送子来。"一童子骑在麒麟背上手持莲如意，寓意能早生贵子，早得幸福。

"喜庆有余"：用戟（兵器）、磬（乐器）和鱼作图案，谐音，表示丰衣足食，年年有余。

"喜上眉梢"：古称鹊鸟能报喜，故得名喜鹊。喜鹊与折枝梅花作图案，取喜鹊与梅花的谐音，表示有喜讯即将来临的意思。

"福在眼前"：用蝙蝠和铜钱组合而成，表示大福大贵。

"金玉满堂"：用多条金鱼组成图案，表示富贵有余，金玉满堂。

"狮子滚绣球"：狮子有威严的外貌，在古代被视为护法者，狮子滚绣球组成的图案在民间被视为喜庆的象征。一般新婚之喜时都要染一条这种题材的被面。

"刘海戏金蟾"：刘海是个聪明的孩子，他用计谋降伏了修行多年的金蟾，赐道成仙。刘海戏金蟾，金蟾吐金钱，寓意发财致富。

"瓶升三戟"："瓶"同"平"谐音，"戟"同"级"谐音。在花瓶内插三支戟，寓意平升三级。

"三多图"：用佛手、桃子、石榴象征多福、多寿、多子。

"四季如春"：用梅、兰、竹、菊寓意生活幸福，好景常在，四季如春。

三、民间印染的纹样构成

蓝印花布的纹样构成因受到工艺的制约，所刻的花形都要受到断刀的影响，民间艺人既要考虑到花版结实耐用，又要顾及所刻花纹的形象特征。艺人们巧妙运用了大胆而夸张的手法，以意写实，描绘大众所喜爱的吉祥如意的意境，创造出许多淳朴稚拙、丰富多彩的花草树木、飞禽走兽等形象。在白底蓝花中，一般点、线、面交错组合，纹样大都是粗犷有力，其造型富有幻想，很多还保留了原始艺术的痕迹。它的纹样组合粗而不呆板，多而不烦琐，给人以蓝白美的享受。蓝印花布图案的构成一般都是以折枝散花、团花、花草动物，采用二方、四方连续、单独纹样；对于被面、包袱、方巾等则采用框式结构与中心纹样组合的形式进行设计。通用花布和专用花布两者花纹布局虽然都要求既实用美观，又多样统一，但匹料以连续纹样为主，件料则多采用适合纹样，在具体表现方法上又有其不尽相同之处。

匹料的纹样单位分为小花、中花和大花，每张窄版上纵向排列四行以上花纹的叫"小花布"，排两行花纹的叫"中花布"，排一行主花的叫"大花布"。小花布多用作妇女和儿童的衣料，花纹不用人物，也很少用鸟兽，是为了避免把人物、动物剪裁得支离破碎或首足倒置；中花布一般作被面、门帘等装饰材料，花纹较少受剪裁倒顺之约束；大花布则被用于门帘上檐、帐檐、褥边等材料。我国著名的民艺家左汉中先生对湖南蓝印花布有独到的研究，他总结了印染图案的组织与构成方法，将其概括成散花、缠枝花、格子花、满地花四种组织形式。

（1）散花。花纹个体互不连接，有横竖排、横斜排、不规则等排列方法。印染花布中有"红雨缤纷""梅竹生辉""花蝶绣球""喜鹊闹梅"等纹样；扎染花布中散花图案较多，如"踏雪寻梅""蒲公英花"等纹样。散花图案具有清新、爽朗、秀丽的特色，较适合作妇女和儿童的衣料。

（2）缠枝花。缠枝花是把散花用枝蔓连接起来的一种图案组织，又名"串枝花""穿枝花"。湖南印染布中缠枝花品种最多，最受群众喜爱的有"凤穿牡丹""喜鹊闹梅""鹭鸶戏莲""蝶戏牡丹""小燕迎春"等，还有"画眉穿花""锦鸡闹菊"、散花、缠枝等作衬底，如"盘长秋菊""满地菊"等图案。这类花纹组织的蓝白之间色彩层次比较丰富，花纹显得绵密而明亮。

（3）格子花。格子花是在几何形格子中填充散花的图案组织，民间又称"锁链""金砖"。主花的排法与缠枝花大体相似，格子的形状有菱形、方形及弧线和直线组成的其他框格，如常见的"万年花香""花开万字流水"等纹样。格子花图案规正端庄，常用作被面和床单，农家流传有"金砖铺床头，吃穿不用愁"的吉祥语。

（4）满地花。满地花是在浮纹下面铺满地纹的二重图案组织，又名"花包花""铺地花""锦地"。浮纹大多比较粗而实，排列大体与散花相同；地纹则比较细而虚，大都采用田字、格子等图案。

民间印染从实用意义上讲是物质产品，从装饰纹样上来看又是精神产品，具有实用价值、审美价值双重功能。同时，民间印染又是民族传统文化的重要组成部分，有其发生、发展、演变的客观规律，涉及民俗学、民族学、美学各个学科领域，与人们的审美需求、生活起居、礼仪习俗、祭祀信仰有着密切的联系。随着现代工业产品的冲击，民间印染已渐渐离我们远去，但它蕴藏着的深层的人文文化内涵以及赏心悦目的审美价值，在中国文化发展史上留下了辉煌的一页，保护传承民间印染这一古老的传统工艺无疑对我们发展文化产业和旅游产业有着重要而积极的现实意义。

第九章　湘西地区传统技艺的文化产业发展

第一节　湘西民族技艺文化的社会价值

"湘西民族工艺文化"所表现的内涵是指湘西各族人民在社会实践过程中为满足某种物质与精神需要，通过手工制作而创造的各种生活用品、生产用品、环境装饰等造型物所表现出的一切有形的文化现象。

将民间工艺美术视为一种文化，其原因在于民间工艺美术品并非单一范畴意义的造型艺术。一方面，它是一个多元文化构成体，它的形制、样式、用途、内涵等无一不是传统文化生活方式的遗存；另一方面，民间工艺美术的创造涉及民俗过程、生活过程乃至工艺制作过程等文化现象，并受到历史文化的影响与渗透。民间工艺美术具有原发性、民俗性、工艺性、功利性、文化性特征。任何一件民间工艺美术品的背后都蕴藏着一种深刻的内涵，都与该民族或群体的历史发展、伦理哲学、宗教信仰、思维方式、生活习俗休戚相关。

一、湘西民族工艺文化是中华民族文化的有机组成部分

湘西少数民族地区杂居着土家族、苗族、瑶族、侗族、白族等多个民族，历史上，这里曾长期保留了典型的农耕文明特征，较好地保留了本民族浓郁的乡土风情和原始的宗教习俗，也铸就了璀璨多姿的民族传统工艺文化。民间美术广泛地根植于广大百姓群体之中，带有原始艺术血脉。就一件民间美术品而言，原创者虽然注入了自己个人的理想、才能和意念，表现出一定的艺术的自我，也就是个性，但从总体上说，农耕文明社会环境背景下，民族群体的艺术意识又具有约定俗成、口授心传的一面，个性又融入或消弭在群体的共性之中，因而民间工艺美术艺术风格具有群体化与类型化的特点，保留了现实生活环境的原发性特征。民间美术的诸多特征也就是民间文化的诸多特征，也就是说，湘西民间工艺美术是本民族文化的有形表征

和无形载体。

湘西民间美术凝聚着一个民族的审美情趣、伦理道德、宗教信仰，折射出一个民族的居住环境、生产方式、风俗习尚，具有文化特性和社会特性双重属性。湘西民族工艺文化是中华民族文化的有机组成部分，也是人类"口头与非物质文化遗产"的重要艺术种类，它为民族文化的优化和知识创新创造了极大的可能性，是现代社会不断获取可持续发展生机和活力的重要源泉。

民族工艺文化是集多学科文化研究的综合体，是一个民族生活习俗、宗教信仰、伦理道德、审美情趣的全面体现，包含着一个民族的时代思想，也反映了一个民族对理想的追求。研究少数民族工艺文化对中国造型文化研究有着积极的推动作用，对完善中国的民间美术学科建设和西部开发战略决策的实施具有重要的学术参考价值。同时，完成湘西民族工艺文化传承与民间美术产业化研究可以为政府部门制定相关保护、开发民族工艺文化政策文件提供参考价值依据，对开发民族地区旅游产品，引导民族民间工艺品向产业化发展，振兴地方民族经济有着积极的作用。

二、湘西民族工艺文化是文化旅游产业的重要资源

文化是一个民族、一个国家的立足之本。"文化的多样性、知识系统的多重性、价值体系的多元化是世间最重要的资源"，在世界经济逐渐一体化的今天，文化多元化并存成为世界文化发展的必然趋势。

湘西少数民族地区长期保留了"农耕文化"特征，发展该地区经济，沿袭沿海地区乡镇企业、民营企业的传统工业化模式显然是行不通的，应该凭借自身拥有的丰富的文化资源优势，将历史悠久、技艺精良的传统工艺产品或绝技推介出去，发展以特色旅游业及传统民族文化景观作依托的文化产业。这种"绿色"环保产业一方面与"西部大开发"保护自然生态环境战略相吻合，促进了少数民族地区乡村建设；另一方面，该区域民族传统文化有效地得到了保护、挖掘、传承、研究，对丰富本土文化内涵，弘扬民族文化，促进世界文化多元化发展起到了积极的作用。

第二节　湘西民族技艺文化的生态现状

一、底蕴深厚的湘西民族工艺文化

远在旧石器时代，湘西地区的先民就在这里繁衍、生息和劳动，在人类工艺文化史上留下了辉煌的一页。据考古资料证实，1987 年 4 月，怀化地区文物普查队在新晃侗族自治县大桥溪的一个砖瓦窑场网纹红土层中发现了两件打制石器，其地质年代距今约 5 万年，尔后，又在新晃、芷江、黔阳等地发现了旧石器遗址 20 余处，采集出土各种石制品 300 余件，其地层年代距今 1 万至 30 万年。近年来，在澧水、沅水流域也发现了大量的原始村落遗址，如石门县皂市石坪下层，辰溪县溪口，沅陵县小龙溪、朝瓦溪，泸溪县浦市，芷江县四方圆，等等。石门县皂市村落遗存距今约 7 000 年，是长江中游和湖南省目前发现最早的一处原始社会晚期村落遗存。

20 世纪 80 年代，考古学家在湖南新晃侗族自治县发现了旧石器时代遗址，石器多发现于河边的台地之上，附近并无山洞可以栖身，可证这些原始人都是住在沅水台地上的原始森林中的巢居人。这是中国首次发现的有巢氏之民的遗址。在湖南临澧县竹马村旧石器遗址发现一栋竹木结构的干栏式房屋，据专家断言，这一竹木结构与土台建筑有 15 000 年的历史，是目前所知世界上最早的竹木土台式建筑。

湘西少数民族地区民风淳朴，民艺精湛，民间美术稚拙、古朴且品类繁多。远在春秋战国时，湘西这块土地上便活跃着"苗""巴""膜"几大族系，他们用自己勤劳的双手共同创造了楚文化辉煌的一页。后虽经唐、宋、元、明、清历代沧桑变故，但由于湘西交通闭塞、地势险要、信息落后，民俗民艺仍然遗存着大量的楚文化遗风，民族民间工艺长期处于封闭发展状态，呈现出原发性和地域性特征，具有相对稳定的、古朴原始的艺术风格。

织、绣、印、染工艺是湘西少数民族最为拿手的绝活。湘西地区盛产苎麻、野葛、桑树，男耕女织，天经地义。湘西各族历来善于女红，织、绣、印、染等丝织品被作为贡赋敬献统治王朝。如今，湘西土家族苗族自治州龙山县的土家织锦，花垣县、凤凰县的苗族刺绣，凤凰县的蜡染及蓝印花布等都久负盛名，堪称湖南民族工艺之奇葩。

居民建筑工艺是湖南少数民族传统文化的一大亮点。依山而居、顺势而建、错落有致、布局灵活的湘西土家族吊脚楼装点着淳朴、粗犷、豪放的山区民族风情，折射出了土家族的审美观念、宗教信仰、造物原则以及人生哲学理念。侗族雄伟壮观而又玲珑雅致的鼓楼见证了本民族走出混沌的辉煌，是侗族文化的有形载体，它以鼓楼、花桥、长亭、短亭与干栏式民居五大建筑体系搭配成高低错落、鳞次栉比的木质结构建筑群，其设计之巧妙、工艺之精美为全世界所称赞。

土家族民宅中的装饰木雕和家具木雕工艺是土家族文化与中原文化长期融合的结晶，木雕线条细腻流畅、稚拙粗犷、古朴奔放、鬼斧神工、意匠天成，具有鲜明的楚巫文化传统风格特征，是楚巫文化的遗存与演绎。

湘西少数民族服饰丰富多彩，款式多样。苗女服饰云肩披彩，衣袖飘拂，裤脚生风，头缠长帕，胸围绣花，修眉挽髻，配以银饰扣花，实为楚楚动人。瑶族妇女戴挑花头巾，色彩厚重，精致如锦，配以花裙，娇艳美丽。侗家姑娘服饰则内系胸襟，下身百褶短裙，下肢扎绑裹腿，捆绑过膝，逢节日盛装，脖上系银项圈二三，黑衣白银，素雅无比。

湘西苗族凿花工艺在全国也负盛名，沈从文《塔户剪纸花样》中的泸溪县踏虎乡便是国内外闻名的"凿花艺乡"。苗族剪纸被广泛地应用于服饰绣花的纹饰底样，与北方剪窗花以供欣赏不同，故而称之为"凿花""扎花"。其制作技法也独具特色，是在特制的蜡盘上用刀扎刻，一次可刻十来层，贴纸于苗服衣领、袖口、围裙、护胸、鞋帽、门帘之刺绣部位，以使女红刺绣图案生动、流畅。除此之外，苗族凿花还广泛地应用于宗教祭祀等民俗活动，故而神秘无比。

一方水土养一方人，千百年来湘西各少数民族用自己的勤劳与聪慧在这块神奇、富饶、美丽的土地上生产劳动、生息繁衍、融合交往，形成了独具特质的民族民俗文化。

二、衰落颓势的湘西民间工艺美术

湘西是少数民族聚居地，长期保持的以农业、手工业为主的自给自足经济发展模式使民族民间工艺文化得以较好地传存。随着社会经济的发展，特别是西部大开发进程的加快，工业化物质文明正逐步取代传统手工文明，大机器生产的工业化产品对传统手工艺品的冲击日渐改变着人们的审美观念，民间工艺美术品的"贬值"、社会经济结构和精神世界的裂变对民间工艺美术创造主体的本土文化造成了摧毁性和异化性的影响，湘西地区传统手工艺受到现代自然与社会环境的冲击，作为民俗产品的民间美术，其产生、发展、繁荣的社会根基随着区域经济结构和文化意识形态的变化，已逐步失去赖以生存的土壤，民间美术的原生形态如江河日下，颓势难逆，出现衰落与蜕变的趋势。

自20世纪80年代末开始，湘西传统手工艺品遇到了前所未有的新挑战，与整个体制转型同步进入了新的转型时期。其具体表现为国有企业、集体企业的民族工艺厂萎缩、解体，运作艰难，生产萧条。个体工艺品生产经营户则陷入无序竞争之中，民间工艺美术品受到现代工业化产品的冲击，导致大批传统民艺生产者转型。近年来，笔者对湘西民间工艺美术品的生存现状及产业发展做了大量的田野调查，认为其衰落颓势现状主要表现在以下几个方面。

（一）传统特色建筑日渐消亡

不可否认，工业化、城市化的世纪潮流刺激了我国建筑业的发展，同时我国民族文化的继承与发展受到了前所未有的冲击，大量具有民族文化特征的城市、乡镇和建筑群、建筑物在城市急剧扩张和更新的口号声中消逝湮灭，大量流传千年的具有民族特色的生产作坊、劳动工具、生活用具等退出了生活舞台。这一波澜壮阔的城市革命不可避免地波及了湘西的古城。

建于明朝正德年间的乾州石城，周长约797米，1951—1965年因修筑大坝、大桥、政府礼堂而被拆毁。永顺县解放初期城内建筑颇具特色，20世纪80年代初，美术学院师生还常来写生，如今，城内沿河一带的吊脚楼早已消逝，坡子街铺垫了千百年的青石板路被水泥马路取代。遗存在永顺一中内的有几百年历史的古庙因为单位扩建而被拆除；古称"楚蜀通津"的千年古镇河西镇（王村）因水库水位升高而被淹没了一多半；吉首峒河码头铁索渡船不见了踪影，沿河壮观的吊脚楼群被大火吞噬后改建了砖混建筑；湘西县际公路沿边一栋栋造型独特的吊脚楼、一户户做工精巧的木质民房伴随着房东经济条件的好转而改建了小洋楼。民间特色建筑与传统生产用具在城市化进程中日渐消亡。

（二）部分传统工艺面临绝迹

20 年前，我们在湘西的农村不难看到这样的景观：乡村小溪边总有一栋用木头搭建的碾房，溪水冲打着水车哗啦啦地响着，碾石从稻谷上压过发出吱吱的声音；收获季节，土家汉子光着膀子，唱着号子，在打油房里欢快地忙碌着；农闲时，村寨老小请来铁匠师傅，拉着风箱，将生铁烧成炽热，倒进各式各样的农具模具中，灌制出了犁头、犁耙等铁器，然后将烧成通红的生铁水倒进事先盛了水的大木桶中的木瓢上，炽热的生铁水与木瓢撞击化为雨点滚将出去，纷纷落入水中，变戏法式地变成了村民打猎鸟铳用的子弹。然而，这一切只能成为遗落的记忆，一去不再复返。

近年来，湘西传统手工技艺可以说受到了毁灭性的打击，许多传统技艺面临绝迹。以《龙山县志》记载的生产土布为例，20 世纪 40 年代，兴隆街马家沟一带家家织土布，仅里耶新街就有 70 多家纺织户。随着纺织业的发展，土布生产量日渐减少，据 1995 年调查，全县仅有 148 户 190 人生产土布，如今"家织布"已无人生产。又如，土家族"三滴水"式木雕床、木雕太师椅等家具可堪称一绝，但如今雕花匠人已后继无人。再如，10 余年前在湘西随处可见榨油坊、水碾、水车、石磨、背水桶、桐油灯等生产作坊与工具，但今天随着现代化生产工具与生活用具的介入而逐渐被淘汰，与此相对应的工艺技术也即将遗逝，传统技艺传承后继无人。

当然，科技的进步不可避免地会淘汰一些原始的制作工艺与技术，传统文化保护也不是要我们再返回到农耕文明时代，落后的工艺必然被时代遗弃，这也是符合人类历史发展规律的，但我们不能遗弃人类几千年来遗留下的文化遗产。

（三）织绣印染行业出现颓势

龙山县土家族聚居区有这么一句俗话："养女不织花，还不如莫养她。"千百年来，挑花织绣是湘西妇女必须学会的一门手艺，并成为衡量一个女子是否聪明、贤惠、能干的标准。苗族姑娘没有一个不绣花，土家族女子没有一人不挑织，织布、印染成为家家户户必须具备的手艺。农耕经济时期，湘西地区的织绣印染工艺一度有过繁荣与辉煌。然而，自 20 世纪初的辛亥革命之后，中国兴起资本主义热潮，经济结构从单纯的农业发展成为农工并举的二元化经济，导致传统社会结构发生裂变，工业生产凭借其强大的机械制造优势和新颖的造物观念，强有力地冲击了传统的手工业产品，传统的织造、印染、装饰等行业在实用生活领域迅速退却与衰落，长期赖之谋生的农民或小手工业者不得不退出其世代生活的领地。特别是 20 世纪下半叶以来，这种退却与衰落更是加速，并由此而辐射到湘西。

酉水支流沿岸的隆头、里耶、苗市、洗车、靛房曾是湘西腹地手工业极为发达的乡镇。印染行业有着悠久的历史，但今天其他地方的苗族地区的蜡染技艺早已失传。湘西地区除凤凰、花垣较偏远苗寨仍保留了织"家织布"的习惯外，其他地方的苗族人早已放弃。土家织锦可以说是土家族妇女智慧的结晶，是中国名锦之一，明清之际在永顺、龙山一带极为盛行。中华人民共和国成立以后，政府曾对土家织锦产区主要分布做过普查，发现龙山县的苗儿滩、捞车及靛房、坡脚，永顺县的对山、凤栖，保靖县的普绒、清水等地均有分布。至 20 世纪 80 年代后，土家织锦仅在龙山县苗儿滩镇的叶家寨、朱家寨、尚家寨、黎明村，洗车镇的捞车村尚有遗存，永顺县、保靖县已无妇女再织土家织锦。苗锦在贵州少数苗族聚居区仍然生产，在湘西，我们只能在泸溪县偏僻的苗乡发现遗存的实物。

刺绣是苗族姑娘的必修课目，谁家姑娘不会绣花，媒人就不会踏入她家的门槛，但如今现代教育下的苗族姑娘已没有几人能有此手艺。笔者曾从花垣县、凤凰县农村先后请过 5 个苗族保姆，5 人竟然全不会绣花，只有一人能拉鞋垫。前几年，笔者到花垣县排碧乡排吾美村调查，发现该村能绣花的妇女全在 40 岁以上。2018 年

12 月，笔者到土家织锦原发地的龙山县苗儿滩叶家寨进行民艺调研，1 000 多人口 300 多户人家的叶家寨目前尚能织锦的妇女有 60 余人，其中 20 多人外出打工（包括在外地织锦），20 余人留在家中偶尔织点土锦，有三分之一的人已不再织锦。这些艺人的平均年龄在 40 岁左右，70 岁以上尚能织锦的老艺人有 3 人，30 岁以下能织锦纺纱的竟找不出 1 人。湘西地区的织绣印染传统手工艺业在历史上继合作社、"文革"时期之后，再次出现衰落颓势。

（四）民族服饰逐步消逝退化

湘西土家族有独特的民族服饰，民国《永顺县志·地理志》记载："土司时，男女服饰不分，皆为一式。头裹刺花巾帕，衣裙尽绣花边。"乾隆《永顺府志》卷十记载："土民散处山谷间。男女短衣跣足，以布裹头，服斑斓之衣。喜重耳圈，而耳累累然，又有项圈手圈。"改土归流后，由于官府的禁止和汉文化的影响，土家族服饰发生了很大的变化，男子不再穿罗裙、戴耳环首饰，改穿对襟衣，女子服饰则在保留了传统形式的基础上进行演化，变化丰富，颇有特色。

湘西苗族聚居区长期处于相对封闭状态，开发相对迟缓，受汉文化影响较少，民族服饰特点非常鲜明，尤其是苗族妇女的传统服饰，既古朴艳丽，又丰富多彩，有着浓郁的民族特色。

历史发展至 20 世纪 80 年代，随着我国全面的改革开放，经济结构和社会意识形态发生了根本性的转变，改变了人们传统的审美价值观，民族服饰也逐步失去其赖以生存的精神土壤，日渐消逝、退化。

龙山县的靛房乡、坡脚乡，永顺县的对山乡是土家族原生态文化保留较为完整的地方，但当你走进这片土地，不难发现土家族民族服饰已难寻其踪迹，除了年长的老人尚穿着本民族的服装外，年轻人都换上了现代流行时装，学生也有了各式各样的校服，湘西土家族聚居区的穿戴习俗基本被汉化而逐渐消逝。

苗族聚居区虽然保留着穿戴本民族服装的习俗，但退化趋势显著，主要有三个方面的原因：其一，交通发达靠近县城的苗乡受汉文化影响较大，已很少穿本民族服装，其二，苗族青年辍学后绝大多数外出到发达城市打工，接受了现代审美观念，即便返乡，也已对本族服饰不屑一顾了；其三，苗族服饰制作成本高，费工费时费金钱，而且苗族姑娘已不再绣花，本族服饰只有中年妇女和老人才会制作，这在客观上加快了民族服饰退化的速度。因此，穿戴本民族服装的习俗只有较为偏远的乡村和中老年人仍然保持着，湘西苗族聚居区大部分乡镇的穿着习俗都已汉化。

（五）传统工艺遗产逐年流失

湘西土家族聚居区兴盛摆手舞，而大摆手舞必须在八部大神庙前举行，因而土家族聚居区大都设有八部大王庙。龙山县旧有大摆手堂，俗称八部堂，至今已无一家摆手堂幸存。保靖县拔茅乡"首八峒"遗址的八部大神庙是清代复修的，现已毁灭，只幸存一块庙门上的大石匾和一块残缺的石碑，石匾上刻"八部大王"四字，现存于湘西土家族苗族自治州博物馆。永顺县老司城是土司王朝的故都，统治者在此修建了五座大庙宇，祖师殿是五座大庙仅存的一座。土司城紫金山的山坡上葬有历代土司王及其家属古墓109座，是省级重点文物保护单位，但不少墓穴还是被盗墓者光顾，被盗了大量随葬品，现剩下69座保存完好。乾城的立城书院、傅公祠、乾州文庙，洗车镇的八神宫、关帝宫、公茂馆，以及各大会馆均受到不同程度的损坏乃至绝迹，永远成了人们饭后茶余的记忆。如此文物古迹被毁坏现象在湘西普遍存在。

近年来，升温的民间古玩市场致使大批民族民间工艺美术精品流失，有的甚至漂洋过海，流入境外。据张家界一位从事收藏行业的女士说，20世纪90年代初，有一位美籍华人来张家界投资项目，想办一个民族民俗村，项目最终没谈成，却从永顺、龙山等地收购了满满一卡车的木雕花板运到了她在上海投资的公司，这些家具中仅成件成套的三滴水式木床就有十多架。长沙、张家界、凤凰等地都兴建了较有规模的古玩市场，并构建了一个庞大的购销网络，组建了一个搜寻民间工艺品的扫荡大军，这支大军翻山越岭，走乡串寨，足迹踏遍了湘西的每一个角落，木雕家具、苗族绣花、土家织锦、服饰、银器、玩具等都是其搜罗的对象，就连苗族妇女穿着的裙裤花边也不放过。特色消费成为现代城市人群的时尚追求，商家为迎合消费人群的猎奇心理，竟然将一栋栋造型优美、古朴独特的土家族吊脚木楼拆迁至现代化城区，解体、组装成不伦不类的"特色"民族建筑，以招揽生意，湘西农村因而消逝了一道道亮丽的风景。

文物古迹被破坏了，百年老宅被拆迁了，祖传的银饰项圈被卖掉了，盖了几代人的土花铺盖被收购走了，传统家具失去了踪影，民族地区的民族文化遗产伴随着市场经济运转在逐年流失，民族文化生态环境因此失去平衡。

（六）民间美术产业萎缩萧条

湘西传统民间美术产业主要有织锦、服装、印染、错染、刺绣、挑花、雕刻、家具、竹编、剪纸、纸扎、银器加工以及生活生产用具加工等手工艺行业。中华人民共和国成立以后，百废待兴，湘西政府为扶持地方经济，挖掘民族文化资源，在各县成立了集体所有制或国有企业性质的民族工艺美术厂，个体工商户也先后创立了各种传统手工艺商铺，发展民族工艺产业。几十年来，湘西民间工艺产业走过了起步、发展、繁荣三个阶段，发展至20世纪末，表现出萎缩衰落趋势，民间美术产业再度沉寂萧条。

以土家织锦为例，20世纪50年代，湖南省美术家协会工艺师李昌跨从龙山县苗儿滩叶家寨请出土家织锦艺人叶玉翠，共创大型壁挂《开发山区》等5幅作品，作品被推荐到英国伦敦国际博览会展出，获得各国专家好评。土家织锦的产业开发受到了政府部门的高度重视，"文化大革命"结束后，先后成立了湘西土家族苗族自治州工艺美术公司、花垣县民族工艺厂、龙山县土家族织锦工艺厂、凤凰县民族工艺厂，生产、开发、研制土家织锦，永顺、王村、苗市、张家界、武陵源也不示弱，纷纷办起了织锦厂，土家织锦从此走出湘西，走向世界。我们从下列一组数据不难感受到土家织锦曾经历过的繁荣与辉煌：

1978年，凤凰县民族工艺厂试制5幅《八勾花》等传统壁挂，送往利比亚、加拿大、坦桑尼亚等国展出。

1979年9月，湖南省工艺美术公司收集整理70余个传统织锦图案，开发研制挎包、壁挂等 8 个品种、112 幅作品，分别送到日本、意大利、加拿大等国以及北京、南京、杭州、广州等城市展销。

1982 年 10 月，湘西组成赴京代表团参加全国少数民族地区民族特需用品展销会。

1983—1987 年，花垣县民族工艺厂、龙山县民族工艺厂生产的土家织锦多次获国家民委、轻工业部全国轻工系统民族用品优质产品称号。

1986 年 9 月，应日本旭日世界公司邀请，湘西州政府代表团携土家织锦赴日本大阪、东京展出，观众达 5 万余人次。

1988 年，汪为义设计、龙山县土家族织锦厂编织的特大型土家织锦《张家界风光》被悬挂在长沙新火车站候车大厅正面高墙上。《岳阳楼》大型壁挂被悬挂在北京人民大会堂湖南厅内。湖南省省长熊清泉亲笔题词"土家织锦，大有可为"。

进入 20 世纪 90 年代中叶，土家织锦的命运出现了戏剧性的转变，在产业化进程中以追求产品利润为目的所谓的创新求异无限膨胀式地壮大发展，致使民间美术本质发生蜕变转型，企业运作方式违反了艺术价值规律和市场价值规律，最终织锦产业受到了市场经济无情的惩罚，一夜之间，大大小小无数个工艺厂均出现危机。民间美术产业萎缩萧条不仅体现在土家织锦产业方面，其他工艺行业也未能幸免。

龙山县的土机染布厂、皮渡河纸厂、民族家具厂、民族服装厂、紫砂陶器厂倒闭了；永顺县的民族工艺厂、杉木河竹器厂、楠木箱厂歇业了；吉首市的民族制镜厂、民族皮鞋厂早已不见了踪影；凤凰县民族工艺厂生产的印染花布曾经名噪一时，时至今日，偌大的厂区已经一派萧条，所有房间都空空如也，偶尔可见一两个积满灰尘蛛丝的大染缸。喧嚣了 20 余年的湘西民族工艺产业又归于沉寂。

三、蜕变求生的湘西民族工艺产业

在世界经济逐渐一体化的今天，强势文化对民族文化的吞噬引发了人们对世界范围内多元文化的思考，本土文化、民族文化、民间文化思潮不同程度地得以滋长。人们对乡土美术表现出的极大热情是对现代科技引发的人情淡漠、人性沉沦的负面影响带来的精神需求失衡的一种现实理想追求与补偿。这一条件背景下，中国民间美术的发展又出现另一番景观，即在衰落颓势过程中焕发着生机，这一景观是由一系列蜕变形态构成的，它们或许带有原生形态的某些形貌或风味，却顺应了现代化主题下的社会需要，并历经了一系列的蜕变以适应这一变化。

当民间美术的原生形态出现衰落颓势以后，这种蜕变过程便已启动形成，现代社会的政治变革、经济体制、商业运作、文化运动等都从不同的角度促进了这一过程的形成，并在当今现代化氛围中初具规模，成为现代商品经济和大众文化生活中新的增长点。湘西民间美术历经了前所未有的衰落颓势以后，为顺应现代化主题下的社会需要，蜕变求生，也融入了当今社会经济变革引发的民族工艺产业蜕变的潮流之中。它表现在经营方式、创造主体、造型构造、受众对象等方面进行的一系列变革上。

首先，随着功利价值观的萎缩和消失，民间美术原生形态发生蜕变。随着社会文化的变革，作为社会文化现象的民间美术随着载体的失落而分化瓦解，现代商品经济刺激更加速了这种解体与蜕变，并通过其造型结构的改变而显示出来。土家织锦不再是作为单一功能的被面产品，它已发展成为现代社会需求的壁饰、挂包、坐垫，竹编织品也从实用器具的背篓、菜篮转向纯审美方向的工艺品发展；土家族吊脚楼成为民俗旅游资源一道亮丽的风景，印染、蜡染不再是落后民族产品的代名词，而是人们争相购买的特色旅游商品。民间美术原生形态的蜕变满足了现代社会人群的某种怀旧情结，显示了其暗藏的勃勃发展生机。

其次，现代科学技术的进步促使传统的生产工具与材料为适应新的生产需要进行了一系列改良，原始的生产工具开始脱落。大型土家织锦机诞生了，腈纶、膨体纱等材料取代了土家织锦蚕丝、棉纱原始材料，机绣、电子绣花技术代替了手工绣花产业，现代化工染料取代了传统土靛印染，先进的电钻、电锯等装修工具占据了木工工具市场。生产工具与材料的转型无疑为民间工艺产业带来了新的可持续发展的生机。

最后，民艺生产规模伴随着经济体制改革而日渐零散化，集体所有制民艺生产企业逐步转型为个体所有制产业和作坊式生产，农忙时劳作于田园，农闲时生产民间工艺产品，灵活多变的生产经营方式减轻了工艺品生产企业因市场疲软带来的经济压力。民间工艺产品生产在市场经济的调节下正逐步走向健康的发展道路。

第三节　湘西民族技艺文化面临的困境及原因

新时期条件下的民间工艺产品进入市场，其原发性本质特征减弱，型制创造发生蜕变，降低了产品的艺术价值和社会实用价值，不能迎合消费受众人群。民间美术的衰落与蜕变是现代工业化社会进程中不可避免的。近年来，湘西民间工艺衰落之势倍增无减，究其原因，主要表现在如下几个方面。

一、现代工业产品对传统手工艺品的冲击

辛亥革命后，中国兴起了资本主义工业热潮。尤其是在欧战期间，民族资本主义在口岸城市和一些交通便利的城市中得到一定程度的发展，初步奠定了中国的现代工业基础。20世纪下半叶，政府高度强调工业的主导地位，努力发展科学化、集约化、机械化的现代工业生产，我国的工业产值在国民生产总值中的比值逐渐超过农业。20世纪70年代末以来的改革开放，通过引入外资和市场调节机制，进一步促进了城乡特别是乡镇社队工业生产和商品经济的繁荣。

从无到有、由弱渐强、自零趋整的现代工业使中国经济由单纯农业发展为农工并举。经济结构的二元化意味着工业生产方式及其文化因素由基础层面进入中国社会生活，成为推动现代化的强大现实力量。传统社会结构的分裂便是其作用使然。早在起步阶段，工业生产就凭借机器制造的优势和颖异的造物观念，强有力地冲击了传统手工产业，使之在实用品生产领域迅速退却。这不仅意味着那些与传统织造、印染、锻铸、烧造或髹饰相关的民间实用美术势呈失落状态，更意味着赖之谋生的农民或小手工业者不得不离开他们世代生活的土地和家园。另外，一部分民间手工艺产品也不得不退出历史生活舞台，逐步被现代大机器所生产的产品取代。

湘西农村地方经济伴随着传统社会结构的分裂，也从自给自足的小农经济向乡镇社队工业生产的商品经济转向。由此，电动打米机取代了以水为动力的碾鬼，化工染料制衣代替了植物土靛印染花布，一次性包装让竹编菜篮子永久性地退居了二线，就连小孩子所喜爱的传统玩具（如木陀螺、纸风轮、木弹弓等）也被现代机器生产的各种制品取代，现代工业产品对传统手工艺产品的冲击无处不被显现出来。

二、自然生态环境与社会结构的变化

自然生态环境与社会结构变化改变了民间手工艺存在的形式与功能，成为传统手工艺衰落的客观外部条件。湘西崇山峻岭，森林密布，成为土家族干栏式吊脚楼形成、发展与演变不可缺少的条件。但自20世纪50年代末的大炼钢铁运动开始，湘西森林资源遭受严重破坏，近年来又搞退耕还林，民居建筑主要用料的木材受到计划控制，于是农村居民舍弃传统木质吊脚楼居住形式而转向木盒式砖瓦结构住宅。另外，由于木材缺乏，传统实木家具也受到现代复合材料家具的冲击，农村的木匠因此逐年减少。至今，40岁以下的木工匠人已微乎其微，手工木雕花匠人更是大海淘沙，万人难寻其一。湘西地区的桐油与土漆的产量明显降低，而且价格昂贵，其成本核算远远超过了现代技术合成的化学漆，材料的涨价和工时的繁杂使土漆加工艺人难以谋生。因此，从事土漆加工的漆匠在如今的湘西也难寻觅踪迹。

在现代物质文明的影响下，社会人群结构发生变化，对生活用品的需求也随着不同人群的知识、爱好、习俗等产生了明显的差距。传统手工艺生产、生活用具因人们的经济价值观念的改变，也发生了向工业化大机器生产带来的高效率、高科技、低价值、低消费的现代化产品的转型，传统手工艺产品面临尴尬的境地。

三、审美价值观念的转化

大量的民俗材料表明，以往民间美术的创造，包括某种造型活动的开展或某种造型样式的推出，其动机总关联着比审美要求宽泛、复杂的社会生活意义。即便作为一种审美现象来看待，也必须结合特定的社会活动背景才能证实它的审美价值，领略它的特殊审美意蕴。在功能审美化的趋势中，一些审美倾向原来较强或其功利性侧重精神意愿而物质功能的原生形态，其价值转型显得更为自然流畅，也更为现代人所钟情。

高新科技、网络信息、交通运输的飞速发展改变了人们的传统审美价值观念，民俗活动与生活习俗受到了现代文化观念的冲击，民族工艺消失现象日趋加速。湘西地区随着西部大开发进程的加快，经济生活水平得到普遍提高，乡镇公路四通八达，电视、电话也开始普及，偏远山寨的年轻人几乎找不出一个没有在外打工、看过"世界"的人。美观实用的牛仔服、印花床单取代了民族服饰和土家织锦被面，蓑衣、草鞋、油灯、簸箕、风车、石磨早已闲置在房屋的一角积满了灰尘，就连保持了几千年的部分传统节日和娱乐活动也被电视节目和舞厅表演所取代。传统民族工艺文化逐渐被现代审美观念下的强势文化吞噬。

四、乡土美术教育环节薄弱

民族地区教育模式缺乏科学性，学生综合素质教育不能得到全面发展，对民族文化与传统教育缺乏力度，导致恶性循环。这也是民族工艺文化衰落的一个重要原因。

乡土美术蕴含着丰富多样的人类文化，而地方特色正是体验人类文化丰富性与多样性之所在。地方性的乡土美术文化因立足于本土而符合本土民间民俗习惯，体现着地方民族特色，因而具有强大的生命力而不容易被其他形式的文化同化。在学校美术教育中介绍乡土美术，使学生了解每一种文化都有自己的价值，了解不同地域文化的艺术品反映出人类各种不同的价值观、信念及观察世界的特殊方法，从而使学生在保持与继承本土特色文化的同时，提高包容多元文化的意识。乡土美术是广大劳动群众集体创作活动的产物，具有本土特征的社会意识形态，反映了一个民族的精神历史、民族对自然和社会的感知，蕴含着一个民族的宗教情感和哲学思考，是民族的精神、思想和审美的共同结晶，还蕴含着社会学、民俗学、民族学、艺术学、历史学、考古学、心理学等方面的知识，因而具有典型的人文学科特征。由此可见，乡土美术教育有着不同寻常的意义与价值。

我国的美术教育自引进苏联的教育体系以后，特别是"文革"开始，学校的九年制义务教育只注重单科发展，没有认识到学习乡土美术课程的意义与价值，学生对本乡本土的民间美术知识了解甚少，甚至有的是"美术盲"。这批学生目前正当壮年，是国家建设的栋梁之材，因为欠缺美术素养，其在工作过程中不知不觉地对民族传统文化造成了不同程度的损伤。

近十几年来，湘西部分中小学乡土美术审美鉴赏、传统工艺制作课程教学几乎处于空缺状态，因学生此缺乏对民族传统文化的正确审美认识，对本民族服饰不屑一顾，认为乡土艺术是落后的艺术，不能登大雅之堂，把傩文化、宗教文化作为封建迷信的糟粕文化来对待。这种不科学的审美观念对民族工艺文化的保护与传承起到了阻碍作用。

第四节　湘西民族技艺文化的保护与传承策略

湘西是一个少数民族聚居地，杂居着土家族、苗族、瑶族、侗族、白族等多个民族。这里曾较好地保留了少数民族浓郁的乡土风情和原始的宗教习俗，也铸就了璀璨多姿的民族传统工艺文化。随着社会经济的不断发展，"西部大开发"进程日趋加快，该区域的经济结构和文化意识形态发生变化，传统手工文明正逐步被现代工业文明取代，民间工艺品的衰落与蜕变构成了现代世纪新景观，面对经济全球化可能带来的文化一体化的格局，文化多样性保护与传承显然具有极其重要的意义。

湘西少数民族工艺文化资源特别丰富，如凤凰的苗族服饰、龙山的土家织锦、花垣的苗绣、永顺的石雕等。少数民族丰富多彩的民族文化人文景观为湖南的旅游产业增添了不少亮点。但是，湘西少数民族工艺文化随着我国的经济腾飞而日趋衰落与蜕变。因此，如何保护、挖掘、传承我国少数民族传统工艺文化，将这一独特的民族文化更好地继承与发扬光大，将民俗资源合理利用为文化信息资源，就成了摆在我们面前急于研究和解决的重要课题。

一、行政立法，政府支持

20 世纪 50 年代，一些工业化国家（如韩国、日本、泰国、马来西亚等国）的民族传统文化的继承与发展在受到巨大冲击的背景下，引发了民族工艺文化学科的建立与学术研究。20 世纪 60 年代开始，日本和法国等国家不约而同地开展了民间文化遗产的国家性抢救工程。作为两种文化传承方式之一的民族民间文化是中国文化的源头、根基和底层，是由人民群众创造的原生态文化，是民族个性特征与独特精神的重要表征。在全球经济越来越一体化的同时，文化的走向则是全球本土化。当越来越多的国家认识到这一点并有了本国的文化遗产保护措施时，中国民间文化遗产保护的历史使命落在了当代民间文艺工作者和每一位有识之士身上。

2002 年伊始，我国正式启动了大规模的"拯救和保护人类口头和非物质文化遗产"工程。2003 年 1 月 20 日，"中国民间文化保护工程"在全国范围内启动。随后，国家社科基金特别委托项目《中国民间文化遗产抢救工程计划大纲》立项并做出了如此计划："中国民间文化遗产抢救工程将历时十年，分两期进行。工程将用文字、录音、摄影、摄像等现代技术立体地记录中国民间文化，还将大批收集和收藏中国民俗代表性实物，实施以县为单位的中国民俗志调查和出版，全面调查、登记与出版中国民间美术作品，拍摄与制作中国民俗文化的音像制品，建立中国民俗图文资料数据库等。此工程的成果包括编纂出版以县为单位的《中国民俗志》3 000 余卷，大型丛书《中国民俗图录》系列、《中国民俗分布地图集》系列等。"要完成如此浩大的文化遗产抢救与保护工程，没有政府的支持，没有建立相应的法制法规，显然是不可行的。北京大学段宝林教授曾呼吁全国人大制定《民间文化优秀遗产保护法》。他认为，这样规模庞大的民间文化遗产抢救工程在全国实施，如果没有专门法律做强大后盾来支持，没有政府的有力推行，其结果不仅是事倍功半，还可能一无所成，酿出毁灭文化的灾难性苦果来。因此，建议各级人大出台《民间文化优秀遗产保护条例》等地方性法规，用法律法规的权威保障民间文化遗产保护的有力实施。还建议全国政协提出"保护中国民间文化遗产"的专题建议案或提案，促请政府纳入决策，立项推行。

2004 年 4 月，湘西土家族苗族自治州入选成为全国民族民间文化保护工程四个试点基地之一，湘西地区工艺文化生态保护受到政府部门高度重视和社会人士广泛关注。为保证"全国民族民间文化保护工程试点基地"建设工程顺利进行，湘西土家族苗族自治州筹备成立了"民族文化保护中心"，并开始对湘西地区民间工艺美术品进行普查、登记、分类、整理。虽然 2002 年修订并颁布的《中华人民共和国文物保护法》对加强文物的保护、继承中华民族优秀的历史文化遗产制定出了周密而详细的法规，但湘西土家族苗族自治州是少数民族地区，享受国家特殊的"民族政策"。因此，完成湘西地方性民族民间工艺文化的保护与传承，要根据《中华人民共和国宪法》及《国家文物法》总则，建立相应的地方性保护法规。把湘西地区历史文物的保护和对民间文化遗产的保护以法律的形式紧密结合起来，全面加强公民对民间文化遗产自觉保护与法律保护的意识，体现出依法治国和以德治国相结合的方略。

二、推行乡土美术教育，提高全民综合素质

乡土美术是指具有鲜明的地域性特征和承传性特征的民间美术。它往往与某地的乡土文化联系在一起，对在该区域生长的人们更具乡土意义，更容易使其产生无限的思乡情怀和爱国热情。乡土美术是中国民族工艺文化的重要组成部分，是现代美术与艺术设计的渊源和基础，具有本土文化特征，是构筑国家、民族现代先进文化的基因。

乡土美术作为"本土文化"形态，在人类历史发展进程中承传了几千年，而中国对乡土美术的研究不足百年。随着对民间美术与乡土美术研究的不断深入，不少专家、学者已认识到民间美术的重要性，部分高等院校也相继开设了民间美术研究、民艺学、民俗学、民间工艺、民间美术鉴定等课程。1993 年，陈竟在教育部授予的"全国高校素质教育试点"和"全国大学生文化艺术素质教育基地"的南京大学，为外国留学生开设了《民俗艺术》素质教育选修课，1996 年，此课程在全校的本科生和研究生教育中得到推广。20 世纪末，民艺学家张道一率先在东南大学建立民艺学博

士学位点，为发展中国民艺学和培养民间美术高等教育人才做出了巨大贡献。中国的民艺学、民俗学、民间美术学、乡土美术教育取得了建设性的进展。

2002年起，我国正式启动了大规模的"拯救和保护人类口头和非物质遗产工程"，中央美术学院也于该年5月建立了"非物质文化遗产研究中心"。同年，中国教育部组织编写了《中国民间美术》，并以此作为我国中小学美术教师继续教育的教材。2003年10月，国家教育部和中国美协艺委会联合举办了"成就未来——少儿美术教育工程"，推动民间美术在小学美术教育中的传承与发展的"蒲公英行动"正式启动，乡土美术教育与实践研究开始在小学进行试点教学。

如此看来，乡土美术教育已经开始对我国的小学生、中学生、大学生乃至硕士生、博士生启动实施。全国各教育层次已经开始重视乡土美术教育。但是，乡土美术教育毕竟是一门新兴课程，它需要全体公民的参与才能实现它的历史使命。除学校教育以外，政府还需针对不同层次的社会人群进行乡土美术教育继续再教育，使干部、教师、学生乃至广大群众都认识到中国传统文化的重要性，并自觉地去保护它们，以此来提高民众对民族传统文化的认识，使其树立正确的审美观和艺术价值观，并增强民众对中国传统艺术的保护意识，引导他们民众自觉参与文化保护与传承，促进民族工艺文化的繁荣与发展。

世界经济一体化必然要求全球文化多元化，文化多元化必然导致世界教育向民族化、地域特色的现代化教育发展。普及乡土美术教育顺应了世界教育发展大趋势，也是传承与保护中国几千年优秀传统文化遗产切实可行的办法。

三、设置民族文化乡镇，建立工艺美术展馆

对民族民间工艺文化资源的管理保护涉及科学识辨、系统分类、数据统计、加工处理、登录保存等环节，是一件严谨细致、技术性很强的工作，必须增强科学意识，讲究科学方法。当今信息社会时代，在采用收集、整理、贮存、出版、展示等传统方法的同时，还需要运用数字化、信息技术等现代科技手段，对民间文化资源实行有效的保护和管理。具体可采取如下办法。

（1）全面实施各种工艺文化门类的普查，摸清家底，建立资料信息库。调查摸底的过程就是建立索引、完善目录的过程。首先，需要通过大量的田野调查获取湘西民族民间工艺美术第一手原始资料，如民间艺人的基本情况、师承系谱、技艺成果、行业信仰，民间工艺的产生发展情况、造型题材种类、原创造型来源、工艺材料、制作流程、口诀、谚语、民俗活动等。其次，运用现代科技记录保存，条件落后的地方可以先采取手记笔录的传统办法予以存留，待条件成熟后再进行高技术的翻制记录。由于民间文化资源、资料处在自然损耗、消磨毁坏的过程中，因此保存工作要有前瞻性，要利用录音、录像、摄像、光盘等科技手段，向电子化、数字化方向发展。保存在原则上要突出抢救性，特别是对地方独有的、濒临消亡的民间文化门类，要"荤素"兼收，雅俗共蓄，原样原貌、原汁原味地保存起来，作为日后甄别、选择、提炼和创作的丰富源泉。最后，对所查的大量信息进行加工、整理、研究，统一建立工艺文化信息资源数据库，实现文化信息的交流和共享，这是科学管理保存民间工艺文化资源的目标。

（2）通过申报审批予以冠名一批国家级、省级、县级民族文化乡镇，建立原生态民俗风情村寨，实施重点保护。民族传统文化保护区的选点既要注重生态特点、民族特色，又要用发展的眼光从适度开发的角度选择，让保护区在保持特色中得到发展。普查结束后，根据管理办法，通过专家论证，对所有符合条件的民族传统文化保护区、民族民间传统文化之乡、民族民间传统文化传承人、民族民间传统文化濒危项目均可逐级申报，以利于对濒危项目的抢救与保护。

2004年4月，湘西土家族苗族自治州被列为全国民族民间文化保护工程四个试点基地之一，浓郁而独特的湘西民族文化得到了国家和社会的公认。目前，全州有4个乡镇被国家命名为民族文化县乡（龙山县靛房乡——土家族镏子之乡、龙山县农车乡——土家族摆手舞之乡、古丈县默戎镇——苗族花鼓之乡、花垣县——苗族刺绣织锦之县），有5个乡镇被命名为省级民族文化乡（龙山县苗儿滩镇——土家织锦之乡、吉首市丹青乡——苗族山歌之乡、永顺县沙规乡——土家族山歌之乡、凤凰县山江镇——苗族花鼓之乡、泸溪县踏虎——凿花之乡）。

湘西民间工艺品类繁多，尚有很多优秀的、具有民族特色的传统工艺因为诸方面的原因没有列入国家、省级保护区，如土家族民居建筑、苗族服饰、永顺县杉木河的竹编、塔卧的石雕，凤凰县的靛染、印染、纸扎等等。原生态民族风情村寨存在于整个民族文化系统当中，保持着其环境和背景的血肉联系，相对于商业开发的民族风情村寨，它更显活力，更具野性，民俗民风更是原汁原味，它为古老而原始工艺文化的传承培育了适宜生存的土壤环境。湘西州政府一方面应该积极采取措施申报省级文化保护区，另一方面，可筹措资金，设立州级民族民间文化保护单位。

（3）建立民族民俗博物馆，加强宣传力度，展示民族民间工艺文化优秀遗产精华。建设民族文化博物馆和民族工艺陈列馆是一种对民族工艺文化的静态保护与开发。此方案通过收集、整理各民族的历史文化和民俗习性，如将服饰、生产工具、娱乐工具、祭祀用品等生产、生活和信仰崇拜方面的一切可视形象陈列于固定的馆舍展出，让国人了解湘西州的历史文化渊源和民俗文化。这种开发既对现有民族工艺文化遗存进行了积极保护，又是旅游开发的一个重要环节。

政府可用各种优惠政策鼓励有条件的市、县、乡、镇特别是民族县、乡筹建小型民族民俗博物馆，还应当鼓励民营企业、民间团体或个人建立民俗博物馆。近20年来，随着现代化生活的急剧变革，传统生活中有许多具有民间文化特色的器物从城乡居民生活中被淘汰下来，已经不可能在现代生活中继续发挥它们的使用功能了，对它们保护的最佳方案就是立即将其摆放在博物馆的展台上，为过去的文化史提供形象生动的印证。用博物馆的民族民俗文物全面展示我国民间文化优秀遗产的精华所在，这是用现代化设施和方式保护民间文化遗产最好的科学形式。在这一方面我国有必要向日本、韩国以及欧盟国家普遍建立的大型民族民俗博物馆学习成功的经验，尽快从民间广泛征集即将被毁坏丢弃的或即将流入外国的民俗文物，必要时从城乡居民手头收购一批濒临失传的珍贵民俗文物，将其作为博物馆的主要藏品来源。对民间积极自发捐献民俗文物的义举要给予适当的鼓励或优厚的奖励。

四、保护民间艺人，蓄养传承源头

民间文化大都是由民间艺人通过口头传授和手工操作而得以流传、扩散的，往往是不立文字、即兴创作的产物，因此在很大程度上，民间艺人就是民间文化传承的活水源头之所在，抢救、保护、传承民间文化资源的重中之重就是要保护优秀民间艺人。

靳之林教授说："民间艺术就是老碗里盛的小米粥，而不是小米粥加奶油！民间艺人是最懂艺术的人，不能让学者决定他们的命运和用学院派的眼光来衡量民间艺术，应该把中国艺术的第一把交椅还给民间艺术。"陈玄在谈及民间艺人的作用时也曾说："民间艺术说到底是活的文化，而不是死文化，所以对它的保护核心应该是人的保护，而不是物的保护。"过去，艺术界收集了那么多资料，写了那么多文章，建了那么多数据库，但还是没有避免一些艺术的消亡。

湘西凤凰苗族蓝印花布、龙山土家织锦、花垣苗族刺绣、泸溪锉花剪纸……这些由民间艺人创作出来的艺术品许多已登上了世界文明的殿堂。然而，创作这些艺术品的民间艺人大多已面临后继无人的窘境，有的人甚至为生活所迫已另谋生计，民族民间工艺文化的传承不同程度地遭受着破坏和毁灭。2006年元月，一年一度的两会期间，马铁鹰等16名省人大代表联名提交议案，请求政府大力扶植对民间艺人的保护，以促进对民间文化的传承。马铁鹰代表提出，中国民族民间文化遗产抢救工程已实施两年多，政府虽然对物质类文化遗产的抢救工作有所重视，但对非物质类遗产，尤其是对民间优秀艺人的扶植工作，却未能纳入议事日程。为此，他们建议，应将扶植、保护民间艺人的工作纳入湖南省的"十一五"规划之中，并制定出详细有效的工作细则，分行业、地域、民族进行摸底调查，将现存的优秀艺人登记造册建档，并根据其技艺高低发给权威部门的确认证书，对生活困难的优秀艺人给予适当补助；以优秀艺人为中心，分门别类建立培训基地，使之后继有人。

五、开发旅游文化产业，推动工艺文化繁荣

21世纪伊始，联合国教科文组织发起的"拯救人类文化遗产"工程在我国悄然启动，党中央在"十五"计划中将发展我国"文化产业"提上议事日程，2003年初，文化部启动了"中国民族民间文化保护工程"。与此同时，制定了《中国民族民间传统文化保护法》，文化资源信息化运用和资本化开发利用成为当今知识经济的重要方面。所谓"文化产业"，就是指应用复制技术完成文化传播的产业活动的总和。21世纪以来，它被人们誉称为"朝阳产业"，它在社会主义两个文明建设中所发挥的积极作用越来越受到人们的重视，成为当代社会有关专家、学者关注的焦点。面对国内外文化市场的日趋活跃和激烈竞争，浩大纷繁的民族民间文化保护工作不仅需要来自政府方面的政策保证、正确指导和统筹管理，还需要恰当借助产业运作的力量，充分利用市场这个巨大的竞争空间，将具有含金量并可以盘活的那部分民族民间文化资源做大做强，使之获得可持续发展。因此，探索出一条民族工艺文化资源开发的新路，发展旅游文化产业，是促进民族民间工艺文化繁荣的有效途径。

开发利用民间文化资源，发展旅游文化产业，推动工艺文化繁荣，应做好以下三个方面的工作。

首先，对民族工艺文化采取"弃其糟粕，取其精华"的态度，推陈出新，开发出一批具有民族风格和时代特征的工艺旅游产品。民间文化来源于广大人民群众的日常生活生产实践，受社会文化风尚、群众文化素质的影响，再加上缺少加工提炼，以及流传中的扭曲变异，往往存在菁芜相杂、瑕瑜互见的现象，思想上、艺术上难免带有一定的局限性。因此，开发、利用一定要用去粗取精的方法，抓住资源对象的主流和合理因素，努力凸显民间文化的先进性。各种具有民族特色的器具、服饰、玩具等生产生活用品均可以作为旅游工艺商品开发。但一定要坚持特色原则和有文化内涵原则，科学分析，有所选择，通过修改整理，提炼升华，转借有用的，发展健康的，弘扬优秀的。对封建的、迷信的、颓废的、低俗的民间文化应坚决予以剔除。

其次，要面向市场，加大宣传民俗旅游的力度，促进民俗旅游繁荣。中国加入WTO后，文化产业面临着严峻的挑战，现存的许多产业门类将被迫收缩，趋同性的文化产品将越来越没有市场。而民族民间工艺作为特色文化的具体表象，它具有独特的艺术魅力，具有人才和资源优势，具有广大的受众基础，发展潜力很大。我们应该坚持有的放矢的供需对应，多开发有市场需求的旅游工艺品项目，成立专门的专家部门对旅游客源市场进行有效的分析，通过电视、广播、网络等多媒体对民俗风情进行宣传和推广，还可以借助一些展览和博览会把相关的信息展现给大众。这样就极有可能将民族旅游产品发展成为文化产业的支撑点和新的增长点。

最后，通过旅游市场的繁荣带动民族工艺美术的发展，促进民族工艺文化的保护与传承。工艺文化旅游市场的发展要以底蕴深厚的民族文化积淀为基础。然而，在现代物质文明影响下，人们的传统审美价值观念、人身价值观念以及物质消费观念受到了现代文化观念的冲击，民族工艺消失现象日趋加速。民间艺人赖以生存的工作方式因产品失去了受众而休业，手工艺品的贬值迫使民间艺人不得不舍弃祖祖辈辈遗传下来的传统绝技、绝活，民族文化逐渐失去了它赖以生存的根基。通过开发民族旅游工艺品产业，活跃民族工艺品市场，可以给民间工艺品的繁荣注入新的生机，带动民族工艺品产业的良性发展，从而促进民族工艺文化的保护与传承。

湘西少数民族地区长期保留了"农耕文化"特征，发展该地区经济，沿袭沿海地区乡镇企业、民营企业的传统工业化模式显然是行不通的，应该凭借自身拥有的丰富的文化资源优势，将历史悠久、技艺精良的传统工艺产品或绝技推介出去，发展以特色旅游业及传统民族文化景观为依托的文化产业。这种"绿色"环保产业一方面与"西部大开发"保护自然生态环境战略相吻合，促进了少数民族地区乡村建设；另一方面，该区域民族传统文化有效地得到了保护、挖掘、传承。由此可见，运用开发文化旅游产业手段对民族民间文化资源进行合理、科学、适度的开发和利用，可以为保护工作的可持续发展以及中华优秀传统文化的传播与弘扬提供重要的支持。

总而言之，湘西民族民间工艺文化是湘西各族人民千百年来创造的宝贵财富，是中华民族乃至世界优秀传统文化的有机组成部分，也是人类"口头与非物质文化遗产"的重要艺术种类，它为民族文化的优化和知识创新创造了极大的可能性，是现代社会不断获取可持续发展生机和活力的重要源泉。我们只有以严谨的科学态度和严格的学术规范，全面搜索、重点整理、大力推广、加强研究，通过加强民族文化教育，全面提高国民综合素质，尊重与保护民间艺人，运用现代产业手段和市场化操作，科学合理地保护与发展民族民间文化，湘西民族民间工艺文化的保护与传承才能步入健康的发展轨道，也只有这样，湘西民族民间丰富的工艺文化内涵才能真正对世界文化多元化发展起到促进作用。

参考文献

[1] 周兴茂. 土家学概论 [M]. 贵阳: 贵州民族出版社, 2004.

[2] 黄海涛. 土家族 [M]. 乌鲁木齐: 新疆美术摄影出版社, 2010.

[3] 阳盛海. 湘西土家族历史文化资料 [M]. 长沙: 湖南人民出版社, 2009.

[4] 邓辉. 土家族区域的考古文化 [M]. 北京: 中央民族大学出版社, 1999.

[5] 段超. 土家族文化史 [M]. 北京: 民族出版社, 2000.

[6] 潘鲁生. 民艺学论纲 [M]. 北京: 北京工艺美术出版社, 1998.

[7] 杨圣敏. 中国民族志 [M]. 北京: 中央民族大学出版社, 2003.

[8] 田荆贵. 土家纵横谈 [M]. 西安: 未来出版社, 2007.

[9] 萧洪恩. 土家族仪典文化哲学研究 [M]. 北京: 中央民族大学出版社, 2002.

[10] 董伟建, 钟建波. 中国 100 种民间戏曲歌舞 [M]. 南宁: 广西人民出版社, 1999.

[11] 彭勃. 永顺土家族 [M]. 永顺: 湖南省永顺县民族事务委员会编, 1992.

[12] 周明阜. 凝固的文明 [M]. 西宁: 青海人民出版社, 2006.

[13] 格罗塞. 艺术的起源 [M]. 蔡慕晖, 译. 北京: 商务印书馆, 2010.

[14] 李泽厚. 美的历程 [M]. 天津: 天津社会科学院出版社, 2001.

[15] 龙颂江. 湘西民间工艺美术精粹 [M]. 北京: 学苑出版社, 2007.

[16] 黄伯权. 土家族民间工艺变迁研究 [J]. 中南民族大学学报 (人文社会科学版), 2007, 27 (1): 26–31.

[17] 邓佑玲. 中国美学研究如何本土化——谈中国少数民族美学研究的意义与方法 [J]. 湖北民族学院学报 (哲学社会科学版), 2006, 24(6): 73–78.

[18] 杨古城, 曹厚德. 最古老的木雕鱼 [J]. 浙江工艺美术, 1997(2): 38–39.

[19] 胡绍华. 土家族傩戏简论 [J]. 三峡文化研究, 2005(1): 47–63.

[20] 谢亚平, 满益德. 岚霭润窗棂, 木雕土家情——鄂西南土家族窗棂木雕技法及其文化意蕴 [J]. 建筑, 2011(16): 76–78.

[21] 郭建国. 湘楚民间木雕造像的艺术意蕴 [J]. 装饰, 2006(4): 50–51.

[22] 胡彬彬. 论湘西南木雕文物及其艺术成就 [J]. 收藏家, 2002(8): 20–26.

[23] 刘媛. 乌江流域民间木雕艺术的形式美研究 [J]. 美术大观, 2009(10): 63.

[24] 王兰英. 贵州土家族民居雕饰特征探析 [J]. 贵阳学院学报 (社会科学版), 2011(3): 31–34.

[25] 江向东 . 恩施土家族传统民居研究 [J]. 恩施职业技术学院学报 (综合版), 2008, 20(4): 53–56.

[26] 辛克靖 . 鄂西土家族传统建筑装修艺术研究 [J]. 华中科技大学学报 (城市科学版), 1987(2): 96–106.

[27] 覃莉 . 土家族区域木雕艺术的发生与流变 [J]. 大舞台 , 2009(6): 107–108.

[28] 潘攀 . 关于渝东南土家雕刻的现状思考 [J]. 大舞台 , 2010(7): 135–136.

[29] 张伟 . 土家族茅古斯舞的原始崇拜意识与美学意蕴 [J]. 四川体育科学 , 2011(1): 20–23.

[30] 覃莉 . 土家族区域木雕艺术发展史 [J]. 三峡大学学报 (人文社会科学版), 2011, 33(1): 12–15.

[31] 张瑞瑞 , 涂凌琳 . 鄂西土家吊脚楼的装饰特点 [J]. 台声 (新视角), 2005(6): 250.

[32] 辛艺华 , 罗彬 . 从武陵家具木雕艺术的风格看土家文化与汉文化的互渗 [J]. 华中师范大学学报 (人文社会科学版), 2004, (1): 119–124.

[33] 罗世平 . 土家族民间美术 [J]. 美术之友 , 2005(1): 34–35.

[34] 覃莉 , 张琼 . 土家族木雕艺术的形制及其美学风格 [J]. 湖北民族学院学报 (哲学社会科学版), 2008, 26(2): 11–15.

[35] 郑伟忠 , 叶玮 . 地理环境对民间艺术的影响初探 [J]. 民族艺术研究 , 2008(6): 37–40.

[36] 张良皋 . 土家族文化与吊脚楼 [J]. 湖北民族学院学报 (哲学社会科学版), 2000, 18(1): 1–5.

[37] 李禧 . 土家族雕刻艺术研究 [D]. 南京 : 东南大学 , 2007.

[38] 秦娅 . 土家族家具木雕艺术研究 [D]. 昆明 : 昆明理工大学 , 2011.

[39] 杨亭 . 土家族审美文化研究 [D]. 重庆 : 西南大学 , 2011.

[40] 周亮 . 渝东南土家族民居及其传统技术研究 [D]. 重庆 : 重庆大学 , 2005.

[41] 朱钰 . 土家族傩戏面具艺术研究 [D]. 昆明 : 昆明理工大学 , 2011.